高等学校教育技术学专业精品教材

The Foundation

of

Multimedia Technology

多 媒 体
技术基础

U0659621

夏洪文　杨杏本·编著

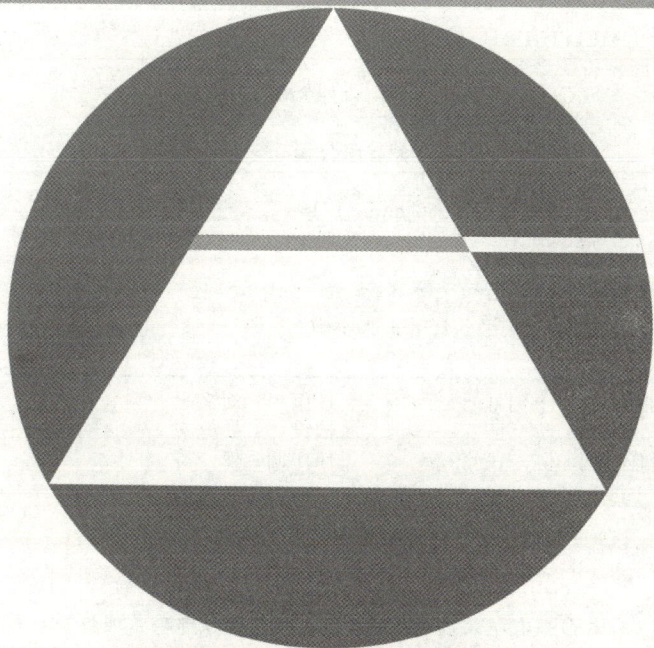

北京师范大学出版集团
BEIJING NORMAL UNIVERSITY PUBLISHING GROUP
北京师范大学出版社

图书在版编目(CIP)数据

多媒体技术基础 /夏洪文,杨杏本编著. —北京:北京师范大学出版社,2015.8

高等学校教育技术学专业精品教材

ISBN 978-7-303-19088-1

Ⅰ.①多… Ⅱ.①夏…②杨… Ⅲ.①多媒体技术－高等学校－教材 Ⅳ.①TP37

中国版本图书馆 CIP 数据核字(2015)第 121305 号

DUOMEITI JISHU JICHU

出版发行:北京师范大学出版社　www.bnup.com
　　　　　北京市海淀区新街口外大街 19 号
　　　　　邮政编码:100875

印　　刷:北京中印联印务有限公司
经　　销:全国新华书店
开　　本:730 mm×980 mm　1/16
印　　张:19.75
字　　数:357 千字
版　　次:2015 年 8 月第 1 版
印　　次:2015 年 8 月第 1 次印刷
定　　价:32.00 元

策划编辑:王剑虹　　　　　责任编辑:刘文平
美术编辑:焦　丽　　　　　装帧设计:吴乾文
责任校对:陈　民　　　　　责任印制:陈　涛

本书编委会

编著　夏洪文　杨杏本

参编　郭然然　黄　兰　李　慧　李冬霞

　　　吕景东　乔方良　沈　昀　唐金娟

　　　王泽颖　张德会　赵启斯　朱艳文

前　言

多媒体技术(Multimedia Technology)，就是将文本、图形、图像、动画、视频和音频等形式的信息，通过计算机处理，使多种媒体建立逻辑连接，集成为一个具有实时性和交互性的系统化表现信息的技术。

随着计算机软硬件技术的发展以及声音、视频处理技术的成熟，已经有众多的多媒体产品陆续进入市场，并且已进入到了计算机应用的各个领域中。多媒体技术与产品不仅仅局限于一个专门的领域，它提供了最普通直观地处理声音、图像、视频等信息的方法手段，使得计算机除了能处理文字、数据等信息以外还可以处理声音、图像、视频等信息，大大增强了计算机的应用深度和广度。

近年来，为了适应多媒体技术的快速发展和贴近人才市场的需求，很多高校开设了多媒体技术课程，特别是教育技术学本、专科专业均将其列为主干课程，社会上各类继续教育部门也纷纷开展多媒体技术培训，这不但促进了多媒体技术的应用和普及，而且也带来了多媒体技术课程适用教材的需求。本书作为浙江省精品课程《多媒体技术》的配套教材，相关内容曾经对教育技术专业本科生和研究生讲授过多次，经过几次内容更新和修订，终于完成此稿。

由于多媒体技术涉及的内容非常广泛，知识水平跨度很大，所以作者对教材内容取舍、知识深度把握和内容编排上都进行了周密思考和专家咨询。全书共分9章，分别是多媒体技术概述、多媒体接口部件、多媒体软件、多媒体压缩技术、音频处理技术、图形图像处理技术、视频处理技术、多媒体网络和通信技术、虚拟现实技术。在每一章开始都提供了内容结构，章后附有习题，部分章节还增加了知识拓展部分。

为配合课程在教学手段和方法上的更新，专门开发了课程网（网址：http://course.zjnu.cn/dmtjs）可供教师教学参考，也适合学生课后自学或其他学习者自学。

参加本书编写的人员有：夏洪文、杨杏本、李慧、沈昀、郭然然、黄兰、李冬霞、唐金娟、张德会、吕景东、乔方良、王泽颖、赵启斯、朱艳文。另外，周培、张菊、刘莉莉、徐雪文等参与了课程网站的开发与管理工作。

本书在撰写的过程中参考和引用了很多专家学者的教学与研究成果，其中包括教材、专著、论文和网上资源，在此对这些作者表示衷心感谢！限于编者的学识和水平，书中不当之处还望广大读者批评指正。

编　者

2015 年 4 月

目　录

1

3

第 1 章　多媒体技术概述

内容结构

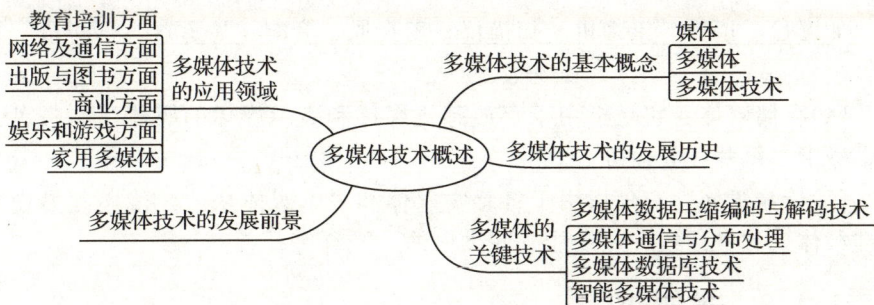

学习目标

1. 理解多媒体技术的基本概念、发展历史。
2. 了解多媒体技术的关键技术。
3. 了解多媒体技术的应用领域。
4. 了解多媒体技术的发展前景。

1.1　多媒体技术的基本概念

1.1.1　媒体

媒体是一种信息表达与传递的形式。客观世界中存在着各种各样的信息形式，不同的形式称作不同的信息媒体，例如文字、语言、图形、图像、声音、感知、气味等。它们通过人类的视觉、听觉、味觉、嗅觉、触觉和知觉来获得各种信息，达到交流思想、交流感情和认识客观世界的目的。

媒体是信息表示和传播的形式载体。媒体可以分为感觉媒体、表示媒体、显示媒体、存储媒体和传播媒体等。

（1）感觉媒体。它是指能用人的感官眼、耳、鼻、手、舌等感觉到的一类媒体，如语言、音乐、图形、图像、动画、文字、气味和触觉等。

（2）表示媒体。它是指为了处理和传输感觉媒体而人为地构造出来的一种媒体，如文字编码、图形（图像）编码、声音编码等。通过表示媒体可以有效地存储感觉媒体，亦可以将存储媒体从一个地方传输到另一个地方。

（3）显示媒体。它是指用于I/O中感觉媒体和电信号之间产生转换用的媒体，如键盘、鼠标、摄像机、扫描仪、麦克风、音响、显示器、打印机、触摸屏等。

（4）存储媒体。它是指用于存放感觉媒体和表示媒体的媒体，如磁盘、磁带、磁卡、纸片、光盘等。

（5）传输媒体。它是指用于将感觉媒体和表示媒体从一处传递到另一处的物理载体，如电话线、双绞线、同轴电缆、光纤等。

1.1.2　多媒体

在计算机领域中，媒体指的是一种信息表示和传播的载体，如文本、图形、图像、声音、动画等。把多种感觉媒体，如声、图、文结合在一起形成一种新的信息表示、处理和传播的集成形式，称为多媒体。

多媒体具有以下几种基本要素：

（1）文本媒体。包含数字和文字，是最常用的媒体，亦是计算机最容易表示和处理的信息形式。文本媒体的信息量小，在计算机内的存储容量亦小。

（2）图形媒体。指用线条勾画出来的图案，例如几何图形、网络图形、建筑图形、工程零件图、地图、示意图等，它们仅记录所表示对象的轮廓，在计算机上可以用程序来实现，存储容量较小。

（3）图像媒体。指静态图像，例如绘画、相片等，它们能记录所表示对象的细节部分，通常采用"位映射"编码。图像的信息量大，在计算机内的存储容量亦大。

（4）视频媒体。指动态图像，例如录像、电视、电影、VCD等。视频能记录在时间和空间上的信息特征，因此信息量比静态图像大，存储容量亦大。

（5）动画媒体。指由一系列静态图像或图形按一定的顺序快速播放以产生运动的感觉。动画与视频的区别是：动画中的每一帧图像是人工产生的，而图像视频中的每一帧图像是实时获取的自然景物。

(6)声音媒体。指数字化的音频，如语言、音乐和音响等。声音媒体的存储量比图像小。

(7)虚拟现实媒体。指利用立体图像和立体声音形成的三维虚拟空间。虚拟现实可以体验人的各种感觉，例如视觉、听觉、触觉、知觉、嗅觉和味觉等，它可以使人获得身临其境的感觉。

一般说来，所谓多媒体是指以上所述的各种媒体中的两种以上媒体的集成。

1.1.3　多媒体技术

多媒体技术就是利用计算机技术把文本、图形、图像、音频和视频等多种媒体信息综合一体化，使之建立逻辑连接，集成为一个交互性的系统，并能对多媒体信息进行获取、压缩编码、编辑、加工处理、存储和展示。简单地说，多媒体技术就是把声、文、图、像通过计算机集成在一起的技术。实际上，多媒体技术是计算机技术、通信技术、音频技术、图像压缩技术、文字处理技术等多种技术的一种结合。多媒体技术能提供多种文字信息和多种图像信息的输入、输出、传输、存储和处理，使表现的信息，图、文、声并茂，更加直观和自然。

与传统的计算机技术相比，多媒体技术从本质上具有如下几个显著的特征：

(1)多样化。信息媒体的多样化(或多维化)，是指多媒体技术扩展和扩大了计算机所能处理的信息空间，使我们的思维表达不再局限于顺序、单调和狭小的范围，而有了更充分更自由的余地。多媒体技术为这种自由提供了在多元化狭小空间下交互的能力，以及获得多维化信息的方法。计算机中信息的表达方式不再局限于文字与数字，而是通过广泛采用图像、图形、视频、音频等信息形式来表达思想。我们在日常生活中，接触频繁的信息就是眼睛所看到的图像(目睹)和耳朵听到的声音(耳闻)，但对于应用而言，声像信号的输入(常称获取 Capture)与输出(常称表现 Presentation)未必相同。如二者完全一样，那只能称之为记录和重放(录音机、录像机和光盘机)，效果显然不是最好。如果对其进行变换、加工亦即我们所说的创造(Authoring)，就可以使用户更多、更准确地接受信息。多媒体个人计算机之所以正在成为计算机领域的风云产品，就是因为它能将图像和声音信息也同时纳入计算机所能处理和控制的媒体之中，较之传统上计算机只能产生和处理文字、图形及动画，显然来得更生动、更活泼、更自然。这种表现形式和方法实际上已更多地在电影、电视的制作过程中被采用，今后在一般多媒体技术的应用中也会越来越多。

（2）集成性。多媒体技术的集成性首先是指可将多种不同的媒体信息（如文字、声音、图像和图形等）有机地进行同步，组合成为一个完整的多媒体信息。它是相对于各自单一的媒体而言的。集成性的另一层含义是把不同的输入显示媒体（键盘、摄像机、麦克风等设备）或输出显示媒体（显示器、扬声器等）集成在一起，形成一个整体。这是多媒体技术的先决条件，其具有的特征就是集声、文、图、像等多种媒体为一体。

多媒体系统充分体现了集成性的巨大作用。事实上，多媒体中的许多技术在早期均可以单独使用，但作用却十分有限。这是因为它们是单一、零散的，如单一的图像处理技术、声音处理技术、交互技术、电视技术、通信技术等。但当把它们在多媒体的旗帜下集成于一体时，一方面意味着技术已经发展到了相当成熟的程度；另一方面也意味着各种技术独自发展已不再能满足应用的需要。信息空间的不完整，例如仅有静态图像而无动态视频，仅有语音而无图像等，都将限制信息空间的信息组织，限制信息的有效使用。同样，信息交互手段的单调性、通信能力的不足、多种设备和应用的人为分离，也会制约应用的发展。因此多媒体系统的产生与发展既体现了应用的强烈需求，也顺应了全球网络的一体化、互通互联的要求。

多媒体系统的集成性主要表现在两方面，即多媒体信息媒体本身的集成以及处理这些媒体的设备与设施集成。首先，各种信息媒体应该能够同时地、统一地表示信息。尽管可能是多通道的输入和输出，但对用户来说，它们都应该是一体的。这种集成包括信息的多通道统一获取，多媒体信息的统一存储与组织，以及多媒体信息表现合成等各方面。因为多媒体信息带来了信息的冗余性，因此可以通过媒体的重复或是并行地使用多种媒体的方法消除来自于通信双方及环境噪声对通信产生的干扰。由于多媒体的每一种媒体都会给另一种媒体所传递信号的多种解释产生某种限制作用，所以多媒体的同时使用可以减小信息理解上的多义性。总之，不应再像早期那样，只能使用单一的形态对媒体进行获取、加工和理解，而应注意保留媒体之间的关系及其所蕴含的大量信息。其次，多媒体系统是建立在一个大的信息环境之下的，系统的各种设备与设施应该成为一个整体。从硬件来说，应该具有能够处理各种媒体信息的高速及并行的处理系统、大容量的存储、适合多媒体多通道的输入输出能力的外设、宽带的通信网络接口，以及适合多媒体信息传输的多媒体通信网络。对于软件来说应该有集成一体化的多媒体操作系统、各个系统之间的媒体交换格式、适合于多媒体信息管理的数据库系统、适合使用的软件和创作工具，以及各类应用软件等。

（3）交互性。交互性是多媒体技术的关键特征，没有交互性的系统就不是多媒体系统，例如看电视、听广播。人们只能被动地从它们那里接收信息，没有交互能力，因此，它们不是多媒体系统。如果把电视技术具有的声音、图像、文字并茂的信息传播能力，通过多媒体技术与计算机结合起来，产生交互功能，从而形成全新的信息传播方式，这就组成了多媒体系统。多媒体系统向用户提供交互式使用、加工和控制信息的手段，为应用开辟了更加广阔的领域，也为用户提供了更加自然的信息存取手段。交互可以增加对信息的注意力和理解力，延长信息的保留时间。但在单向的信息空间中，这种接收的效果和作用就很差。只能使用所给的信息，很难做到自由地控制和干预信息的获取和处理过程。

多媒体信息在人机交互中的巨大潜力，主要来自于它能提高人对信息表现形式的选择和控制能力，同时也能提高信息表现形式与人的逻辑和创造能力结合的程度。多媒体信息比单一信息对人具有更大的吸引力。它有利于人对信息的主动探索而不是被动地接收。在动态信号与静态信号之间，人更倾向于前者。多媒体信息所提供的种类丰富的信息源恰好能够满足人在这方面的需要。

当交互性引入时，"活动"本身作为一种媒体便介入到了数据转变为信息、信息转变为知识的过程之中。因为数据能否转变为信息取决于数据的接收者是否需要这些数据，而信息能否转变为知识则取决于信息的接收者能否理解。借助于交互活动，我们可以获得我们所关心的内容，获取更多信息。例如对某些事物进行选择，有条件地找出事物之间的相关性，从而获得新的信息内容。对某些事物的运动过程进行控制可以获得某种奇特的效果，例如倒放、慢放、快放、变形、虚拟等，从而激发人们的想象力、创造力，制造出各种讨论的主题。在某些娱乐性应用中，用户可以改变故事的结局，从而使用户介入故事的发展过程之中。即使是最普遍的信息检索应用，用户也可以找出想读的书籍、想看的电视节目，可以快速跳过不感兴趣的部分，可以对某些特殊关心的内容进行编排、插入书评等，从而改变现在使用信息的方法。可以想象，交互性一旦被引入到用户的活动之中，将会带来多大的作用。人机交互不仅仅是一个人机界面的问题，因为对于媒体的理解和人机通信过程可以看成是一种智能的行为，它与人类智能活动有着密切的关系。

从数据库中检索出某人的照片、声音及文字材料，这是多媒体的初级交互作用。只有通过交互特性使用户介入到信息处理的过程中（不仅仅是提取信息），才算达到了中级交互应用水平。当我们完全地进入到一个与信息环境一体化的虚拟信息空间中，充分利用各种感觉器官和控制能力对空间进行控制和自由邀游时，才是交互式应用的高级阶段，这就是虚拟现实。虚拟现实可以提供更高层次的交互性，这种交互性将不仅仅局限于视觉和听觉，还引入触觉和运动跟踪和反馈，使得用户的每一个动作都对它所感受到的信息（包括视觉、听觉和触觉信息）产生相应的影响。这种全方位的交互性将使得用户能够体验到逼真的感觉，但系统也会更加复杂。

（4）实时性。多媒体信息中，最重要的是与时间有关的媒体信息。多媒体技术由于是多种媒体集成的技术，因此其中声音及活动的视频图像是和时间密切相关的，甚至是强实时（Hard Real Time）的。这决定了多媒体技术必然要支持实时处理。

多媒体系统除了像一般计算机一样能够处理离散媒体，如文本、图像外，它的一个基本特征就是能够综合地处理带有时间关系的媒体，如音频、视频和动画，甚至是实况信息媒体。这就意味着多媒体系统在处理信息时有着严格的时序要求和很高的速度要求。当系统应用扩大到网络范围之后，这个问题将会更加突出，会对系统结构、媒体同步、多媒体操作系统及应用服务提出相应的实时性要求。在许多方面，实时性已经成为多媒体系统的关键技术。多媒体实时性反映了应用对多媒体系统的需求，反映了系统应用范围的扩大，也说明了多媒体系统中与时间相关的媒体已经占据了统治地位。这是传统的多媒体技术向更高层次的多媒体系统技术发展过程中的新的特性问题。实时性程度的不同，对系统的设计要求也就不同。单机的多媒体系统对系统的实时性要求较弱，而在网络环境下则要求较强。无时间同步时要求则较低，而有时间同步时要求则要强，对实况时间同步要求就更强，这与不同的应用有关。

（5）人机合作。很长时间以来，人们一直试图制造出机器生物。当计算机出现以后，这种想法就更加盛行。但当经历了长时间的失败和思考之后，人们逐渐意识到，人和计算机本来就不能、也不应该相互取代。人有人的长处，机器有机器的长处，各取所长才是构成人机共生系统的合理方案。

人机结合就是要充分发挥各自的长处，这在以前是很难做到的。因为计算机对许多媒体都无法处理，长期以来人们与计算机的通信手段一直局限于文本方式。这与人在自然形态中所使用的多种信息媒体和多种信息通信相比，严重限制了人本来所具有的通信技能，人与机器之间存在着巨大鸿沟。多媒体的出现使得基于计算机的多媒体系统可以在恰当的地方与人划清分工的界限。有些事情由计算机去做，而另一些事情交由人去做反而更好。例如计算机可以快速地对数据库中大量图像进行基本特征匹配，但让它去理解具体图像的实际含义就有些勉为其难了，将所查到的图像交给用户去进一步地观察并决定下一步动作，就比采用各种各样目前并不成熟的技术去识别它要更实际一些。但这种分工并不是一成不变的，随着技术的发展，机器能做的事情会越来越多，人的负担也会逐步减轻，但最终也不会由机械完全取代人。多媒体系统的人机共生合作的性质说明了多媒体系统中人的重要性。如果只从人机界面来考虑人的因素，那就只看到多媒体系统一个方面。把人作为系统综合集成的一个重要组成部分，才能确切地把握系统核心。任何对人在系统中作用的忽视，都是片面的、不正确的。实际上，交互性本身就包含了人机共生合作的内容，系统越复杂，人在系统中的作用将越明显。

1.2　多媒体技术的发展历史

首先我们对多媒体的概念有必要作进一步的澄清。20 年前，有人把几张幻灯片配上同步的声音，称为多媒体系统，而今天，仍有人将电影、电视、录像等大众传播声像系统称为多媒体系统。在这里我们所说的多媒体技术是以计算机技术为核心，扩充数字化音频和视频技术所组成的一种系统集成技术。采用多媒体技术可以组织一个集声音、图形、文本、图像一体化的多媒体计算机系统，简称多媒体系统。多媒体系统与一般的大众传播声像系统的主要区别在于数字化与交互性。

在 20 世纪 80 年代中期之前，一般计算机系统只能处理数字和文字（包含符号），即文本媒体所承载的信息。计算机与外界的接口是字符界面，人们使用键盘、显示器和打印机等外设与计算机交换信息。

80 年代中期，人们开始致力于研究将图形和图像作为新的信息承载媒体输入计算机，并进行综合处理后仍以图形和图像的形式将结果告知用户，并用图形用户接口 GUI 取代字符用户接口 CUI，用鼠标和菜单取代键盘操作，改善了人机交互界面。

90 年代初期，人们开始将声音、活动的视频图像和三维真彩色图像输入计算机进行实时处理，人—计算机交互界面真正开始进入多媒体环境。这时期，人们可以使用扫描仪、摄像机、录音机、触摸屏、电视机、音响设备等多媒体外设与计算机交换信息。

从 1993 年开始，人们使用实时三维图形、图像和立体声音等信息媒体，使计算机系统的感知功能从视觉、听觉扩展到触觉、力觉、味觉和嗅觉等多种感觉，使用户与计算机交互过程中产生身临其境的感受，从而使人机界面开始进入到虚拟实景的阶段。

1994 年，流媒体出现。

1996 年，美国英特尔公司从 Pentium Pro 开始，把多媒体扩展技术 MMX (Multimedia extensions)加入 CPU 指令集中，继而发展出后来的 P－Ⅱ、P－Ⅲ、P－Ⅳ以及迅驰、酷睿双核等处理器，极大地提高了 CPU 数据、信息处理能力，使得多媒体信息处理在硬件上实现了突破。

1997 年，英特尔公司推出具有 MMX 技术的奔腾处理器，并使它成为多媒体计算机的一个标准，同年，DVD 影碟与播放器问世。

自 21 世纪以来，随着科技与经济的发展，超大规模集成电路制作工艺得到了极大的提高，超大容量存储技术取得了重要的突破，特别是互联网技术的飞速发展，多媒体技术无论是开发成本还是使用成本都大大降低，这使得多媒体计算机可以步入寻常百姓家，从而快速地推进了多媒体技术的普及与发展。

1.3　多媒体的关键技术

1.3.1　多媒体数据压缩编码与解码技术

在多媒体计算机系统中要表示、传输和处理大量的声音、图像甚至影像视频信息，其数据量之大是非常惊人的，加之信息品种多、实时性要求高，给数据的存储和传输以及加工处理均带来了巨大的压力。因此，在采用新技术增加 CPU 处理速度、存储容量和提高通信带宽的同时，还须研究高效的数据压缩编码解码技术。

多媒体数据压缩编码方法根据解码后的数据与原始数据是否完全一致来划分，可分为可逆编码方法(又叫无失真压缩)和不可逆编码方法(又叫有失真压缩)。根据所用方法的原理来分，可分为预测编码、变换编码、量化与向量量化编码、信息熵编码、分频带编码、结构编码以及基于知识的编码等。每种压缩编码都对应着各自的逆过程解码。

预测编码是一种针对统计冗余进行压缩的方法。如对于空间冗余可进行帧内预测估计，对于时间冗余则进行帧间预测估计，在接收端则对应着预测解码。

变换编码也是一种针对统计冗余进行压缩的方法，它的基本思想是将图像光强矩阵(时域信号)变换到系数空间(频域)上进行处理。变换编码一般选用正交变换来做，变换解码则完成相反方向的变换处理。

量化与向量量化编码的基本思想是依照统计和概率分布设计最优的量化器，如 Max 量化器，在对像元点进行量化时，一次量化多个点，而在接收端解压解码时需进行相反方向的处理过程，以便还原数据。

信息熵编码是根据信息熵原理进行编码，让出现概率大的用短的码字表达，反之用长的码字表达，接收端进行解压解码时同样是其逆向处理的过程。

分频带编码是将图像数据变换到频域后，按频率分带，然后用不同的量化器进行量化，从而达到最优的组合，或者是分步渐进编码。在接收端，初始时对某一频带的信号进行解码，然后逐渐扩展到所有频带，随着解码数据的增加，解码图像也逐渐清晰起来。此方法对于远地图像模糊查询与检索的应用比较有效。

结构编码又称为第二代编码。编码时首先将图像中的边界、轮廓、纹理等结构特征求出来，然后保存这些参数信息。解码时根据结构和参数信息进行合成，从而恢复出原图像。

基于知识的编码的基本思想是对于人脸等可用规则描述的图像，可以利用人们对于人脸的知识形成一个规则库，据此将人脸的变化等用一些参数进行描述，从而用参数加上模型就可以实现人脸的图像编码与解码。

1.3.2　多媒体通信与分布处理

多媒体通信是指在一次呼叫过程中能同时提供多种媒体信息(如声音、图像、图形、数据、文本等)的新型通信方式。它是通信技术和计算机技术相结合的产物。

分布式处理是向用户提供综合服务的基本方法。因为多媒体引入到了分布式处理领域后，不仅仅是各通信传输的问题，还有许多建立在通信传输之上的分布式处理与应用问题需要研究。需要解决诸如各项多媒体应用在分布式环境下运行时，如何通过分布式环境解决多点、多人合作的问题，以及如何提供远程的多媒体信息服务等问题。

用于分布式多媒体系统的业务多种多样，不同业务所用的多媒体终端也各有不同。目前常用的多媒体终端有多媒体计算机终端以及针对某种特定应用的专用设备，如机顶盒、可视电话终端设备等。终端的软件平台则包括系统软件以及各种应用软件，其中操作系统是软件的核心。

多媒体操作系统有苹果公司的 QuickTime、微软公司的 Windows XP 等。微软公司于 2004 年推出的 Windows XP Media Center Edition 2004 操作系统是专为多媒体个人电脑设计的。

流媒体技术也是一种分布式多媒体技术，它主要解决了在多媒体数据流传输过程中所占带宽、用户下载数据等待时间长的问题。

1.3.3 多媒体数据库技术

多媒体数据库技术是数据库技术与多媒体技术结合的产物。在传统的数据库中引入多媒体数据和操作，不只是把多媒体数据加入到数据库中就可以完成的问题，即多媒体数据库不是对现有的数据进行界面上的包装，而是从多媒体数据与信息本身的特性出发，考虑将其引入到数据库中之后所带来的有关问题。多媒体数据库从本质上来说，要解决三个难题。第一是信息媒体的多样化，不仅仅是数值数据和字符数据，要扩大到多媒体数据的存储、组织、使用和管理。第二要解决多媒体数据集成或表现集成，实现多媒体数据之间的交叉调用和融合，集成粒度越细，多媒体一体化表现才越强，应用的价值也才越大。第三是多媒体数据与人之间的交互性。没有交互性就没有多媒体，要改变传统数据库查询的被动性，能以多媒体方式主动表现。

多媒体数据库技术在数据模型上采用面向对象的方法描述和建立多媒体数据模型，在数据检索上采用基于内容的检索方法，并能提供高速信息查询、多媒体调用和对数值、字符串、文本、声音、图形、图像及视频的各种编辑及转换功能。与多媒体数据库相关的业务包括不同的方面，如多媒体信息检索和查询、商用电话系统、旅游业信息管理、多媒体通信业务。

多媒体数据库的组织结构尚未建立统一的体系结构，大致有以下几种组织结构：

(1)组合型结构。这种结构是通过整合技术连接的。组合型结构中可以拥有多个独立的媒体数据库，如文本数据库、音频数据库和图像数据库，每一种媒体数据库的设计不需要考虑和其他数据库的匹配，并且都有自己独立的数据库管理系统。对于多数据库的访问是分别进行的，可以通过相互通信来进行协调和执行相应的操作。这种多数据库的联合访问需要开发用户应用程序去实现。为了提高使用效率，目前多数据库的整合技术已有所发展，而对于复杂的多媒体多数据库的整合技术还需要一个研究过程。

(2)集中统一型结构。集中统一型结构包含一个多媒体数据库和一个多媒体数据库管理系统。各种媒体被统一地建于数据库中，由一个数据库管理系统统一管理和提供访问，目的是要满足用户对多特征事物的数据进行存储和管理，以便达到统一综合应用的效果。但关键的技术基础是需要建立合适且便于存储、检索和管理的数据类型。目前，面向对象的数据类型就是建立复杂多媒体数据类型的一种方法。如图 1-1 所示。

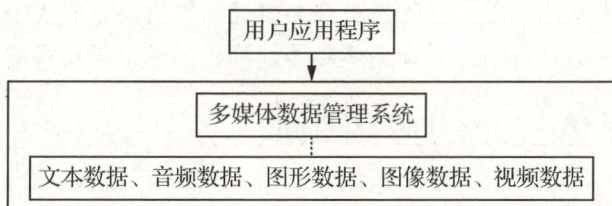

```
┌─────────────────┐
│   用户应用程序   │
└─────────────────┘
          ↓
┌─────────────────────────────────────────┐
│  ┌─────────────────────────┐             │
│  │   多媒体数据管理系统     │             │
│  └─────────────────────────┘             │
│  ┌───────────────────────────────────┐   │
│  │文本数据、音频数据、图形数据、图像数据、视频数据│   │
│  └───────────────────────────────────┘   │
└─────────────────────────────────────────┘
```

图 1-1　集中统一型结构

（3）客户/服务型结构（网络服务器）。服务型结构的各种媒体数据库相对独立，并通过专用服务器和一个多媒体管理服务器相连。多媒体管理服务器综合各专用服务器的操纵，通过特定的中间件系统连接用户的接口程序，最终达到与客户之间的信息交换。这种结构比较适用于网络环境中，用户可以单独选择或组合选择多媒体服务器的服务。但作为开放互联网中的一种有效的应用，必须基于一定的标准，包括多媒体数据类型的模型、数据库模型、标准用户接口等。

（4）超媒体型结构。超媒体型结构的各种媒体数据库分散存储于与网络有连接的存储空间，互联网提供了一个信号传递的通道。该体系结构强调对数据时空索引的组织，通过建立适当的访问工具，就可以随意访问和使用这些数据。

1.3.4　智能多媒体技术

智能多媒体是一种更加拟人化的高级智能计算技术。多媒体技术的进一步发展迫切需要引入人工智能，要利用多媒体技术解决计算机视觉和听觉方面的问题，必然要将人工智能的概念、方法和技术引入到多媒体技术当中，使多媒体富有智能，实现多媒体的智能化。

1993 年 12 月，在多媒体系统和应用国际会议上，英国的两位科学家在会上作了关于建立智能多媒体系统的报告，首次提出了"智能多媒体的概念"，引起了人们的普遍关注和极大兴趣。他们认为，多媒体计算机要充分利用计算机的快速运算能力，综合处理图、文、声、像信息，要用交互式弥补计算机智能的不足，进一步的发展就应该增加计算机的智能。

目前，国内有的单位已初步研制成功了智能多媒体数据库，它的核心技术是将具有推理功能的知识库与多媒体数据库结合起来，形成智能多媒体数据库。智能多媒体技术的研究还处于初级阶段，主要面临的挑战如多媒体信息空间的知识表示和推理，智能多媒体技术中的学习机制，冯·诺依曼体系与智能多媒体之间的语义鸿沟等。尽管尚有众多难题需要解决，但人工智能技术和多媒体计算机技术的有机结合无疑是多媒体计算机的一个长远发展方向。

1.4　多媒体技术的应用领域

多媒体计算机技术是当前计算机工业的热点课题之一，正在蓬勃发展中。多媒体的引进赋予了计算机新的含义，对计算机硬件和软件产生了深远影响，扩大了计算机的应用领域，随之而来的是与多媒体有关的计算机新产品和新服务的不断涌现。可以说，目前多媒体技术的发展日新月异，带来了计算机技术的一次新的飞跃。

多媒体技术的应用十分广泛，它不仅覆盖了计算机的绝大部分应用领域，同时还开拓了新的应用范围。毫无疑问，多媒体技术会对我们传统的工作、学习和生活方式产生不可低估的影响。

1.4.1　教育培训方面

多媒体计算机最有前途的应用领域之一是教育领域。多媒体丰富的表现形式以及传播信息的巨大能力赋予现代化的教育培训以崭新的面目。在教育上，多媒体计算机辅助教学(Multimedia Computer-Assisted Instruction)逐渐兴起，对由应试教育转为素质教育给予了鼎力支持。利用多媒体技术编制的教学课件，能创造出图文并茂、绘声绘色、生动逼真的教学环境和交互交流操作方式，从而可大大激发学生学习的积极性和主动性，改善学习效果和学习环境，明显地提高教学质量。

例如，在教科书方面，人们可以通过计算机辅助，得到伴随交互式指导的形象化教材。打开计算机，学生们面对的是一本本的"活"书，儿童教育因为教材生动、有趣、活泼而增强了参与感。在多媒体历史教科盘中，学习不再局限于书本，而是可以看，可以听，可以体验历史事件；可以看到第二次世界大战的战场，听到飞机大炮的声音，可以看到人类登月等。由于多媒体技术的直观显示和有声有色，加上学习者的参与和"身临其境"的感受，以及计算机有针对性地引导和有控制的错误校正，常常很容易使学习者渐入佳境。这就是多媒体的魅力所在。

多媒体技术应用于交互式远程学习，使得教师和学生不用每天都花费大量的时间和精力在教室之间奔波，同时还有传统的课程教学方法所不具备的其他优点，例如由伦敦大学研制的 Livenet 远程学习系统。这个系统通过光纤网连接学院的各主要建筑物以传送音频和视频信息。通过安装手术室的摄像机可把手术情况传送到教室，摄像机可在教室遥控，以便随时观察所需的情形。这样，学生就可以观察手术进行的情况，或在手术过程中与外科大夫进行讨论。这样的远程学习系统可明显地改进学生的学习效果，提高教学过程的效率，因此很有发展前途。

总的来说，多媒体技术应用于教育培训，首先，使教育的表现形式多样化。有文字、图形、动画、视频和音频，并且教师可以按需要随时修改程序，不断增添新内容和完善课件，弥补普通电视在教学上的不足。其次，增强了学习的能动性。人机对话功能使学生能够参与控制，以增进学习和解决问题的能力。学生能调整自己的学习倾向、学习内容、学习进度。计算机能提供即时的反馈信息和适当的强化材料，特别适宜于个别教学。最后，可以使师生关系发生变化。以教师为中心的教学将会变成以学生为中心的教学。教师和学生一起学习，一起使用现代化的教学工具和教学设备。教师不再仅仅是讲解员，还要成为一个信息的提供者，成为一个组织者。多媒体技术应用于教育培训，大大提高了学习的效率。由于其视听结合、手眼耳并用的特点，以及模拟、反馈、个别指导和游戏的内在感染力，能极大提高学生的学习积极性和学习效率。应用多媒体技术比传统的课堂教学或单纯地阅读书面教材方式效率更高。研究表明，人们读过文字材料后可记住 10％的内容，听过语音可记住 20％的内容，通过看视频图像可记住 30％的内容，如果又听又看，那么可以记住 50％的内容。在交互式多媒体系统中，使用者通过应用视频图像、语音、图形和文字等多种形式的信息可以记住绝大部分的学习内容。

1.4.2　网络及通信方面

多媒体计算机技术的另一个重要应用领域就是多媒体通信。随着这些技术的发展，可视电话、视频会议、家庭间的网上聚会交谈等日渐普及和完善，多媒体通信系统将大有可为。

多媒体技术应用到通信上，将把电话、电视、图文传真、音响、卡拉 OK 机、摄像机等电子产品与计算机融为一体，由计算机完成音频、视频信号采集、压缩和解压缩、音频、视频的特技处理、多媒体信息的网络传输、音频播放和视频显示，形成新一代的家电类消费，也就是建立提供全新信息服务的多媒体个人通信中心 MPICC（Multimedia Personal Information Communication Center）。

日本电报电话公司（NIT）提出的"可视的、智能的和个人的（Visual、Intelligent and Personal）"服务模式，将来可在大屏幕、薄型显示器上显示高清晰度的单画面、多画面、三维立体图像，在商务、娱乐和家庭等诸方面和不同场合提供以图像通信为主、带有声音全新方式的通信服务。

多媒体信息服务可以向为用户提供信息的部门索要各种信息，如当日新闻、商业行情、某一件事的历史资料、某一本书或报纸杂志等，并把它们记录下来。

以多媒体技术为基础的视像会议可能成为未来商务界乃至其他业务通信联络的标准手段。虽然开会时，与会者各自坐在自己办公室或家里，但他们却能得到一种"面对面开会的感觉"。他们可以从屏幕上看到其他会议参加者，并相互交谈；他们还可以看到其他人提供的文件，也可以向会议提供自己的材料。

随着高速网络和多媒体技术的发展，多媒体通信和分布式系统相结合而出现了分布式多媒体计算机系统，使远程信息服务（如远程多媒体信息的编辑、获取、传输同步）成为了可能。其中，远程医疗会诊、远程交换信息，就如同在一起交谈和协作开展研究一样，人们长期梦寐以求的在计算机支持下协同工作已成为现实。在军事通信中利用多媒体技术可以使现场信息及时、准确地传给指挥所，同时指挥所也能根据现场情况正确地判断形势，将信息反馈回去实施实时控制与指挥，这就是现代战争在技术保障上所强调的 3C（Computer，Communication，Command and Intelligence）。美国的现代星球大战计划中也采用了多媒体技术。现在的多用途计算机 MPC 体积小、重量轻、便于携带，对于部队的野外训练、作战及通信联络都是一个很好的工具。

被誉为美国经济增长火车头的所谓"信息高速公路"计划，就是由多媒体技术触发的世界最新一轮信息高技术创新，即用现有的"三电（计算机、通信、大众传播）"集成，推动"三网（计算机网、公用通信网、广播网）"合一，使高速、宽频、大容量的光纤通信实用化，社会各基层单位和家庭都可凭借这个高技术成果，便捷地输入输出图形、文字和数据，迎来一场信息生产和流通方式的革命。

1.4.3 出版与图书方面

20 世纪 90 年代电子出版物的崛起是多媒体技术和网络技术在计算机上应用的结果。随着多媒体计算机技术和光盘技术的迅速发展，出版业已经进入多媒体光盘出版时代，使出版业发生了又一次革命。电子书（E-Book）、电子报纸（E-Newspaper）、电子杂志（E-Magazine）等光盘类电子出版物大量涌现对传统的新闻出版业形成了强烈地冲击。电子出版物具有重量轻、体积小、价格低、多媒体、交互式阅读和检索速度快等特点。例如《美国鸟类》(《Bird of America》)百科全书光盘，不仅具有各种鸟类的说明及生活习性的描述，还有1840 幅插图，同时还可听到 115 种鸟的叫声。

正是多媒体技术在出版方面的普及，给图书馆带来了巨大的变化。首先，出现了大量多媒体存储信息，随着电子计算机和光盘技术的发展，各类电子出版物越来越多。其次，在信息检索中，以非线性的结构组织信息，为读者提供了友好的使用界面。最后，利用互联网和多用途计算机，读者足不出户便可遨游世界各大图书馆，查找所用的信息。

1.4.4　商业方面

多媒体的商业应用包括商品简报、查询服务、产品广告演示及商品贸易交易等方面。例如房地产公司使用多媒体技术可以不用把客户带到现场，通过计算机屏幕演示引导客户如身临其境一样观看建筑物现场的各个角落。在商贸方面，电子商务在国外已形成热潮，国内近年来也已启动，这些领域都是在互联网和多媒体计算机技术的支持下实现的。

1.4.5　娱乐和游戏方面

多媒体技术的出现给影视作品和游戏产品的制作带来了革命性的变化，广泛应用在电视、电影、卡通混编特技、演艺界 MTV 特效制作、三维成像模拟特技、仿真游戏等各个方面。

大量的计算机效果注入到影视作品中，增加了艺术效果和商业价值。例如，动画片制作从传统的手工绘制到现在时尚的电脑绘制，从经典的平面动画到体现高科技的三维动画。多媒体技术还广泛应用于特殊视觉和听觉效果的制作与合成；影视作品数字化(便于作品的加工、传播和保存)；影视作品网络化(充分利用网络资源和网络特点)；向业外人士提供参与影视制作的机会，自主创意和制作影视作品。

另外，多媒体电脑把音乐、高品质画面、交互式操作等相结合，使电脑游戏有了新意，各种软硬件技术的发展，使各种三维电脑游戏、网络游戏能够顺畅地在个人计算机上运行。新式的电子娱乐营造了一种人们有参与感的环境，从而为娱乐和游戏的方式带来了巨大的变革。

1.4.6　家用多媒体

近年来面向家庭的多媒体软件琳琅满目。音乐、影像、游戏光盘给人们以更高品质的娱乐享受。同时随着多媒体技术和网络技术的不断发展，家庭办公、计算机购物、电子信函、电子家务将成为人们日常生活的组成部分。

多媒体系统的应用已迅速渗透到了教育、娱乐、文学艺术、档案图书、房地产、建筑设计、现代商贸、通信、家庭等人类生活的各个领域，它正在不断改变着人们的生活方式和工作方式。

1.5 多媒体技术的发展前景

面对 21 世纪国际竞争的挑战和教育改革的实践，由于技术的进步，特别是信息化步伐加快，使这一教育观念转变过程，不仅仅是思想解放，更是一个实践推动的过程。数字化技术将文件处理带入了新的领域，让人们可以用更快的速度生产文件，用更便捷的方式修改图像和文件，利用网络通信把图像和文件迅速地传到四面八方。经过数字压缩，从根本上解决了录像带资源长期保存的问题。未来的人们需要某一内容时，可以通过网络调出，在网络终端上阅读，满意时，再从终端打印机上打印出来。因特网就是在这种背景下，不知不觉地走近了我们的生活。1997 年，中国媒体对网络的报道不断升温，因特网信息服务提供商开始了商业运作，反映到教育领域，这些技术的变化推动了学校电化教育的大力普及。很多在过去传统教育手段和方法下难于解决的问题，在今天的数字化方式下迎刃而解了。

"多媒体"与"网络"的联姻促成了"多媒体网络教学"的产生。作为信息时代的教学媒体，多媒体网络技术所具有的集成性、交互性、可控性、信息空间主体化和非线性等特点使其与黑板、粉笔、挂图等传统媒体有质的区别。多媒体与网络技术特有的优点使其对教学的介入，不仅改变了教学手段，而且对传统的教学、教学模式、教学内容、教学方法等产生了深远的影响，极大地冲击了机器工业时代"大批量生产"形式的教学。目前这一技术正向交互性、非线性化、智能化和全球化的方向推进。

从多媒体技术的发展趋势来看，多媒体技术的数字化将会是未来技术继续扩张的主流，而作为多媒体技术赖以存在和发展的重要基石，数字多媒体芯片技术将成为未来多媒体技术革命中的焦点，不管是从以 PC 技术为依附的计算机多媒体应用，到移动通信业务的各种多媒体实现，以及未来各种电子化装置的多媒体大融合，数字多媒体芯片都是无可置疑的主角。计算机技术与网络通信技术的结合为多媒体技术的进一步应用和发展提供了巨大的可能性。总的来看，多媒体技术正朝着媒体多样化、信息传输统一化、设备控制集中化、多媒体技术网络化和智能化等方向发展。

（1）媒体多样化。随着科技的进步，新的信息媒体不断出现，比如在美国、日本等国出现的虚拟环境技术，其中信息表现的方式（即媒体）基本上是三维动画。目前虚拟环境还局限于单机单人，但在不久的将来，通过增加网络对这些媒体的支持，就会出现分布的虚拟环境。

（2）信息传输统一化。从各种媒体信息分别在不同的网络上传输到综合在同一网络上传输，各种媒体信息在不同的网络上传输，不仅在经济上不合算，而且在技术上也给地址管理和各种媒体间的同步带来了较大的困难。用同一综合网络传输各种媒体信息可降低通信费用，从而解决这一困难，随着网络技术的发展，这种方式是完全可以实现的。

（3）设备控制集中化。从各媒体设备的分散控制到集中于单卡上甚至主板上的统一控制。分散的媒体设备控制不便于各种信息有机地结合，而多媒体吸引人之处在于它能灵活运用各种媒体表达事物，设备控制的集中化则为其提供了方便。

（4）多媒体技术网络化。多媒体技术与网络通信技术的相互结合产生了网络多媒体技术。它将成为新时代的宠儿，网络多媒体技术带来了多种新的应用，同时也给网络技术的发展指出了新的方向。

从未来发展趋势看，网络视频音频通信在需求的推动下逐渐发展成为一种新的边缘技术。网络视频音频通信主要包括视频会议、可视电话、远程教育、远程医疗、网络休闲娱乐等。视频音频通信可以在局域网、ISDN 上进行，也可以在基于 IP 的包交换网络上进行，而后者将成为今后视频应用发展的方向，因特网工程任务组 IETF 已为此开发出实时传输协议 RIP、资源预留协议 RS-VP 等与 ITU2T 的 H1323 建议配合、以保证在 IP 网络上传送实时视频音频流。虽然在传统因特网上进行视频传输的效果还远不能达到人们所预期的满意程度，但是基于 Web 的流式媒体产品还是受到了广大用户的青睐。在这些产品的技术和推动下以在线音乐、网上直播为主要项目的网上休闲娱乐、新闻传播等服务器得到迅猛发展，各大电视台、广播媒体和著名娱乐业公司纷纷推出网上节目。

（5）人机交互智能化。目前相关的研究已经取得了很大的进展，尤其是基于内容的信息检索，例如压缩编码，由于一些新的技术的采用使得在编码效率得到较大提高的基础上，仍然能够保持较好的声音或图像质量。其他的一些技术距离真正的应用还需要做更多的工作，例如语音识别技术、图像理解技术等。无论是自然语言的理解还是图像理解，都将涉及"智能化"，而智能化的目标就是实现人与计算机的自然交互。新一代的用户界面与智能代理等网络化、人性化、个性化的多媒体软件的应用还可使不同国籍、不同文化背景和不同文化程度的人们通过"人机对话"，消除他们之间的隔阂，自由地沟通与了解。

智能化的人机交互存在的问题是什么呢？人类一般都是用概念表达意志，但是计算机存储的都是数据，因此很难把这些概念表述出来。这样就提出一个如何智能化处理的问题。比如，我们要检索一个人物的图片，计算机怎么知道你是要检索什么人物呢？因为在计算机里面只有颜色，只有每个点和点上的数据，办法是给计算机一个照片，要求它检索出来这个人物，刚开始只能根据色彩、形状去构建对象并建立其间的关系，找完了以后，它要经过学习，经过人机交互再判断出哪个地方对，哪个地方不对，通过这个学习过程，就能正确地找出来。目前这种技术还很不成熟，如 Google、百度搜索主要是针对文字，真正搜索音乐、视频的功能也不是很健全，未来的搜索引擎应该是根据人的需求，不仅能够搜索文字，还可以准确地搜索音乐、图片、视频，即使不知道音乐名字，哼两句也可以找到（即哼唱检索技术）。

思考题

1. 什么是媒体？媒体可分为哪几类？
2. 什么是多媒体？简述多媒体的基本要素。
3. 什么是多媒体技术？多媒体技术有哪几项特性？
4. 多媒体的关键技术有哪些？
5. 多媒体技术的应用领域有哪些？
6. 简述多媒体技术的发展趋势。

第 2 章　多媒体接口部件

内容结构

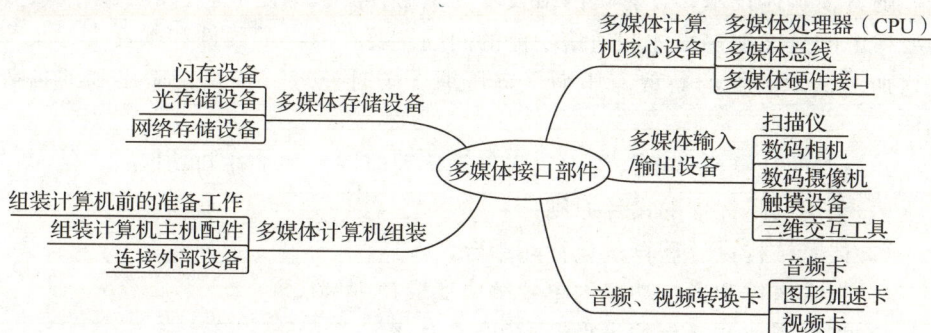

学习目标

1. 了解多媒体计算机核心技术。
2. 掌握多媒体输入/输出设备的相关知识。
3. 掌握音频、视频转换卡的相关知识。
4. 掌握多媒体存储设备的相关知识。

　　多媒体设备是信息处理的基本支柱，多媒体设备的发展也日新月异。一方面，对传统的标准设备进行了多媒体化的技术改革，包括计算机核心部件 CPU 处理器的基本结构、总线结构、设备接口等。同时对于多媒体附加设备的开发研制取得了瞩目的成果，例如更加便捷的 I/O 设备、音/视频设备、图形/图像加速处理设备等，都从应用的角度出发，全方位地提高了多媒体数据处理的 MPC 的基本功能。由于网络的发展和多媒体网络应用的需求，多媒体设备的开发延伸到了网络设备。

2.1 多媒体计算机核心设备

多媒体计算机核心设备所具有的多媒体处理能力，主要体现在多媒体处理器、总线和多媒体硬件接口等方面。

2.1.1 多媒体处理器 CPU

随着多媒体技术、计算机网络技术和网络计算机的发展，计算机结构设计需要考虑的是增加多媒体和通信功能的问题。要在原有的硬件和软件支撑平台上增加多媒体数据的获取、压缩、解压缩、实时处理、特技、输出和通信等功能。

在原有的计算机体系结构中，将遵循下列原则增加上述新功能：

(1)采用国际标准的设计原则；

(2)体系结构设计和算法设计相结合；

(3)把多媒体和通信功能的单独解决变成集中解决；

(4)把多媒体和通信技术做到 CPU 芯片中。

从目前的发展趋势看，融合的方案有两类：一类是以多媒体和通信功能为主，融合 CPU 芯片原有的计算功能，其设计目标是在多媒体专用设备、家电及宽带通信设备上；另一类是以通用 CPU 计算功能为主，融合多媒体和通信功能，其设计目标是与现有计算机系统兼容，融合多媒体和通信的功能，主要用在多媒体计算机中。

图 2-1 CPU 示意图

多媒体处理器与目前常见的 CPU 的设计结构有所区别，为了实现模拟音频和视频信号的实时数字化处理，它们采用了用于 DSP 上的一些计算技术。所以，多媒体处理器通常是 CPU 和 DSP 的混合结构，又同时巧妙地和 DSP 技术结合在一起的产物。

1. 几种典型的多媒体处理器

目前，在多媒体处理器领域比较领先的厂商包括 MicroUnity、飞利浦、Chromatic Research 和 NVIDIA 四家公司，下面简单介绍一下他们典型的多媒体微处理器产品。

（1）MicroUnity 公司的 Media Processor。芯片由三部分组成。

①Media Processor 是芯片的核心，采用高宽带结构并混合了 RISC、CISC 和 DPS 技术的可编程微处理器。

②Media Codec 是一个 A/D 转换器，提供与宽带的实际接口，可以大大增强芯片组的通信功能。

③Media Bridge 是一个能与 PCI 总线和主存储器 DRAM 连接的外部高速缓冲器，把芯片组的三部分连成一体。

Media Processor 的主要特点是具有优化的多媒体和宽带通信功能，时钟频率为 300～1000MHz，带有信号处理和增强数学运算能力的 22bit 指令集，有 1GB/s 的 I/O 接口的可选高速缓存和 Media Codec 的 I/O 芯片。

（2）飞利浦公司的 Trimedia。Trimedia 处理器可以完全取代目前 PC 上的视频卡和音频卡，它可以产生多个任意尺寸的活动窗口，而且叠加方式可随心所欲。该芯片是一个通用的微处理器，能够大大增强 PC 的多媒体功能。

Trimedia 芯片的核心是一个连接多个功能模块的 400MB/s 总线，这些功能模块包括视频输入、视频输出、音频输入、音频输出、一个 MPEG 可变长解码器 VLD、一个图像协处理器、一个通信单元和一个超长指令字 VLIW 处理器。

Trimedia 的主要特点是 DMA 控制音频和视频的 I/O 单元，支持 MPEG-1 和 MPEG-2 VLD，提供与 PCI、数码相机和立体声音频的接口，价格低。

（3）Chromatic Research 公司的 Mapact Media Engine。Mapact Media Engine 是一个高度专业化的微处理器，把它装进主板之后，它可以接替 Windows 图形加速器、3D 图形协处理器、MPEG 解压卡、声音卡、fax/modem 和电话卡的全部工作。

其主要特点是 MPEG-1 实时视频和音频的编码/解码，MPEG-2 视频和音频解码、波表和波导声音合成，支持 H.320（ISDN）和 H.324（模拟电话线）视频会议。

（4）NVIDIA 公司的 GeForce。GeForce 是专为图形和视频所设计的微处理器，配有 NVIDIA GeForce 系列 GPU 的台式电脑和笔记本电脑可以带给用户无法比拟的性能、明快的照片、高清晰的视频回放和超真实效果的游戏体验。GeForce 系列的笔记本 GPU 还包括先进的耗电管理技术，这种技术可以在不过分耗费电池的前提下保证高性能。

2. 主要性能指标和技术指标

（1）主频、外频、倍频。CPU 的主频，即 CPU 内核工作的时钟频率（CPU Clock Speed）。采用超标量的 Pentium 级 CPU 在一个时钟周期内能够执行一条以上的指令。主频越高，CPU 的运行速度越快。制造工艺的限制是 CPU 主频发展的最大障碍之一。

CPU 的外频，通常为系统总线的工作频率（系统时钟频率），CPU 与周边设备传输数据的频率，具体是指 CPU 到芯片组之间的总线速度。所以，外频越高，CPU 与其他部件之间的信息传送速度越快。

倍频即主频与外频之比的倍数。主频、外频、倍频的关系式如下。

$$主频 = 外频 \times 倍频系数$$

（2）高速缓存 L1 Cache 和 L2 Cache 的容量和频率。高档的多媒体计算机都有两级高速缓存 L1 和 L2。

L1 Cache 集成在 CPU 芯片内，称为片内 Cache 或一级 Cache。L1 的容量相对较小，一般为 16 KB 或 32 KB，工作频率与 CPU 主频相同。

L2 Cache 在 CPU 外部，称为片外 Cache 或二级 Cache。L2 的容量一般为 L1 的几十倍。运行频率与 CPU 外频相同的 L2 称为全速 L2 高速缓存。主流 CPU，如英特尔的 Pentium 级，Celeron 和 AMD 的 Athlon、Duron 等都采用了全速 L2 高速缓存。有的高速多媒体微处理器把 L1 和 L2 都集成在 CPU 芯片内部。

（3）支持多媒体的扩展指令集。1997 年以前的 CPU 都是基于 x86 指令集，这些指令同时只能执行一次计算，称为"单指令单数据"（SISD）处理器。扩展指令是为提高 CPU 处理多媒体数据的能力而设计的。其中，有英特尔公司推出的"MMX"，AMD 公司的 Pentium Ⅲ 中的"SSE"和 Pentium Ⅳ 中的"SSE2"。这些指令集都是为弥补 MMX 的不足而开发的。所有 x86 系列 CPU 都支持"MMX"，但是英特尔 CPU 只支持"SSE"，而 AMD 公司的 CPU 仅支持"3D NOW!"。

2.1.2　多媒体总线

总线是连接计算机内各个部件的一组物理信号线，也是计算机与外部设备之间传递信息的通道。总线可以分为内部总线和扩展总线，内部总线是指 CPU 内部或 CPU 与存储器之间交换信息用的总线；扩展总线则指的是 CPU、存储器与各类 I/O 设备之间互相连接交换信息的总线。在一个计算机系统中，由于总线的连接作用，使各个部件（例如 CPU、内存、外存、Cache、I/O 设备等），协调地执行 CPU 发出的指令。

1. 扩展总线

扩展总线也称底板总线，在微机上常用的是 ISA 总线和 EISA 总线。ISA 是一种工业标准体系总线，具有 16 位宽度（早期为 8 位）、8MHz 时钟，最高传输率为 5MB/s。EISA 是一种扩展工业标准总线，具有 32 位宽度，同步 8MHz 时钟，最高传输率为 33MB/s。

2. 局部总线

局部总线是一种内部总线，是 90 年代发展起来的一种新型总线。VESA 总线具有 32 位宽度，同步时钟 33MHz，最高数据传输率 1MB/s～32MB/s，可满足 GUI 和多媒体的应用。PCI 总线具有 32 位宽度，同步时钟 33MHz，最高数据传输率 133MB/s。PCI 总线比 VESA 总线的兼容性好，并且可以从 32 位升级到 64 位，支持多处理器和并发工作，因此 PCI 总线将成为微机新的总线规范。而 AGP 总线的数据传输速度高达 528MB/s。

一般来说，扩展总线适用于广泛的扩展卡，但传输速度相对较慢；而内部总线有高的数据吞吐能力，因此适用于连接快速的部件和板卡，但它的价格相对较贵一些。目前在微机主板上具有三个 PCI 总线扩展槽以及 3～4 个 ISA 总线扩展槽，以能插入多块 I/O 扩展卡。

2.1.3　多媒体硬件接口

多媒体接口解决计算机与外设之间的通信，由于多媒体外部设备品种多，物理性能相差大，并且数据交换的方式不同，因此在 PC 的主权上设置了不同的设备接口。较重要的多媒体接口主要是 IDE、SCSI 和 USB。

1. IDE 接口

集成驱动电子接口 IDE(Integrated Drive Electronics)接口，如图 2-2 所示，也称为 ATA(Advanced Technology Attachment)接口，主要用来连接硬盘或光驱并实现数据的传输。以后又推出了 EIDE(Enhanced IDE)规格，EIDE

还制定了连接光盘等非硬盘产品的标准。这个可连接非硬盘类的 IDE 标准，又称为 ATAPI 接口。

从英特尔的 430TX 芯片组开始，就提供了对 Ultra DMA 33 的支持，能提供最大 33Mb/s 的数据传输率，以后又很快发展到了 ATA 66、ATAloo 和 ATA 133 标准，它们分别提供 6Mb/s、100Mb/s 以及 133Mb/s 的最大数据传输。

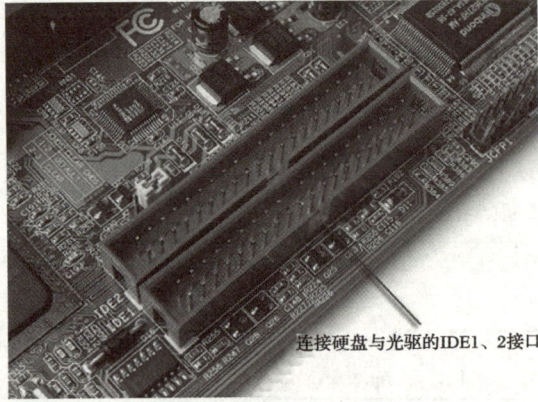

连接硬盘与光驱的IDE1、2接口

图 2-2　IDE 集成驱动电子接口

2. SCSI 接口

SCSI(Small Computer System Interface)接口又称为小型计算机系统接口，用来连接主机和外围设备。它由 SCSI 控制器进行数据操作，SCSI 控制器相当于一块小型 CPU，有自己的命令集和缓存。

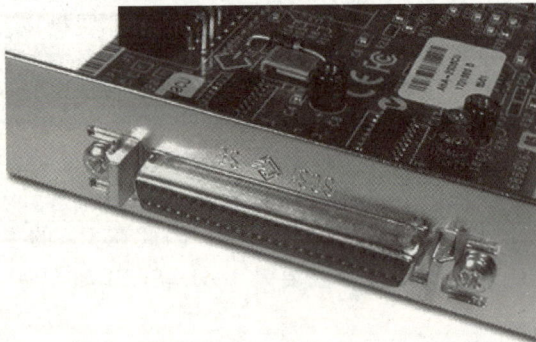

图 2-3　SCSI 接口示意图

SCSI 经过了 SCSI-1、SCSI-2、SCSI-3、Ultra 2 SCSI、Ultra 3 SCSI 和 Ultra 320 SCSI 几个发展阶段，它们主要的区别在于 SCSI 标准中使用的命令集，以及带宽、设备的最大可能速度，传输速度已从 SCSI-1 的 5Mb/s 发展到 LVD 的 160Mb/s、320Mb/s。

SCSI 接口的特点如下：

(1)可同时连接多达 30 个外设；

(2)总线配置为并行 8 位、16 位、32 位或 64 位；

(3)支持的高速硬盘空间有些已高达 146.8GB，如 145GB 的 Maxtor 硬盘；

(4)支持更高的数据传输速率，IDE 的数据传输速率为 2Mb/s，最早的 SCSI 就可以达到 5Mb/s，SCSI-2 能达到 10Mb/s，SCSI-3 能够达到 40Mb/s、80Mb/s。Ultra 160 SCSI 的最大数据传输速度为 160Mb/s，支持混合数据传输的速度达到 320Mb/s；

(5)成本较高，SCSI 接口在速度、性能和稳定性方面都比 IDE 和 EIDE 接口好，但是造价较高，而且与 SCSI 接口硬盘配合使用的 SCSI 接口卡也比较昂贵；

(6)智能化的接口，SCSI 设备在数据传输过程中无须通过 CPU，而是通过 SCSI 总线内部的命令描述块的传送去启动、连接目标设备并执行具体任务，完成后才通知 CPU。

3. USB 接口

通用串行总线 USB(Universal Serial Bus)是一种新型的 PC 接口技术。USB 使用一个四针插头作为标准(采用菊花链形)插头，可以将外部设备连接到计算机主板上。

图 2-4　USB 示意图

(1)USB 1.1 标准。USB 1.1 标准的传输速度为 12Mb/s，理论上可以支持 127 个使用 USB 接口的外设，通过 USB 集线器可连接多个周边设备，连接线缆的最大长度为 5m。

USB 标准将 USB 分为五个部分：控制器、控制器驱动程序、USB 芯片驱动程序、USB 设备以及针对不同 USB 设备的客户驱动程序。

(2)USB 2.0 标准。USB 2.0 接口标准由 COMPAQ、惠普、英特尔、Lucent、微软、NEC 和飞利浦等厂商联合制定。目的是提高设备之间的数据传输速度，以便可以使用具有各种速度的且更加高效的外部设备。

(3)USB 3.0 标准。USB 3.0 标准由英特尔等公司发起，于 2008 年正式完成并公开发布。USB 3.0 采用了对偶单纯形四线制差分信号线，故而支持双向并发数据流传输。USB 3.0 可应用于外置硬盘、高分辨率的网络摄像头、视频监视器、视频显示器、USB 接口的数码相机和数码摄像机、蓝光光驱等设备。

4. IEEE 1394 接口

IEEE 1394 接口也是一种通用外接设备接口，它类似于 USB 接口，可以快速传输大量数据、能连接多个不同设备、支持热插拔、不用外部电源。将摄像机连接到计算机最合适的方法是使用 1394 接口，这样能获得最佳的影像质量。

IEEE 1394 的网络共有三层，分别是物理层、链接层及传输层。物理层定义了传输信息的电子信号及机械的接口，主要的功能为数据的编码、译码与总线的判断，而其连接器分为四接脚及六接脚两种规格，其最大输出电压规格为直流 40 V，最大输出电流为 1.5 A。链接层主要功能为封包接收、封包传送与周期控制。传输层则是定义请求及响应协议，用以实现选取、写入及封锁三个基本的传输动作。

IEEE 1394 标准定义了两种总线数据传输模式，即 Backplane(背板)模式和 cable(电缆)模式。其中 Backplane 模式支持 12.5Mb/s、25Mb/s、50Mb/s 的传输速率；Cable 模式支持 100Mb/s、200Mb/s、400Mb/s 的速率。

IEEE 1394 可同时提供同步和异步数据传的方式。同步传输的数据是连续性的，主要应用于实时性的任务，而异步传输则是将数据传送到特定的地址。可以在同一传输介质上可靠地传输音频、视频和计算机数据。

IEEE 1394 的总线周期为 125As，每个传输周期中，会优先处理同步性的传输通道，当处理完 64 个同步性传输信道后再进行异步传输封包处理。而传输的寻址方式采用 64 位。最前面的 10 位为总线的编号，故可以供 1024 个设备(1023 个连接区段)使用，当此 10 位全部为 1 时，表示广播到总线上所有的设备。接下来的 6 位用于寻址区段上的节点号码，当此 6 个位全部为 1 时，表示广播到区段上所有的节点，剩余的 48 位则是各节点的缓存区及私有数据区。

IEEE 1394 支持宽带传输、支持高速传输、连接设备多、接插设备无需断电、支持即插即用、具有智能化设置功能，但资源占用较高。

IEEE1394接口

图 2-5　IEEE 1394 接口示意图

2.2　多媒体输入/输出设备

2.2.1　扫描仪

扫描仪(Scanner)是继键盘、鼠标器之后的最常用的计算机输入设备，它能将图稿捕捉下来并将之转换成计算机能够进行识别、编辑、存储和显示等处理的数据形式。这里的图稿可以是图像、绘画、照片、图形和文字等，因此，扫描仪是一种多媒体信息处理的重要支持设备。

1. 扫描仪的构成

扫描仪由光学成像、机械传动和转换电路等三个部分组成。光学成像部分包括光源、光路和镜头，它将被扫描图稿转变成光学信息。机械传动部分由控制电路、步进电机、导轨和扫描头等组成，它的主要功能是扫描定位，将扫描头按一定的顺序在图稿上移动。转换电路部分包含光电转换部件 CCD(电荷耦合器件)和 A/D 转换器(模/数转换)。CCD 可以将照射在其上的光信号转换成相应的电信号，再由 A/D 转换器将电信号转换成数字信号。

2. 扫描仪的工作原理

扫描仪通过被扫描介质的反射光或透射光的变化来捕获图稿内容。被扫描图稿的反射光线(或透射光线)经过光学成像系统采集后，聚焦在 CCD 上，CCD 将检测到图稿上每一个区域的反射(透射)光线的总和，并将这些光信号转变为电信号，再由 A/D 转换器将电信号转变为相应的数字信号，传输到计算机内进行处理和存储。机械传动机构带动装有光学成像和 CCD 的扫描头在控制电路的控制下有顺序地扫描图稿，以便将图稿上的每一部分内容转变成计算机能够处理的数据。由扫描仪输入的数据能由专门的扫描软件在显示器上还原成原来的图稿内容。

扫描仪配置的软件可使扫描仪的性能达到最佳化，根据图稿内容的情况，可以设置扫描区域、分辨率、亮度和图像深度等参数，使扫描得到的图稿能与计算机显示器的显示模式相匹配。另外扫描仪输入的图稿数字化数据可以通过软件来进行增强、滤波、平滑和马赛克效果等处理。

3. 扫描仪的主要性能指标

扫描仪的主要性能指标为：分辨率、灰度级、色彩数、扫描方式和扫描幅面等。

(1)分辨率。分辨率表征了扫描仪对图稿细节的描述能力，分辨率越高，扫描仪获得的图稿越精细和逼真。

目前扫描仪的分辨率通常在 $200\sim9600$dpi 之间。一般来说，扫描文本分辨率达到 600dpi 已经足够了，而扫描图像分辨率需达到 1200dpi 或以上才能获得令人满意的精细度。

(2)灰度级和色彩数。灰度级表示图像颜色的深浅和亮度。扫描仪的最低灰度级别只有 2 级，即黑白两种像素，最高灰度级别为 4096 级，灰度级别越高，扫描图像的层次越丰富。

色彩数表示彩色扫描仪所能产生的颜色范围，通常使用每个像素点的颜色数据位数来表示。例如 8 位颜色数据位，可表示 256 种颜色。位数越高，扫描得到的图像色彩越逼真。

(3)扫描方式。对于平板彩色扫描仪，具有一次扫描和三次扫描两种不同的扫描方法。由于一次扫描的扫描速度快、扫描所得的图像质量高，尽管它的技术难度大、成本高，目前生产的扫描仪大都采用一次扫描方式。

(4)扫描幅面。扫描幅面表示扫描仪可扫描图稿的最大尺寸。基本上与复印纸的尺寸相当，一般为 A4～A0 幅面。也有一些特殊的大幅面的扫描仪，其一次扫描完成图稿的尺寸宽度可达 30～40cm，长度可达 90cm 以上。

4. 扫描仪的分类

扫描仪可分为手持式、平板式和滚筒式三类。

（1）手持式扫描仪。由手工移动扫描仪从图稿上经过，扫描宽度为10.5cm，扫描大幅面图稿时由软件拼接。分辨率为 300～2400dpi，色彩位为1.8～24bit。其优点是体积小、重量轻、价格低，缺点为幅面小、精度低、扫描图像容易失真。手持式扫描仪主要用于精度要求不高的场合。

（2）平板式扫描仪。由软件控制扫描仪自动完成图稿扫描过程，扫描宽度为 A4 幅面。分辨率为 600～9600dpi，色彩位为 24～36bit。其优点是速度快、精度高、操作简单，但其价格比手持式高。平板式扫描仪适用于多媒体平台中的图像扫描。

（3）滚筒式扫描仪。扫描图稿放在滚筒上，由软件控制扫描头自动完成图稿扫描过程。其扫描宽度大，可以用作大幅面图稿的输入。分辨率为 600～4800dpi，色彩位为 24～36bit。除了具有平板式扫描仪的速度快、精度高、操作简单等优点之外，能连续扫描（自动进纸）。滚筒式扫描仪适合于 CAD 图形、地形图等大幅面图形图像的输入。

手持式　　　　　　平板式扫描仪　　　　　　滚筒式扫描仪

图 2-6　扫描仪实物

2.2.2　数码相机

数码相机是一种与计算机配套使用的、新兴的数字影像设备，它的出现使传统的摄影技术发生了革命性变革。数码相机自问世以来就受到了人们的广泛关注，进入 20 世纪 90 年代，其技术日渐成熟。目前数码相机已成为一种重要的计算机外设。

所谓数码相机，是一种能够通过内部处理把拍摄到的景物转换成数字格式图像的特殊照相机。数码相机并不使用胶卷，而是使用固定的或者是可拆卸的半导体存储器来保存获取的图像，还可以直接将数字格式的图像输出到计算机、电视机或者打印机上。由于图像是内部处理的，所以使用者可以马上检查图像是否正确，而且可以将图像立刻打印出来或是通过电子邮件传送出去。数码相机只是将相机数字化了，就其本质而言，数码相机依然是相机，完全可以将数码相机当作一部普通相机来使用。

图 2-7 数码相机示意图

1. 数码相机的分类

（1）按性能价格比分类

按性能价格比可以把数码相机分为 3 类：简易型数码相机、商用型数码相机、专业型数码相机。

①简易型数码相机。简易型数码相机主要是面向一般的初学者或是低端用户。这类用户通常都有一个特点，就是对画面质量要求不高，这类数码相机的像素值在 500 万左右，一般功能和操作都比较简单，而且还不一定具备液晶显示屏 LCD(Liquid Crystal Display)，操作与传统的傻瓜相机相似，许多设置都有"自动"值。此类数码相机的优点之一是它的体积和重量都非常小，非常适合在旅途中携带。

②商用型数码相机。商用型数码相机所指的是功能和价格都属于中档次的一类数码相机，而并非指该类型相机只适合于商业单位使用，只是因为这类数码相机在大多数的商用单位中被广泛地应用才冠以其名的。它主要面向有计算机设计任务的商业单位，或是一些比较讲究的个人用户。通常，报纸、杂志之类的桌面出版商是这类中档数码相机的主要选择者，除此之外，一些已经入门的业余摄影爱好者也较多选择这一档次的数码相机。这类数码相机像素值在 700 万～1000 万左右。

③专业型数码相机。专业型的数码相机是指档次最高的一类数码相机，它拥有很多功能，但操作比较复杂，而且一般都可以更换镜头，需要有比较专业的摄影知识才行，因此，使用这一档次数码相机的用户一般都是专业摄影艺术工作者，其中可能还会有些比较富裕的业余爱好者，也有少数是需要进行精密测量的研究单位。

专业型数码相机的像素值很高，一般都在1000万以上，其中还有一些极为高级的作为专业研究使用的数码相机甚至可以达到几千万像素，这类相机可以称为专业级中的专业数码相机。

(2)按接口分类

①USB 数码相机

USB 数码相机采用通用串行总线架构接口技术，故简称 USB 相机。

该数码相机采用 USB 接口的惟一目的就是为了能更快地向计算机发送图像信号。以前的数码相机多采用串口和主机通信，受串行接口 115200b/s (14.4KB/s)的传输速度限制，计算机从数码相机内提取图像信息的操作过程是很耗时的。将串行接口换为 USB 接口时，将大大缩短提取图像信号时的等待时间。由于单个 USB 设备只能占用 USB 12Mb/s 带宽的一半，因此 USB 接口的数码相机的实际传输速率最大为 6Mb/s(750KB/s)，比串行接口至少快 10 倍。

②PP 数码相机

PP(Parallel Port)数码相机采用了与打印机和其他外部设备通用的并行接口，简称并口相机。在数码相机市场的初期，并口相机占统治地位，但是并行接口速度比较慢，大都不超过每秒 10 帧图像。USB 数码相机推出后，大大削弱了并口相机的市场占有率，并且有逐渐被 USB 数码相机取代的趋势。

③PCI 数码相机

PCI(Peripheral Component Interconnect)数码相机采用外围元件互联接口与计算机相连接，简称 PCI 相机。在计算机的主板上一般设有三四个 PCI 插槽，这些插槽支持 7 种外部设备，并支持 32bit 和 64bit 的数据传输。PCI 接口性能较好，虽然 PCI 相机比并口相机和 USB 相机贵，但由于它具有更高的性能，能够赢得那些寻求更高质量相机的用户喜爱，所以也能保持稳定的市场占有率。

2. 数码相机的工作原理

数码相机的基本组成如图 2-8 所示。当数码相机对准需要拍摄的画面后，按下快门，使所拍摄画面物体上反射出的光通过相机的光学器件落在光电传感器上，光电传感器输出与入射光亮度成正比的模拟电压。模拟电压经过 A/D 转换后变成数字信号，在通过数字处理后以图像文件的形式存储在存储器中。需要时，可以将存储在存储器中的图像数据通过串行接口（USB 或 IEEE 1394 接口）或 SCSI 接口输入到计算机中保存，或进行处理。

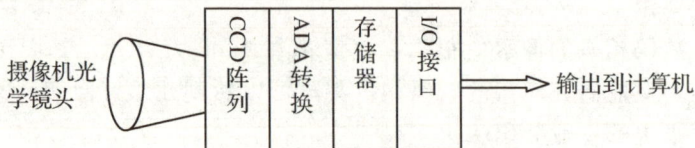

图 2-8　数码相机的基本组成

　　数码相机的最大优点是生成数字格式的图像照片，这就决定了它的结构和工作原理必然与传统的照相机有所不同。数码相机同样是利用光学凸透镜作为镜头，将所要拍摄的景物的反射光聚焦到"底片"上，这部分的结构和工作原理是与传统照相机一致的，不同的是，数码相机是以电子感应器件代替感光材料来充当"底片"的，也就是说，影响光线通过了镜头和光圈之后，并非到达胶片，而是到达一些会感应光的晶片上。晶片感受到光线的强弱和色彩之后就会相应地产生不同大小的电压，并有一个转换处理器将这些电信号转换成数字格式，再输出到存储介质上，于是，影像不需要经过感光材料和扫描工序即可直接产生数码图像。

　　大多数的数码相机都是用一块特殊的光敏芯片，这块芯片称为电荷耦合器件。数码相机用快门来激活包含光敏栅格的电荷耦合器件传感器。电荷耦合器件能对光照做出反应，并把反应的强度转换成相应大小的电流值。当光从红、绿、蓝滤镜中穿过时，就可以得到对每种色光反应的电信号，然后，电信号要通过一个 A/D（模拟/数字）转换元件转换成数字信号，之后，这些数字信号将被传送到另一块内部芯片上加工处理。该芯片的名称是 DSP（Digital Signal Processor），它的作用是把数字信号转换为图像文件格式，其中包括了多种数码照相机对数字图像所做的初步的编辑操作，例如为图像选择合适的格式来保存等。

　　从镜头中聚焦得到的光信号经过这 3 个核心部件的处理后，就生成了所需要的数字格式图像。生成的图像保存在数码相机的内部存储器中，数码相机使用 SRAM 作为内部存储器，这时可以通过一个安置在数码相机背后的 LCD 液晶显示屏幕来观看照片的效果。最后，再把 SRAM 中的内容存入数码相机本身携带的磁盘中，或通过电缆将图像即时传入计算机中。

2.2.3　数码摄像机

DV(Digital Video)是"数字视频"的意思，DV机就是能拍摄数字视频的设备，称为数码摄像机。在绝大多数场合，我们直接用DV代表数码摄像机。

图 2-9　数码摄像机示意图

1. 数码摄像机的特点

(1)清晰度高。模拟摄像机影像清晰度(也称解析度、解像度或分辨率)不高，如VHS摄像机的水平清晰度为240线/英寸、最好的Hi8机型也只有400线/英寸。DV记录的则是数字信号，其水平清晰度已经达到了500～540线/英寸，目前高清数码摄像机已经达到1080线/英寸，可以和专业摄像机媲美。

(2)色彩更加纯正。DV的色度和亮度信号带宽差不多是模拟摄像机的6倍，而色度和亮度带宽是决定影像质量的最重要因素之一，因而DV拍摄的影像的色彩就更加纯正和绚丽，也达到了专业摄像机的水平。

(3)无损复制。DV磁带上记录的信号可以无数次的转录，影像质量信号也不会下降，这一点也是模拟摄像机所望尘莫及的。

2. 数码上相机的分类

(1)按照使用用途分类

①广播级机型。这类机型主要用于广播电视领域，图像质量高，性能全面，但价格较高，体积也比较大，它们的清晰度很高，信噪比较大，图像质量好。

②专业级机型。这类机型一般应用在广播电视以外的专业电视领域，比如电化教育等，图像质量低于广播级摄像机，不过近几年一些高档专业摄像机在性能指标等很多方面已超过旧型号的广播级摄像机，价格一般在数万至十几万元之间。相对于消费机型来说，专业DV不仅外形更酷，更起眼，而且在配置

上要高出不少，比如采用了有较好的品质表现的镜头、CCD 的尺寸比较大等，在成像质量和适应环境上更为突出。

③消费级机型。这类机型主要是适合家庭使用的摄像机，应用在图像质量要求不高的非业务场合，比如家庭娱乐等，这类摄像机体积小、重量轻，便于携带，操作简单，价格便宜。在要求不高的场合可以用它制作个人、家庭的 VCD、DVD，价格一般在数千元至上万元。

（2）按照存储介质分类

①磁带式。即以 MiniDV 为记录介质的数码摄像机。它最早在 1994 年由 10 多个厂家联合开发而成，通过 1/4 英寸的磁带来记录高质量的数字视频信号。

②光盘式。即 DVD 数码摄像机。采用 DVD-R、DVD＋R，或 DVD-RW、DVD＋RW 来存储动态视频图像，操作简单，携带方便，拍摄中不用担心重叠拍摄，更不用浪费时间去倒带或回放，尤其是可直接通过 DVD 播放器播放，省去了后期编辑的麻烦。

③硬盘式。即采用硬盘作为存储介质的数码摄像机。硬盘摄像机具备很多好处，大容量硬盘摄像机能够确保长时间拍摄，在外出旅行拍摄时不会有任何后顾之忧。回到家中向电脑传输拍摄素材，也不再需要 MiniDV 磁带摄像机时代那样烦琐、专业的视频采集设备，仅需用 USB 连线与电脑连接，就可以轻松完成素材导出。微硬盘体积和 CF 卡一样，和 DVD 光盘相比体积更小，使用时间上也是众多存储介质中最可观的，但由于硬盘式 DV 防震性能需要进一步加强，而且用户不能对硬盘进行更换，这些缺点阻碍了其推广。

④存储式卡。即采用存储卡作为存储介质的数码摄像机。由于目前存储卡价格大幅度走低，容量大幅度提高，在家用机型中存储卡式摄像机已经逐渐成为主流。

（3）按照传感器类型和数目分类

①传感器类型

电荷耦合器件图形传感器 CCD（Charge Coupled Device）：使用一种高感光度的半导体材料制成，能把光线转变成电荷，通过模数转换器芯片转换成数字信号。

互补性氧化金属半导体 CMOS（Complementary Metal-Oxide Semiconductor）：它和 CCD 一样同为在数码摄像机中可记录光线变化的导体。

②传感器数目

图像感光器数量即数码摄像机感光器件 CCD 或 CMOS 的数量，多数数码摄像机采用了单个 CCD 作为感光器件，而一些中高端的数码摄像机则使用 3CCD 作为感光器件。

2.2.4 触摸设备

触摸屏(Touchscreen)是一种随着多媒体技术发展而使用的输入设备。当用户用手指指点在屏幕上的菜单、光标、图符等光按钮时，能产生触摸信号，经过变换后成为计算机可以处理的操作命令，从而实现人机交互。使用触摸屏操作计算机具有直观、方便的特点。从键盘到鼠标器，是使用计算机技术的一大发展，而从鼠标器到触摸屏，是使用计算机技术的又一飞跃，将会使信息产业带来巨大的变化。

图 2-10　触摸屏示意图

触摸屏由传感器、控制器和驱动程序三个主要部分组成。

1. 传感器

传感器将手指的触摸动作转变为一组电压信号，传递给控制器。目前广泛使用的触摸屏按其传感触摸动作的方式分为电容、电阻、红外线、表面声波和应力计五种类型。

(1)电容性传感器。这种传感器由一层与显示器外形相同的透明玻璃，表面涂一层透明的导电薄膜，在导电膜四周加电压建立起一个稳定电场。当手指触摸导电膜时，由于电容效应，使电场发生改变，控制器通过检测电场的变化来确定触摸的位置。控制器把位置数据传到主机，以实现人机交互。

（2）电阻式传感器。电阻传感器是一块覆盖电阻性栅格的玻璃，在玻璃上面蒙一层涂有导电涂层的具有特殊模压凸缘的聚酯薄膜，聚酯薄膜是防止电阻层与导电涂层接触的隔离层。控制器向玻璃的四角加电压，并读取导电层的电压值。当屏幕被触摸时，压力使得聚酯薄膜凹陷，电阻层与导电层接触。控制器向玻璃的两个邻角加电压，并把对面的两个角接地，于是电阻栅格使玻璃片上形成一个电压阶梯，控制器从两个方向测出触摸点的电压值，从而计算出触摸的精确位置。

（3）红外线传感器。这种传感器利用光学技术，在屏幕的垂直和水平两个方向上设置光线的发射和接收装置的交叉网络，即屏幕的一边设置红外线发射器，而相对的另一边设置红外线接收装置来检测光线的遮挡情况。当手指阻断了交叉的红外线光束时，从而检测出触摸位置。高级的红外线触摸屏是利用设在屏幕两角发射的扇形光束，来测量投射在屏幕其余两边的阴影覆盖范围以确定触摸的位置。

（4）表面声波传感器。表面声波传感器利用声学技术，在屏幕的四角分别装了声波发射器和声波接收器。在玻璃四边上分布着一系列的声波反射器被嵌进玻璃中。发射器朝一个方向发射短脉冲波形，经反射器反射后返回到接收器成为一个长脉冲。当手指触摸到屏幕某点时，声波在该点传播发生阻碍，于是从接收到的脉冲信号中见到一个缺口。脉冲起点至下跌点间的时间长度就确定了触摸点的坐标。

（5）应力计式传感器。这种传感器在一块平板玻璃的四角都分别安装一个应力计，当施加压力于触摸屏时，应力计会表现出电阻或电压等电气特性的变化，压力较重时，变化值亦相应增大，每个角上的应力计各自记录这些变化。控制器根据四个应力计所检测的数据来计算出触压的位置。

2. 控制器

控制器控制传感器并把触摸电信号转换成数字数据，经过对这些数据的处理，计算出手指触摸坐标 x、y，再通过接口输入计算机内。

控制器可分为内置式和外置式两种，内置式是一种卡，连接方便，价格低廉，便于集成为一个系统中的一部分。外置式是一个盒子，可借助于 RS-232 串行接口与计算机相连接，价格较贵，但使用比较灵活。

3. 驱动程序

触摸屏驱动程序具有以下两项功能。

（1）应用程序利用驱动程序直接对触摸屏编程，使控制器输送的触摸数据可以直接适合于具体应用程序使用。

（2）以鼠标器（或者键盘）作为交互输入设备的应用程序（包括在 Windows 下运行的程序）可以不作任何修改，而触摸屏作为交互输入设备，做到触摸屏与鼠标器操作一致。

利用各种传感器制作的触摸屏都有自己的优缺点，必须根据使用要求来选择合适的触摸屏。应力计式触摸屏技术简单、价格低，但分辨率较低，点触精度差；表面声波触摸屏反应灵敏，分辨率高达 4096×4096，点触精确，但测量触摸点坐标时间较长；电阻式触摸屏可靠性高，分辨率可达 1024×1024，且使用方便，但电阻屏透光性稍差一些。目前常用的触摸屏大都使用表面声波和电阻传感器技术。

2.2.5　三维交互工具

三维交互技术指在计算机中创建产品的三维模型，然后通过交互设计软件设定交互程序，使用户可以通过鼠标等交互设备实施人机交互的新兴技术。

常见的三维交互工具主要有：3D 振动鼠标、3D 显示器、3D 眼镜、3D 地图、3D 打印机。

（1）3D 振动鼠标。3D 振动鼠标是一种新型的鼠标器，它不仅可以当作普通的鼠标器使用，而且具有以下几个特点：

①具有全方位立体控制能力。它具有前、后、左、右、上、下六个移动方向，而且可以组合出前右、左下等的移动方向。

②外形和普通鼠标不同。一般由一个扇形的底座和一个能够活动的控制器构成。

③具有振动功能，即触觉回馈功能。玩某些游戏时，当你被敌人击中时，你会感觉到你的鼠标也振动了。

④是真正的三键式鼠标。无论 DOS 或 Windows 环境下，鼠标的中间键和右键都大派用场。

新款 3D 鼠标侧面有三个按键，能按用户喜好设置不同的按键功能。通过按压按键或者在按键上滑动就能触发相应的动作，例如第一个键是鼠标左键，第二个键是鼠标中键，第三个键位是鼠标右键，向左、向右滑动就是鼠标滚轮功能。

图 2-11　3D 鼠标示意图

　　这款 3D 鼠标跟以往的红外线鼠标不一样的就是不需要靠红外线定位，不需要在平坦的桌面使用。因为有 3D 追踪技术，就算在空气中划动，3D 鼠标也同样能感应你的动作并做出相关动作。

　　(2)3D 显示器。目前的 3D 影像显示技术大致可分为两类：戴眼镜式和裸眼式。

图 2-12　3D 显示器示意图

　　究其原理通常基于人类以通过右眼和左眼所看到的物体的细微差异来感知物体的深度，从而识别出立体图像的原理。问题的关键在于如何将"右眼用"和"左眼用"两组影视分别分配给左右眼。以往所使用的专用眼镜便是用来解决这一问题的一个工具，其原理是通过把两组图像和镜头分别设为不同的颜色，使其中的一组影视只进入左眼或右眼即可。

新的 3D 显示器带有"头部跟踪系统"，可以检测用户的头部位置，重新配置遮挡光线，以扩大立体可视范围，使得用户在移动后的位置上也能获得立体视觉效果。

（3）3D 眼镜。3D 眼镜采用了当今最先进的"时分法"技术，通过 3D 眼镜与显示器同步的信号来实现。当显示器输出左眼图像时，左眼镜片为透光状态，而右眼为不透光状态，而在显示器输出右眼图像时，右眼镜片透光而左眼不透光，这样两只眼镜就看到了不同的游戏画面，达到欺骗眼睛的目的。以这样的频繁切换来使双眼分别获得有细微差别的图像，经过大脑计算从而生成一幅 3D 立体图像。3D 眼镜在设计上采用了精良的光学部件，与被动式眼镜相比，可实现每一只眼睛双倍分辨率以及很宽的视角。

3D 眼镜可以分为互补色 3D 眼镜、时分式 3D 眼镜和不闪式 3D 眼镜。

①互补色 3D 眼镜。又称色差式，即大家常见的红蓝、红绿等有色镜片类的 3D 眼镜。色差式可以称为分色立体成像技术，是将两幅不同视角上拍摄的影像分别以两种不同的颜色印制在同一幅画面中。用肉眼观看的话会呈现模糊的重影图像，只有通过对应的红蓝等立体眼镜才可以看到立体效果，就是对色彩进行红色和蓝色的过滤，红色的影像通过红色镜片，蓝色的影像通过蓝色镜片，两只眼睛看到的不同影像在大脑中重叠呈现出 3D 立体效果。

②时分式 3D 眼镜。又称主动快门式 3D 眼镜。快门式 3D 技术可以为家庭用户提供高品质的 3D 显示效果，这种技术的实现需要一副主动式 LCD 快门眼镜，交替左眼和右眼看到的图像以至于你的大脑将两幅图像融合成一体，从而产生了单幅图像的 3D 深度感。

图 2-13　3D 眼镜示意图

③不闪式 3D 眼镜。利用偏振光，通过电视分离左右影像后同时送往眼镜，通过眼镜的过滤，把分离后的左右影像分别送到左、右眼睛，大脑再把这两个影像合成，让人感受 3D 立体感。

(4)3D 地图。3D 地图是基于 WEB GIS 地理信息系统、GPS 全球卫星定位系统、RS 遥感系统、VR 全景等最新技术，以城市建筑三维建模为载体，整合集成本地城市建筑、政府、企事业单位等多渠道资源、信息，形象直观的电子地图，也叫三维地图、立体地图、虚拟城市。

其作用是具有搜索、定位、放大、缩小、漫游、鸟瞰图、测距、公交查询、自驾查询、周边查询、360°全景展示、单个建筑旋转、旅游景点介绍、楼盘展示、城市形象宣传、电子政务、电子商务、电子黄页、生活资讯、同城交友、虚拟社区等功能，提供最全面的城市生活资讯、商家信息、地图黄页、公交驾车路线等查询服务。

图 2-14　三维地图示意图

(5)3D 打印机。3D 打印机(3D Printers)又称三维打印机，是一位名为恩里科·迪尼(Enrico Dini)的发明家设计的一种神奇打印机。使用 3D 辅助设计软件，工程师在设计出一个模型或原型后，无论是一所房子还是复杂的人工心脏瓣膜，3D 打印机可以用各种原料直接打印三维立体模型。"打印"所使用的原料可以是有机或者无机的材料，例如橡胶、塑料。

3D 打印机的工作原理，说得简单一点，就是断层扫描的逆过程。断层扫描是把某个物体"切"成无数叠加的片，3D 打印就是一片一片地打印，然后叠加到一起，成为一个立体物体。

工作步骤是：使用 CAD 软件来创建物品，如果你有现成模型也可以，包括按比例微缩模型等，然后通过 SD 卡或 USB 把它拷贝到 3D 打印机中，进行打印设置后，打印机就可以把它们打印出来。3D 打印机的工作原理和传统打印机基本一样，都是由控制组件、机械组件、打印头、耗材和介质等架构组成的。

3D 打印机主要是打印前在电脑上设计了一个完整的三维立体模型，然后再进行打印输出。3D 打印机是快速成形技术的一种机器，它是以数字模型文件为基础，运用粉末状金属或塑料等可黏合材料，通过逐层打印的方式来构造物体的技术。过去其常在模具制造、工业设计等领域用于制造模型，现正逐渐用于一些产品的直接制造，意味着这项技术正在普及。

图 2-15　3D 打印机示意图

2.3　音频、视频转换卡

2.3.1　音频卡

作为多媒体计算机的象征，声卡的历史远不如其他 PC 硬件历史悠久。在还没有发明声卡的时候，PC 游戏是谈不上任何好的声音效果的，只能从 PC 小喇叭里发出单调的提示音。虽然效果不佳，但在当时已经令人非常满意了。直到 ADLIB 声卡的诞生才使人们享受到了真正悦耳的电脑音效。

声卡是处理音频信号的 PC 插卡，也称音频卡，是多媒体计算机主要的音频信息输入输出设备。它的出现不仅为电脑进入家庭创造了条件，也有力地推动了多媒体计算机技术的发展，并已广泛用于娱乐、教育、查询等方面，是多媒体硬件平台的主要设备之一。

在声卡发展的早期采用 ISA 接口形式，不过随着技术的进一步发展，ISA 接口过小的数据传输能力成为了声卡发展的瓶颈。PCI 声卡具有加大的传输通道(ISA 为 8MB/s，PCI 可达 133MB/s)，提升了数据的带宽。

1. 声卡的功能

(1)音频信号的录制与播放。完成音频信号的 A/D 和 D/A 变换，将音频信号通过声卡录入计算机，并以文件的形式进行保存。在需要播放时，只需调出相应的声音文件进行播放，就像普通录放机一样，从而使计算机既有图像显示，又有声音输出。音频卡还可以与 CD-ROM 驱动器相连，实现对 CD 唱片、VCD、MP3 音乐的播放。

(2)音频信号编辑与合成。编辑与合成就像一部数字音频编辑器，它可以对声音文件进行多种特殊效果处理，包括倒播、增加回音、静噪、淡入和淡出、往返放音、交换声道以及声音由左向右移位或声音由右向左移位等，这些对音乐爱好者都是非常有用的。

(3)MIDI 接口和音乐合成。MIDI 接口是乐器数字接口的标准，它规定了电子乐器与计算机之间相互数据通信的协议。通过软件，计算机可以直接对外部电子乐器进行控制和操作。音乐合成功能和性能依赖于合成芯片。目前合成器芯片主要是采用调频 FM 方式合成音乐，通常音频卡给出的性能是以这些合成芯片为基础的。音频卡的另外一些功能是完成与 CD-ROM 和游戏棒的接口。

2. 声卡工作原理

(1)数字化音频信号处理。声卡的主要的作用之一是对声音信息进行录制与回放，在这个过程中采样的位数和采样的频率决定了声音采集的质量。输入模拟音频信号经 A/D 转换形成声音格式文件存储，数字化过程中的采样频率可根据用户需求进行选择，一般声卡均支持双通道立体声信号的采样，可支持的采样频率有：

①8 kHz，11.025 kHz：一般语言质量要求的效果；

②16 kHz，22.05 kHz，32 kHz：普通音乐效果；

③44.10 kHz，48 kHz：高保真度音乐效果。

数字化过程中的量化等级即采样的位数，可以是 8bit、12bit、16bit 和 32bit，可根据对声音的应用效果加以选择。位数越高，量化精度越高，音质就越好。

数字化过程中的编码方式有多种，在声卡硬件或计算机软件的支持下，生成的声音数据还可采用各种其他压缩编码方式，如 MP3 等。经过数字化的音频信号可进行进一步的处理，如压缩编码。数字信号处理功能在声卡上一般采用专用电路或是用数字信号处理芯片 DSP 来完成的，在部分声卡上则是完全依靠计算机软件加以支持。

在对数字音频信号进行重放时，首先需要对其进行解码，之后要将数字音频信号变为模拟音频信号并送给合成放大器放大后输出。

（2）混音器。音频卡上的混音器（Mixer）可进行多声源混音处理，通过 I/O 端口（地址和数据端口）可对混音器的各种功能进行可编程设置：

· 控制数字化声音的输出音量；

· 控制 FM 输出音乐音量，设置左声道或左右声道同时输出以及静音（mute）方式；

· 控制 CD-ROM 中播放的音量；

· 控制外线输入和话筒输出的音量；

· 控制总音量输出，调整左、右及中央声道输出，达到控制音频媒体表现效果；

· 选择声音 I/O 模式，即单声道或立体声；

· 选择或组合声音输入源；

· 选择 I/O 滤波器，低通、高通或关闭滤波器，适应输出要求。

（3）MIDI 合成器与接口。MIDI 是一种电子乐器之间以及电子乐器与电脑之间的统一交流协议。MIDI 文件是一种描述性的“音乐语言”，它将所要演奏的乐曲信息用字节表述下来，譬如“在某一时刻，使用什么乐器，以什么音符开始，以什么音调结束，加以什么伴奏”等，所以 MIDI 文件非常小巧。由于 MIDI 文件只是一种对乐曲的描述，本身不包含任何可供回放的声音信息，那么一首动听的电脑音乐就要通过形式多样的合成手段被声卡播放出来了。

波表的英文名称为“WAVE TABLE”，从字面翻译就是“波形表格”的意思。它是将各种真实乐器所能发出的所有声音（包括各个音域、声调）录制下来，存贮为一个波表文件。播放时，根据 MIDI 文件记录的乐曲信息向波表发出指令，从“表格”中逐一找出对应的声音信息，经过合成、加工后回放出来。由于它采用的是真实乐器的采样，所以效果自然要好于 FM。一般波表的乐器声音信息都以 44.1kHz、16bit 的精度录制，以达到最真实回放的效果。理论上，波表容量越大合成效果越好。

在各类声卡中我们经常会发现诸如 64、128 最大复音数的概念，所谓“复音”是指 MIDI 乐曲在一秒钟内发出的最大声音数目。如果波表支持的复音值太小，一些比较复杂的 MIDI 乐曲在合成时就会出现某些声部被丢失的情况，

直接影响到播放效果。如今的波表声卡大多提供 64 以上的复音值，而多数
MIDI 音乐的复音数都没有超过 32，所以音色丢失的现象不会发生。另外需要
注意的是"硬件支持复音"和"软件支持复音"之间的区别。所谓"硬件支持复音"
是指其所有的复音数都由声卡芯片所生成，而"软件支持复音"则是在"硬件复
音"的基础上以软件合成的方法，加大复音数，但这是需要 CPU 来带动的。眼
下主流声卡所支持的最大硬件复音为 64，而软件复音则可高达 1024。

　　PCI 声卡的问世和普及带来了波表合成的巨大进步，其关键在于 DLS
(Down loadable Sample)技术的运用，即可供下载的采样音色库。其原理与软
波表有异曲同工之处，也是将音色库存贮在硬盘中，待播放时调入系统内存，
但不同点在于运用 DLS 技术后，合成 MIDI 时并不利用 CPU 来运算，而依靠
声卡自己的音频处理芯片进行合成。其中原因在于 PCI 声卡的数据宽带达到
133Mb/s，大大加宽了系统内存与声卡之间的传输通道。从而既免去了传统波
表声卡所要配备的音色库内存，又大大降低了播放 MIDI 时的 CPU 占用率。
而且这种波表库可以随时更新，并利用 DLS 音色编辑软件进行修改，这都是
传统波表所无法比拟的。

　　MIDI 接口规范允许 MIDI 设备之间以协议方式通信。接口规范要求多媒
体 PC 中包括一个内部合成器和标准 MIDI 接口连接。一台 MIDI 设备应有一
个或几个端口，如图 2-16 所示。

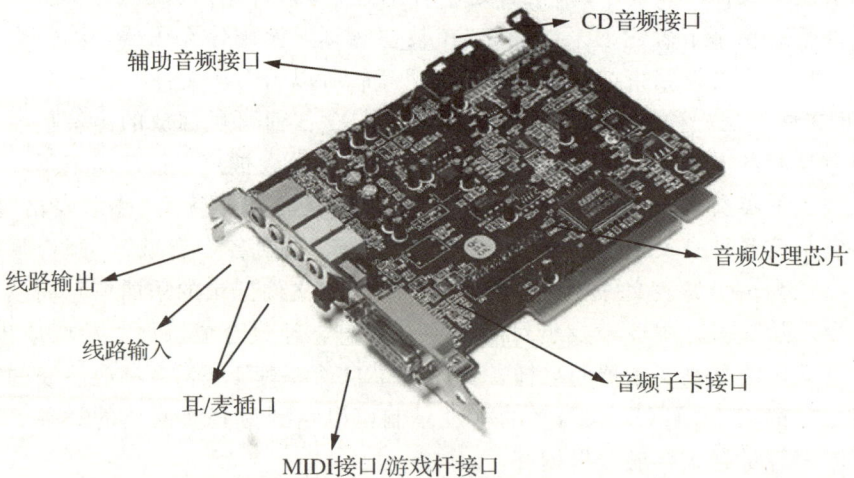

图 2-16　声卡结构示意图

　　① 输入口 MIDI In：接收从其他 MIDI 设备发送来的 MIDI 信息。

② 输出口 MIDI Out：输出本设备产生的 MIDI 信息。

③ 转送口 MIDI Thru：转送由 MIDI 输入的 MIDI 信息。

3. 声卡的声道数

声卡所支持的声道数也是技术发展的重要标志，从单声道到最新的环绕立体声。

（1）单声道与立体声。单声道在早期的声卡采用得比较普遍，缺乏对声音的位置定位，而立体声技术则彻底改变了这一状况，声音在录制过程中被分配到两个独立的声道，从而达到了很好的声音定位效果。这种技术在音乐欣赏中显得尤为有用，听众可以清晰地分辨出各种乐器来自的方向，从而使音乐更富想象力，更加接近于临场感受。立体声技术广泛运用于自 Sound Blaster Pro 以后的大量声卡上，成为了影响深远的一个音频标准。时至今日，立体声依然是许多产品遵循的技术标准。

（2）四声道环绕。立体声虽然满足了人们对左右声道位置感体验的要求，但是随着技术的进一步发展，人们逐渐发现双声道已经越来越不能满足我们的需求。PCI 声卡的大宽带带来了许多新的技术，其中发展最为迅速的当数三维音效。三维音效的主旨是为人们带来一个虚拟的声音环境，通过特殊的 HRTF 技术营造一个趋于真实的声场，从而获得更好的游戏听觉效果和声场定位。HRTF 是"头部相关转换函数"的英文缩写，是一种音效定位算法，它是实现三维音效比较重要的一个因素。

目前，支持 3D 音频的主要 API 有：

①Direct Sound 3D，它的作用是对不能支持 DS3D 的声卡，通过占用 CPU 软件实现三维音效 HRTF 算法，使早期产品拥有处理三维音效的能力。但是，从实际效果和执行效率看不令人满意，所以，此后推出的声卡都拥有了一个所谓"硬件支持 DS3D"的能力。DS3D 在这类声卡上就成为了 API 接口，其实际效果则要看声卡自身采用的 HRTF 算法能力的强弱。

②A3D，分为 1.0 版和 2.0 版。1.0 版包括 A3D Surround 和 A3D Interactive，特别强调在立体声硬件环境下可以得到真实的声场模拟。2.0 版是在 1.0 版基础上加入了声波追踪技术，进一步加强了性能，它是当今定位效果最好的 3D 音频技术。

③EAX，意为"环境音效扩展集"。EAX 是建立在 DS3D 上的，只是增加了几种独有的声音效果指令。EAX 的特点是着重对各种声音在不同环境条件下的变化和表现进行渲染，对声音的定位能力不如 A3D，所以 EAX 建议用户配备 4 声道环绕音箱系统。

要达到好的 3D 音频效果，仅仅依靠两个音箱是远远不够的，新的四声道环绕音频技术则解决了这一问题。四声道环绕规定了 4 个发音点：前左、前右、后左、后右，听众则被包围在这中间。同时还建议增加一个低音音箱，以加强对低频信号的回放处理（这也就是如今 4.1 声道音箱系统广泛流行的原因）。就整体效果而言，四声道系统可以为听众带来来自多个不同方向的声音环绕，可以获得身临各种不同环境的听觉感受，给用户以全新的体验。如今四声道技术已经广泛融入于各类中高档声卡的设计中，成为未来发展的主流趋势。

（3）5.1 声道。5.1 声道已广泛运用于传统影院和家庭影院中，一些比较知名的声音录制压缩格式，譬如杜比 AC-3（Dolby Digital）、DTS 等都是以 5.1 声音系统为技术蓝本的。其实 5.1 声音系统来源于 4.1 环绕，不同之处在于它增加了一个中置单元。这个中置单元负责传送低于 80Hz 的声音信号，在欣赏影片时有利于加强人声，把对话集中在整个声场的中部，以增加整体效果。目前，更强大的 7.1 系统已经开始出现了。它在 5.1 的基础上又增加了中左和中右两个发音点，以求达到更加完美的境界。

（4）音效系统的技术参数。声卡的多媒体性能如何，主要取决于电路板上的主控芯片的技术性能。下面我们就了解一下电脑声效系统里的新技术。

①波表合成（Wavetable Synthesis）技术。波表合成技术就是将每种乐器的声音事先取样，作为音色库保存起来，当电脑需要播放某种声音时，声卡会从音色库中找到对应的音色并按要求的大小强弱程度播放出来。

波表合成的音源采自实际的乐器声音，因此声音自然流畅。为了保证音质，声卡必须具有足够容量的音色库。现在，各种类型的声卡都可以将音色库通过驱动程序安装到电脑的硬盘中，需要的时候调入内存，直接取出音色库完成声音合成。

目前各种流行的 PCI 兼容声卡都普遍采用了波表合成原理。

②早期的 3D 效果定位技术 Direct Sound 3D。Direct Sound 3D 是微软公司提出的 3D 效果定位技术。它所产生的效果均由 CPU 通过即时运算产生，需要占有 CPU 资源，与声卡本身的硬件性能关系不大。

③真正的 3D 音效。3D 音效包含的内容很广，主要有 Aureal 公司的 A3D 和 Creative 公司的 EAX 技术。

A3D 是 Aureal 公司提出的技术，用两个音箱来模拟出 3D 定位效果。现在 A3D 已经发展到 2 代，放弃了以前的模拟方式，使用真正的四声道来加强 3D 定位效果，所以在音质和临场感上大大进了一步，再加上特殊的声波追踪功能(Wave Tracing)，可以更加真实地实现 3D 定位。

环境音效 EAX 是由 Creative 公司在其 SBLIVE 系列声卡中提出的标准，最大的特点是对真实环境的声音效果来进行模拟，从而使人产生如临其境的感觉。

2.3.2　图形加速卡

图形加速卡(Video Card)，简称显卡，也就是我们通常所说的显示卡。在 Windows 里又被称作显示适配卡，是连接计算机主机与显示器的接口卡。

CPU 处理的是数字信号，而显示卡则承担了后续图像的处理、加工及转换为模拟信号等的工作，其重要性不言而喻。显示卡工作于主板和显示器之间，作用是把主机的输出信息转换成字符、图形等信息，传送到显示器上以五彩斑斓的颜色显示出来。显示卡的主要作用是对图形函数进行加速。显示卡的性能主要是由其显示芯片决定的。

1. 显示卡的发展史和工作原理

对于早期的电脑来说，CPU 和标准的 EGA 或 VGA 显示卡加上用于存储图像的帧缓存，就可以完成基本的显示处理功能，但这样的组合只起一种简单的传递作用，仅仅能够满足老式操作系统 DOS 或者简单视窗文本文件的显示，对于复杂的图形和高质量的图像处理就显得力不从心了，特别是当用户使用 Windows 操作系统后，CPU 已经无暇对众多复杂的图形函数进行处理了，因此最根本的解决方法就是采用图形加速卡。

图 2-17　显示卡结构示意图

图形加速卡拥有自己专门用来执行图形加速任务的图形函数加速器和显存，可以大大减少 CPU 的负荷，CPU 可以执行其他更多的任务，这样就提高了计算机的整体性能。

我们通常所说的图形加速性能，是指加速卡上的芯片集能够提供的图形函数计算能力，这个芯片集通常也称为加速器或图形处理器。一般来说在芯片集内部有时钟发生器、VGA 加速函数，新的芯片集在内部还集成了数模转换器 RAM(RAMDAC)，功能更为强大。

2. 显示卡的性能参数

(1)刷新频率。刷新频率是指图像在屏幕上更新的速度，也就是屏幕上的图像每秒钟出现的次数，它的单位是 Hz。

刷新频率从 60Hz 到 75Hz、80Hz 甚至 95Hz、100Hz 和 120Hz，可以分为许多级别。过低的刷新频率会使用户感到屏幕严重闪烁，时间一长就会使眼睛疲劳。一般来说，人眼不容易察觉 75Hz 以上刷新频率带来的闪烁感。因此，最好能将显示卡的刷新频率调到 75Hz 以上。显示设备的刷新频率越高，表明设备的性能越出色，对用户而言也就越具有亲和力。

(2)分辨率。分辨率指的是在屏幕上所显现出来的像素数目，它由两部分来计算，分别是水平行的点数和垂直行的点数。如果分辨率为 800×600，那么说明图像由 800 个水平点和 600 个垂直点组成。通常的分辨率模式分为 640×480、800×600、1024×768、1280×1024 或更高。高的分辨率可以在屏幕上显示出更多的内容。例如，如果将分辨率由 800×600 调整为 1024×768，我们就可以在屏幕上看到更多的文字。

(3)色深。色深是指在某一分辨率下，每一个像点可以用多少种色彩来描述，它的单位是"bit"(位)。色深可以看作一个调色板，它决定屏幕上每个像素由多少种颜色控制。

每个像素都由红、绿、蓝三种基本颜色组成，像素的亮度也是由它们控制的。当三种颜色都设定为最大值时，像素就呈现为白色，当它们都设定为零时，像素就呈现为黑色。通常色深可以设定为 4 位、8 位、16 位、24 位或 32 位真彩色。8 位的色深是将所有的颜色分为 256 种，每一个像点就可以取这 256 种颜色中的一种来进行描述。色深的位数越高，得到的颜色越多，相应地，屏幕上的图像质量也就越好。

3. 显示卡的 3D 技术

(1)顶点着色引擎 Vertex Shader。3D 场景是由成千上万个三角形来形成的，而每一个三角形的顶点在 3D 场景中都有对应的 X、Y、Z 轴参数，以往的 3D 开发人员要在固定的 3D 模板下进行设计，缺乏真实感。采用顶点着色引擎可以实现顶点的灵活可编程性，使 3D 的人物和场景造型具有逼真的光影效果，而且进行这样复杂的运算也不需要 CPU 帮助，因此，大大提高了速度。

(2)可编程像素着色引擎 Pixel Shader。完成 3D 建模之后要进行渲染、着色等步骤，这些工作会消耗很多的系统资源，使用可编程像素着色引擎可以实现实时渲染，大大降低了系统负担并节省了宝贵的系统资源。可编程像素着色引擎和顶点着色引擎相互配合会使 3D 场景的创建和渲染达到很好的效果。

（3）Truform 技术。对于家用 3D 卡来说，Truform 是 ATI 公司在新款显示卡中发布的一项新技术，Truform 技术让 3D 设计者为更细腻和更真实的效果添加新的材质或者设计新的模型，它可以运用到目前市场上所有的 3D 游戏当中，通过内建 Truform 功能的 3D 显示卡和添加 Truform 补丁来实现，这样我们就可以享受到更加真实细腻的 3D 游戏效果。

2.3.3　视频卡

视频采集卡是多媒体终端中除声卡之外应用最为广泛的多媒体 I/O 设备，其作用是将输入的各种制式的模拟视频信号数字化，并转换成适合计算机处理、储存、传输、显示播放的格式。视频采集卡不仅可以采集视频信息，还可以用来输出静止图像。

原理上，视频采集就是将视频源的模拟信号通过处理转变成数字信息，并将这些数字信息存储在电脑硬盘上的过程。这种模拟数字转换是通过视频采集卡上的采集芯片进行的。通常在采集过程，对数字信息还进行一定形式的实时压缩处理，较高档的采集卡依靠特殊的处理芯片进行硬件实时数据压缩处理；而那些没实时硬件压缩功能的卡，也可通过电脑上的 CPU 进行被称为软件压缩的处理。

根据视频卡对视音频信号处理能力强弱的不同，视频卡主要有普通模拟视频采集卡、带有压缩/解压缩硬件的视频采集卡和具有非线性编辑功能的视频卡三种类型。

普通模拟视频采集卡只有模/数和数/模变换以及简单的采集功能，其工作原理概述如下：由摄像机、录像机或激光视盘输入的模拟视频信号首先经过 A/D 变换，送到多制式数字解码器进行解码得到 Y、U、V 数据，然后由视频窗口控制器对其进行剪裁，改变比例后存入帧存储器。帧存储器的内容在窗口控制器的控制下，与 VGA 同步信号或视频编码器的同步信号同步，再送到 D/A 变换器及模拟彩色空间变换矩阵输出 R、G、B 模拟信号，同时送到数字式视频编码器进行视频编码，最后输出到 VGA 监视器及电视机或录像机。

图 2-18　视频采集卡示意图

1. A/D 变换和数字解码

从彩色摄像机、录像机或其他视频信号源得到的彩色全电视信号，首先送到视频模拟输入端口进行 A/D 变换。视频采集卡一般有三个视频输入端，通过编程可控制视频选择位 0 和选择位 1，选中三个输入端的任一个作为输入。然后送到具有钳位电路和自动增益功能的运算放大器，最后经过 A/D 变换器将彩色全电视信号转换成 8 位数字信号，送给彩色多制式数字解码器。A/D 变换器的时钟、同步脉冲以及黑电平的同步脉冲，全由多制式数字解码电路提供。

全电视信号的峰值电平比较器、黑电平比较器、同步电平比较器与自动增益控制（AGC）电路一起，减少了放大器的零点漂移，保证 A/D 变换器在线性范围内工作。

2. 窗口控制器

窗口控制器内部功能大致可分为 PC 总线接口、视频输入剪裁、变化比例、输出窗口 VGA 同步、色键控制以及视频帧存储器 VRAM 读、写、刷新控制。

窗口控制器总体逻辑可分成四部分。

（1）PC 总线接口。主要包括 I/O 寄存器地址映射，帧存储地址映射，以及帧存储器读写等功能。主机访问视频卡内部功能模块要由这部分控制，同时这部分还包括 I^{2}C 总线接口和 4 个用户扩展寄存器选通接口。

（2）视频输入剪裁、比例变换。主要功能是把视频数据按照使用者的定义处理后，送到 VRAM 读写模块中。首先视频数据根据用户的定义确定是选择奇数场或偶数场，还是选择全帧，接着要定义输入窗口的大小和位置，然后确定是选择捕获窗口外的图像，还是捕获窗口内的图像，或者是选择整个视频图像的有效区域。最后，视频数据可对横向、纵向分别改变比例，改变比例范围为原图大小的 1/64～64/64。改变比例过程是靠周期性地减少像素和扫描行来实现的。

（3）VRAM 读写、刷新控制。主要完成对 VRAM 的访问和选通等控制。按照 PC 总线接口部分、视频输入剪裁、变比例部分，以及输出窗口 VGA 同步、色键控制部分的要求，把数据写入或读出帧存储器。由于视频获取输入和 PC 主机读写都是通过 VRAM 的随机读写端口进行的，因此两者不能同时进行。而视频数据输出到 D/A 转换器是通过 VRAM 的串行数据端口进行的，所以不论是视频获取，还是主机读写，显示输出均可正常工作。此外，在视频数据写入时，还可设置写屏蔽字，对帧存储器中的某些位禁止写入。

（4）输出窗口 VGA 同步、色键控制。主要用来驱动帧存储器的数据同 VGA 的视频信号同步读出，并送到 D/A 转换器变成模拟 R、G、B 信号，然后通过一个模拟开关与 VGA 视频信号叠加输出到 VGA 监视器上。模拟开关的控制信号可以是定义一个显示窗口或定义某个彩色键值，当色键值与 VGA 输入数据值相等时，即称色键匹配，根据定义的 VGA 屏幕可产生 4 个不同的区域，可对任意区域选择视频输出或 VGA 输出。

3. 帧存储器系统

帧存储器的主要作用一是将数字视频信号在视频窗口控制器的控制下实时地存到帧存储器；二是将存储在帧存储器中的数字视频信号读出后，经 D/A 转换变成模拟的 RGB 信号，供彩色监视器显示真彩色全屏幕运动图像；三是计算机可以通过视频窗口控制器，对帧存储器的内容进行读写操作，并通过编程实现各种算法，完成对视频图像的各种处理；四是对图像数据存盘。

4. 数模转换和矩阵变换

这部分由两个器件组成，即 D/A 转换器和视频信号处理器，D/A 转换器可以是 RGB 也可以是 YUV 方式的视频 D/A 转换器。YUV 方式视频 D/A 转换器输入数据为 YUV411 或 YUV422 的视频数据。内部设有色差信号插值电路和增强图像用的滤波器。内部功能控制通过 I^2C 总线实现。

用于处理亮度和色度信号的模拟电路，其输入是 Y、U、V，输出是 R、G、B。用来实现 YUV 到 RGB 的转换，以及对亮度、色饱和度、对比度等参数的调整。YUV 到 RGB 的转换是通过一个矩阵变换电路变成 RGB，其中矩阵因子因制式不同稍有差别，目的是补偿信号传输中的失真。

5. 视频信号和 VGA 信号的叠加

视频输出的 R、G、B 信号和从 VGA 显示卡引过来的信号是完全同步的，因为视频卡的输出是靠 VGA 的同步信号驱动的，所以用适当的方法交替地切换两路信号，即可实现两路输出的叠加。

6. 数字式多制式视频信号编码

数字式多制式视频信号编码器是以数字方式进行视频信号编码的编码器，支持 PAL 和 NTSC 两种制式，输出有 CVBS 和 Super VHS 两组信号，工作模式有 4 种，可借助软件利用 IC 总线进行控制。4 种模式的主要区别是同步信号的产生方式，即同步信号可由编码器根据自身的时钟产生，也可由外部电路产生，或者还可以由编码器和外部信号同步产生。输入数据可以是 YUV，也可是 RGB。内部设有查找表，用于 γ 校正等查找表运算，比如对比度、色调等运算，该查找表也可跳过不用。若输入数据为 RGB，要经过一个内部转换矩阵变成 YUV，送到内部全数字方式工作的编码器中进行编码，编码后的数字信号经内部 D/A 转换器后输出模拟视频信号。

2.4　多媒体存储设备

2.4.1　闪存设备

闪存(Flash Memory)是一种长寿命的非易失性(在断电情况下仍能保持所存储的数据信息)的存储器，数据删除不是以单个的字节为单位而是以固定的区块为单位(注意：NOR Flash 为字节存储)，区块大小一般为 256KB 到 20MB。闪存是电子可擦除只读存储器(EEPROM)的变种，闪存与 EEPROM 不同的是，EEPROM 能在字节水平上进行删除和重写而不是整个芯片擦写，而闪存的大部分芯片需要块擦除。由于其断电时仍能保存数据，闪存通常被用来保存设置信息，如在电脑的 BIOS(基本输入输出程序)、PDA(个人数字助理)、数码相机中保存资料等。

1. 工作原理

闪存的基本单元电路，与 EEPROM 类似，也是由双层浮空栅 MOS 管组成，但是第一层栅介质很薄，作为隧道氧化层。写入方法与 EEPROM 相同，在第二级浮空栅加正电压，使电子进入第一级浮动栅。读出方法与 EEPROM 相同。擦除方法是在源极加正电压利用第一级浮空栅与源极之间的隧道效应，把注入至浮空栅的负电荷吸引到源极。由于利用源极加正电压擦除，因此各单元的源极联在一起，这样，快擦存储器不能按字节擦除，而是全片或分块擦除。到后来，随着半导体技术的改进，闪存也实现了单晶体管(1T)的设计，主要就是在原有的晶体管上加入了浮动栅和选择栅，在源极和漏极之间电流单向传导的半导体上形成贮存电子的浮动栅。浮动栅包裹着一层硅氧化膜绝缘体，它的上面是在源极和漏极之间控制传导电流的选择/控制栅。数据是 0 或 1 取决于在硅底板上形成的浮动栅中是否有电子，有电子为 0，无电子为 1。

闪存就如同其名字一样，写入前删除数据进行初始化。具体说就是从所有浮动栅中导出电子，即将所有数据归"1"。

写入时只有数据为 0 时才进行，数据为 1 时则什么也不做。写入 0 时，向栅电极和漏极施加高电压，增加在源极和漏极之间传导的电子能量。这样一来，电子就会突破氧化膜绝缘体，进入浮动栅。

读取数据时，向栅电极施加一定的电压，电流大为 1，电流小则定为 0。浮动栅没有电子的状态（数据为 1）下，在栅电极施加电压的状态时向漏极施加电压，源极和漏极之间由于大量电子的移动，就会产生电流。在浮动栅有电子的状态（数据为 0）下，沟道中传导的电子就会减少。因为施加在栅电极的电压被浮动栅电子吸收后，很难对沟道产生影响。

2. 闪存设备的分类

（1）CF 卡（Compact Flash）。CF 卡是目前市场上历史悠久的存储卡之一。CF 卡由控制芯片和存储模块组成，接口采用 50 针设计，它有 CF Ⅰ 和 CF Ⅱ 之分，后者比前者厚一倍。只支持 CF Ⅰ 卡的数码相机是不支持 CF Ⅱ 卡的，CF Ⅱ 卡相机则可向下兼容 CF Ⅰ。

现在数码相机采用 CF 存储卡，存取速度标志位 X，其中"1X" ＝ 150KB/s。相对而言，采用更快的 CF 卡会提高数码相机的拍摄效果，但实际应用中一些中、低端的数码相机产品由于 CCD 感光器、使用的元器件，以及技术方面的原因，即使使用了更高速度的 CF 存储卡，速度方面的优势也很难体现出来。

（2）MMC 卡（Multimedia Card），称为多媒体卡。它是一种快闪存储器卡标准。MMC 卡大小与一张邮票差不多，约 24mm×32mm×1.5mm。MMC 也是把存贮单元和控制器一同做到了卡上，智能的控制器使得 MMC 保证兼容性和灵活性。

MMC 存贮卡可以分为 MMC 和 SPI 两种工作模式。MMC 模式是标准的默认模式，具有 MMC 的全部特性，而 SPI 模式则是 MMC 存贮卡可选的第二种模式，这个模式是 MMC 协议的一个子集，主要用于只需要小数量的卡（通常是 1 个）和低数据传输率（和 MMC 协议相比）的系统，这个模式可以把设计花费减到最小，但性能不如 MMC。

（3）SD 卡系列（Secure Digital），简称 SD 卡。从字面理解，此卡就是安全卡，安全性能更加出色。SD 卡从很多方面都可看成 MMC 的升级。两者外形和工作方式相同，MMC 卡的厚度稍微薄一些，但是使用 SD 卡设备的机器都可以使用 MMC 卡。有 MiniSD 和 MicroSD 之分。

（4）记忆棒系列（Memory Stick），又称 MS 卡。这是一种可移除式的快闪记忆卡格式的存储设备，由索尼公司制造，于 1998 年 10 月推向市场。这个系列包括了 Memory Stick Pro（容许更佳的最大储存容量和更快的传输速度）、Memory Stick Duo（Memory Stick 的小型格式版本，包括 PRO Duo）和更小的 Memory Stick Micro（M2）。

记忆棒家族非常庞大，种类也很多，一般来说分为以下几种：蓝色的记忆棒俗称"蓝条"，是使用得最多的记忆棒，多用于数码相机和数码摄像机，它具备版权保护功能，用于索尼公司的数码随身听；Memory Stick Pro 是新发布不久的一种记忆棒规格，它不但具备版权保护功能，而且速度非常快，容量高达 32GB；Memory Stick Duo 面市时是记忆棒家族中最小巧的，它可以通过适配器与记忆棒接口兼容，分蓝色和白色两种，蓝色的名为 Memory Stick Duo，白色的名为 Memory Stick Pro MagicGate，具备版权保护的功能，容量也更大。

（5）SM 卡（Smart Media）。这是由东芝公司在 1995 年 11 月发布的 Flash Memory 存储卡，三星公司在 1996 年购买了生产和销售许可，这两家公司成为主要的 SM 卡厂商。

SM 卡的尺寸为 37mm×45mm×0.76mm，由于 SM 卡本身没有控制电路，而且由塑料制成（被分成了许多薄片），因此 SM 卡的体积小、非常轻薄，在 2002 年以前被广泛应用于数码产品当中，比如奥林巴斯的老款数码相机以及富士的老款数码相机多采用 SM 存储卡。由于 SM 卡的控制电路是集成在数码产品当中（比如数码相机），这使得数码相机的兼容性容易受到影响。新推出的数码相机中都已经没有采用 SM 存储卡的产品了。

（6）XD 图像卡（XD Picture Card）。这是由日本奥林巴斯株式会社和富士有限公司联合推出的一种新型存储卡，有极其紧凑的外形，只有一张邮票那么大。外观尺寸仅为 20mm×25mm×1.7mm，重量仅为 2g。在存储卡领域可以算得上是最小的了。

XD 卡采用单面 18 针接口，理论上图像存储容量最高可达 8GB，2004 年富士与奥林巴斯联合推出了存储容量最高达 1GB 的 XD 卡，而且其读写速度也更高（读取速率为 5MB/s，写入速率为 3MB/s 左右），可以满足大数据量写入，功耗也更低，XD-Picture 存储卡不仅可以同时用于个人电脑适配卡和 USB 读卡机，使之非常容易与个人电脑连接，而且其还可配合 Compact Flash 转接适配器，并允许在数码相机作为 Compact Flash 卡存储介质使用。虽然 XD 卡的价格有些昂贵，不过由于随着闪存芯片及其他存储卡价格的不断下滑，XD 卡的价格将有较大的降价空间。

（7）小硬盘 MICRODRIVE。这是美国 IBM 公司推出的大容量存储介质，中文名称叫微型硬盘。当时，由于数码相机缺少大容量的存储介质，曾一度阻碍了数码相机的发展，IBM 公司看到了这方面的市场空白，结合自己在硬盘制造方面的优势，果断地推出了与 CF 卡Ⅱ型接口一致的微型硬盘，刚推出时容量便高达 340MB，经过一年多的发展，容量已达到 1G，使数码相机以 AVI 格式拍摄动态影像时不必再用秒计算了。

当然在价格还是比较贵的，不过就每 MB 性价比来看，它要比 SM 卡、CF 卡和记忆棒划算多了。另外从理论上讲，只要支持 CF 卡Ⅱ型接口的数码相机也支持微型硬盘，但实际上有些机型如爱普生 PC-3000 虽然采用Ⅱ型接口，却不支持微型硬盘。

（8）U 盘（USB flash disk），全称 USB 闪存盘。它是一种使用 USB 接口的无需物理驱动器的微型高容量移动存储产品，通过 USB 接口与电脑连接，实现即插即用。U 盘的称呼最早来源于朗科科技生产的一种新型存储设备，名曰"优盘"，使用 USB 接口进行连接。U 盘连接到电脑的 USB 接口后，U 盘的资料可与电脑交换。之后生产的类似技术的设备由于朗科已进行专利注册，而不能再称之为"优盘"，而改称谐音"U 盘"。

2.4.2　光存储设备

光存储是由光盘表面的介质影响的，光盘上有凹凸不平的小坑，光照射到上面有不同的反射，再转化为 0、1 的数字信号就成了光存储。

1. 光存储类型

光存储设备包括光盘驱动器和光盘盘片。光盘驱动器是读写光盘数据的设备，即常说的光驱。光存储介质统称光盘，它分成两类，一类是只读型光盘，其中包括 CD-Audio、CD-Video、CD-ROM、DVD-Audio、DVD-Video、DVD-ROM 等；另一类是可记录型光盘，它包括 CD-R、CD-RW、DVD-R、DVD＋R、DVD＋RW、DVD-RAM、Doublelayer DVD＋R 等各种类型。

常见的光存储介质有只读盘（CD-ROM）、一次性写多次读光盘（WORM）和可重写光盘（Rewritable），它们的性能对比如表 2-1：

表 2-1 光存储设备性能对比表

对比项目 \ 种类	只读盘	一次性写多次读光盘	可重写光盘
数据写入	出厂前印制	出厂后印制	出厂后印制
读写功能	只读	只读、可追加	可读、可重写、追加
盘片类型	CD-ROM、CD-DA、VCD、DVD	CD-R、DVD-R	CD-RW、DVD-RW
数据表示	凹坑和非凹坑	凹坑和非凹坑	晶体和非晶体

（1）只读盘（CD-ROM）。其工作特点是采用激光调制方式记录信息，将信息化以凹坑和凸起的形式记录。在螺旋形光道上，光盘是由母盘压模制成的，一旦复制成形永久不变，用户只能读出信息。

（2）一次性写多次读光盘（WORM）。WORM 光盘在使用前首先要进行格式化，形成格式化信息区和逻辑目录区，利用激光照射介质，使介质变异，利用激光不同的变化，使其产生一连串排列的"点"，从而完成写的过程。用户可以根据需要对其中的重要数据进行加密。WORM 光盘的特点是只能写一次但可以多次读，所以记录信息时要慎重，一旦写入就不能再更改。

（3）可重写光盘（Rewritable）。可重写光盘或称可擦写光盘是理想的光盘类型，也是最有应用前景的光盘类型。它像硬盘一样可读写，利用浮动磁光头在磁光盘上进行磁场调制，可进行高速重写磁光记录。

随着光学技术、激光技术、微电子技术、材料科学、细微加工技术、计算机与自动控制技术的发展，光存储技术在记录密度、容量、数据传输率、寻址时间等关键技术上将有巨大的发展潜力。随着光存储技术的不断发展，光盘存储将在功能多样化，操作智能化等方面都会有显著的进展。随着光量子数据存储技术、三维立体存储技术、近场光学技术、光学集成技术的发展，光存储技术必将在不久的将来成为信息产业中的支柱技术之一。

2. 光存储工作原理

无论是 CD 光盘、DVD 光盘等光存储介质，采用的存储方式都与软盘、硬盘相同，是以二进制数据的形式来存储信息的。要在这些光盘上面储存数据，需要借助激光把电脑转换后的二进制数据用数据模式刻在扁平、具有反射能力的盘片上。为了识别数据，光盘上定义激光刻出的小坑就代表二进制的

"1"，而空白处则代表二进制的"0"。DVD 盘的记录凹坑比 CD-ROM 更小，且螺旋储存凹坑之间的距离也更小。DVD 存放数据信息的坑点非常小，而且非常紧密，最小凹坑长度仅为 $0.4\mu m$，每个坑点间的距离只是 CD-ROM 的 50%，并且轨距只有 $0.74\mu m$。

CD 光驱、DVD 光驱等一系列光存储设备，主要部分就是激光发生器和光监测器。光驱上的激光发生器实际上就是一个激光二极管，可以产生对应波长的激光光束，经过一系列的处理后射到光盘上，然后经由光监测器捕捉反射回来的信号从而识别实际的数据。如果光盘不反射激光则代表那里有一个小坑，那么电脑就知道它代表一个"1"；如果激光被反射回来，电脑就知道这个点是一个"0"。电脑将这些二进制代码转换成为原来的程序，当光盘在光驱中做高速转动，激光头在电机的控制下前后移动，数据就这样源源不断地读取出来了。

3. 光存储技术指标

光存储系统的技术指标主要包括存储容量、平均存取时间、数据传输率、误码率及平均无故障时间等。

(1) 存储容量。指所能读写的光盘盘片的容量。光盘容量又分为格式化容量和用户容量。采用不同的格式和不同驱动器，光盘格式化后容量不同。一般用户容量比格式化容量要少，因为光盘还需要存放有关控制、校验等信息。

(2) 平均存取时间。是指在光盘上找到需要读写信息的位置所需要的时间，即指从计算机向光盘驱动器发出命令，到光盘驱动器可以接受读写命令为止的时间。一般取光头沿半径移动全程 1/3 长度所需要的时间为平均寻道时间，盘片旋转一周的一半时间为平均等待时间，两者加上读写光头的稳定时间就是平均存取时间。

(3) 数据传输率。有多种定义方式，一种是指从光盘驱动器读取数据的速率，可以定义为单位时间内从光盘的光道上读取数据的比特数，这与光盘转速、存储密度有关；另一种定义是指控制器与主机间的传输率，它与接口规范、控制器内的缓冲器大小有关。

(4) 误码率。采用复杂的纠错编码可以降低误码率。存储数字或程序对误码率的要求高，存储图像或声音数据对误码率的要求较低。CD-ROM 要求的误码率为 $10^{-16}\sim10^{-2}$。

(5) 平均无故障时间 (MTBP)。要求达到 25000 小时。

2.4.3　网络存储设备

随着信息资源的爆炸式增长，以及网络在人们生活、工作当中的应用普及，各类信息都粒子化，导致海量数字信息需要存储。原来的计算机中的内置硬盘已不能满足需要。此外，数据的重要性，让我们认识到不能单靠普通硬盘的方式来保存，还必须有健全的数据保障方法，除了必要的备份机制外，还需要考虑容灾的问题。对于视频编辑的工作来说，对存储提出了更高的要求，希望传输速率上能够尽量快，而这些也是传统硬盘不能独立解决的问题。在这种背景下，网络存储发展了起来。

1. 直接附加存储 DAS(Direct Attached Storage)

DAS 这种存储方式与我们普通的 PC 存储架构一样，外部存储设备都是直接挂接在服务器内部总线上，数据存储设备是整个服务器结构的一部分。

DAS 存储方式主要适用以下环境：

(1)小型网络。因为网络规模较小，数据存储量小，且也不是很复杂，采用这种存储方式对服务器的影响不会很大，并且这种存储方式也十分经济，适合拥有小型网络的企业用户。

(2)地理位置分散的网络。虽然企业总体网络规模较大，但在地理分布上很分散，此时各分支机构的服务器可采用 DAS 存储方式，这样可以降低成本。

(3)特殊应用服务器。在一些特殊应用服务器上，如微软的集群服务器或某些数据库使用的原始分区，均要求存储设备直接连接到应用服务器。

(4)提高 DAS 存储性能。在服务器与存储的各种连接方式中，DAS 曾被认为是一种低效率的结构，而且也不方便进行数据保护。直连存储无法共享，因此经常出现的情况是某台服务器的存储空间不足，而其他一些服务器却有大量的存储空间处于闲置状态却无法利用。如果存储不能共享，也就谈不上容量分配与使用需求之间的平衡。

DAS 结构下的数据保护流程相对复杂，如果做网络备份，那么每台服务器都必须单独进行备份，而且所有的数据流都要通过网络传输。如果不做网络备份，那么就要为每台服务器都配一套备份软件和磁带设备，所以说备份流程的复杂度会大大增加。

想要拥有高可用性的 DAS 存储，就要首先能够降低解决方案的成本，例如：LSI 的 12Gb/s SAS，在它有 DAS 直联存储，通过 DAS 能够很好地为大型数据中心提供支持。对于大型的数据中心、云计算、存储和大数据，所有这一切都对 DAS 存储性能提出了更高的要求，云和企业数据中心数据的爆炸性增长也推动了市场对于可支持更高速数据访问的高性能存储接口的需求，因而 LSI 12Gb/s SAS 正好是能够满足这种性能增长的要求。

与直连存储架构相比，共享式的存储架构可以较好地解决以上问题，于是乎我们看到 DAS 被淘汰的进程越来越快了。可是到目前为止，DAS 仍然是服务器与存储连接的一种常用的模式。事实上，DAS 不但没有被淘汰，近几年似乎还有回潮的趋势。

2. 网络附加存储 NAS(Network Attached Storage)

NAS 网络附加存储方式则全面改进了以前低效的 DAS 存储方式。它采用独立于服务器，单独为网络数据存储而开发的一种文件服务器来连接所存储设备，自形成一个网络。这样数据存储就不再是服务器的附属，而是作为独立网络节点而存在于网络之中，可由所有的网络用户共享。

NAS 产品包括存储器件(例如硬盘驱动器阵列、CD 或 DVD 驱动器、磁带驱动器或可移动的存储介质)和集成在一起的简易服务器，可用于实现涉及文件存取及管理的所有功能。简易服务器经优化设计，可以完成一系列简化的功能，例如文档存储及服务、电子邮件、互联网缓存等等。集成在 NAS 设备中的简易服务器可以将有关存储的功能与应用服务器执行的其他功能分隔开。

这种方法从两方面改善了数据的可用性。第一，即使相应的应用服务器不再工作了，仍然可以读出数据。第二，简易服务器本身不会崩溃，因为它避免了引起服务器崩溃的首要原因，即应用软件引起的问题。

NAS 产品具有几个引人注意的优点。首先，NAS 产品是真正即插即用的产品，NAS 设备一般支持多计算机平台，用户通过网络支持协议可进入相同的文档，因而 NAS 设备无需改造即可用于混合 Unix/Windows NT 局域网内；其次，NAS 设备的物理位置同样是灵活的。它们可放置在工作组内，靠近数据中心的应用服务器，或者也可放在其他地点，通过物理链路与网络连接起来，无需应用服务器的干预，NAS 设备允许用户在网络上存取数据，这样既可减小 CPU 的耗损，也能显著改善网络的性能。

NAS 没有解决与文件服务器相关的一个关键性问题，即备份过程中的带宽消耗，NAS 使用网络进行备份和恢复，它的一个缺点是它将存储事务由并行 SCSI 连接转移到了网络上。这就是说 LAN 除了必须处理正常的最终用户传输流外，还必须处理包括备份操作的存储磁盘请求。

3. 存储区域网络 SAN(Storage Area Network)

1991 年，IBM 公司推出了 ESCON(Enterprise System Connection)技术，是基于光纤介质，最大传输速率达 17MB/s 的服务器访问存储器的一种连接方式。在此基础上，进一步推出了功能更强的 ESCON Director(FC Switch)，构建了一套最原始的 SAN 系统。

SAN 存储方式创造了存储的网络化，存储网络化顺应了计算机服务器体系结构网络化的趋势。SAN 的支撑技术是光纤通道（FC Fiber Channel）技术。它是 ANSI 为网络和通道 I/O 接口建立的一个标准集成。FC 技术支持 HIPPI、IPI、SCSI、IP、ATM 等多种高级协议，其最大特性是将网络和设备的通信协议与传输物理介质隔离开，这样多种协议可在同一个物理连接上同时传送。

SAN 的硬件基础设施是光纤通道，用光纤通道构建的 SAN 由以下三个部分组成：

（1）存储和备份设备：包括磁带、磁盘和光盘库等。

（2）光纤通道网络连接部件：包括主机总线适配卡、驱动程序、光缆、集线器、交换机、光纤通道和 SCSI 间的桥接器。

（3）应用和管理软件：包括备份软件、存储资源管理软件和存储设备管理软件。

SAN 解决方案的优点有以下几个方面：

SAN 提供了一种与现有 LAN 连接的简易方法，并且通过同一物理通道支持广泛使用的 SCSI 和 IP 协议。SAN 不受现今主流的、基于 SCSI 存储结构的布局限制。特别重要的是，随着存储容量的爆炸性增长，SAN 允许企业独立地增加它们的存储容量。

SAN 的结构允许任何服务器连接到任何存储阵列，这样不管数据置放在哪里，服务器都可直接存取所需的数据。因为采用了光纤接口，SAN 还具有更高的带宽。

因为 SAN 解决方案是从基本功能剥离出的存储功能，所以运行备份操作就无需考虑它们对网络总体性能的影响。SAN 方案也使得管理及集中控制实现简化，特别是对于全部存储设备都集群在一起的时候。最后一点，光纤接口提供了 10km 的连接长度，这使得实现物理上分离的、不在机房的存储变得非常容易。

SAN 主要用于存储量大的工作环境，如 ISP、银行等，但现在由于需求量不大、成本高、标准尚未确定等问题影响了 SAN 的市场，不过，随着这些用户业务量的增大，SAN 也有着广泛的应用前景。

4. 磁盘阵列 RAID（Redundant Arrays of Independent Disks）

磁盘阵列是由很多价格较便宜的磁盘，组合成一个容量巨大的磁盘组，利用个别磁盘提供数据所产生加成效果提升整个磁盘系统效能。利用这项技术，将数据切割成许多区段，分别存放在各个硬盘上。磁盘阵列还能利用同位检查（Parity Check）的观念，在数组中任一个硬盘出现故障时，仍可读出数据，在数据重构时，将数据经计算后重新置入新硬盘中。

(1)磁盘阵列的分类。磁盘阵列的样式有三种,一是外接式磁盘阵列柜,二是内接式磁盘阵列卡,三是利用软件来仿真。

外接式磁盘阵列柜最常被使用在大型服务器上,具可热抽换(Hot Swap)的特性,不过这类产品的价格都很贵。

内接式磁盘阵列卡价格便宜,但需要较高的安装技术,适合技术人员使用操作。

利用软件仿真的方式,由于会拖累机器的速度,不适合大数据流量的服务器。

(2)磁盘阵列的工作原理。磁盘阵列作为独立系统在主机外直连或通过网络与主机相连。磁盘阵列有多个端口可以被不同主机或不同端口连接。一个主机连接阵列的不同端口可提升传输速度。

和当时 PC 用单磁盘内部集成缓存一样,在磁盘阵列内部为加快与主机交互速度,都带有一定量的缓冲存储器。主机与磁盘阵列的缓存交互,缓存与具体的磁盘交互数据。

在应用中,有部分常用的数据是需要经常读取的,磁盘阵列根据内部的算法,查找出这些经常读取的数据,存储在缓存中,加快主机读取这些数据的速度,而对于其他缓存中没有的数据,主机要读取,则由阵列从磁盘上直接读取传输给主机。对于主机写入的数据只写在缓存中,主机可以立即完成写操作,然后由缓存再慢慢写入磁盘。

5. 云存储

云存储是在云计算(Cloud Computing)概念上延伸和衍生发展出来的一个新的概念。云计算是分布式处理(Distributed Computing)、并行处理(Parallel Computing)和网格计算(Grid Computing)的发展,是通过网络将庞大的计算处理程序自动分拆成无数个较小的子程序,再交由多部服务器所组成的庞大系统经计算分析之后将处理结果回传给用户。通过云计算技术,网络服务提供者可以在数秒之内处理数以千万计甚至亿计的信息,达到和"超级计算机"同样强大的网络服务。云存储的概念与云计算类似,它是指通过集群应用、网格技术或分布式文件系统等功能,网络中大量各种不同类型的存储设备通过应用软件集合起来协同工作,共同对外提供数据存储和业务访问功能的一个系统,保证数据的安全性,并节约存储空间。简单来说,云存储就是将储存资源放到云上供人存取的一种新兴方案。使用者可以在任何时间、任何地方,通过任何可连网的装置连接到云上方便地存取数据。如果这样解释还是难以理解,那我们可以借用广域网和互联网的结构来解释云存储。

(1)云存储模型。云存储系统的结构模型由 4 层组成。

①存储层。存储层是云存储最基础的部分。存储设备可以是 FC 光纤通道存储设备，可以是 NAS 和 iSCSI 等 IP 存储设备，也可以是 SCSI 或 SAS 等 DAS 存储设备。云存储中的存储设备往往数量庞大且分布在不同地域，彼此之间通过广域网、互联网或者 FC 光纤通道网络连接在一起。

存储设备之上是一个统一存储设备管理系统，可以实现存储设备的逻辑虚拟化管理、多链路冗余管理，以及硬件设备的状态监控和故障维护。

②基础管理。基础管理层是云存储的核心部分，也是云存储中最难以实现的部分。基础管理层通过集群、分布式文件系统和网格计算等技术，实现云存储中多个存储设备之间的协同工作，使多个的存储设备可以对外提供同一种服务，并提供更大更强更好的数据访问性能。

③应用接口。应用接口层是云存储最灵活多变的部分。不同的云存储运营单位可以根据实际业务类型，开发不同的应用服务接口，提供不同的应用服务。比如视频监控应用平台、IPTV 和视频点播应用平台、网络硬盘应用平台、远程数据备份应用平台等。

④访问层。任何一个授权用户都可以通过标准的公用应用接口来登录云存储系统，享受云存储服务。云存储运营单位不同，云存储提供的访问类型和访问手段也不同。

(2)云存储的分类。云存储可分为以下三类。

①公共云存储。像亚马逊公司的 Simple Storage Service(S3)和 Nutanix 公司提供的存储服务一样，它们可以低成本提供大量的文件存储。供应商可以保持每个客户的存储、应用都是独立的，私有的。其中以 Dropbox 为代表的个人云存储服务是公共云存储发展较为突出的代表，国内比较突出的代表的有搜狐企业网盘、百度云盘、移动彩云、金山快盘、坚果云、酷盘、115 网盘、华为网盘、360 云盘、新浪微盘、腾讯微云、cStor 云存储等。

公共云存储可以划出一部分用作私有云存储。一个公司可以拥有或控制基础架构，以及应用的部署，私有云存储可以部署在企业数据中心或相同地点的设施上。私有云可以由公司自己的 IT 部门管理，也可以由服务供应商管理。

②内部云存储。这种云存储和私有云存储比较类似，唯一的不同点是它仍然位于企业防火墙内部。至 2014 年可以提供私有云的平台有 Eucalyptus、3A Cloud、minicloud 安全办公私有云、联想网盘等。

③混合云存储。这种云存储把公共云和私有云/内部云结合在一起。主

要用于按客户要求的访问，特别是需要临时配置容量的时候。从公共云上划出一部分容量配置一种私有或内部云对公司面对迅速增长的负载波动或高峰时很有帮助。尽管如此，混合云存储带来了跨公共云和私有云分配应用的复杂性。

2.5　多媒体计算机组装

2.5.1　组装计算机前的准备工作

在开始准备组装一台计算机之前，我们需要提前做好准备工作，才能有效地处理在装机过程中可能出现的各种情况。

(1)装机工具。包括螺丝刀、尖嘴钳、镊子、导热硅脂等。

(2)注意事项

①硬件需轻拿轻放，避免失手将硬件掉落或产生碰撞；

②正确安装硬件，如遇到不明白的地方应查阅说明书，不要强行进行安装，以免损坏硬件；

③避免静电伤害，组装前必须先对人体静电进行释放。释放静电的方法包括洗手、触摸金属物体等；

④避免液体滴落，严禁液体打湿硬件，以免造成电路短路。

2.5.2　组装计算机主机配件

1. 安装 CPU

组装计算机主机时，通常先将 CPU、内存等配件安装至主板上，并安装 CPU 风扇。

(1)安装 Intel CPU

①将主板平放在操作台上。在主板上找到 CPU 插座，向下微压 CPU 插座边上的固定杆(如图 2-19 所示)，同时将该固定杆往外推，使其脱离固定卡扣。

图 2-19　CPU 固定杆示意图

图 2-20　CPU 示意图

②压杆脱离卡扣后，将固定杆拉起。打开用于固定 CPU 的载荷板，取出 CPU 插座保护盖，如图 2-20 所示。

③找到 CPU 上的三角标记，对准 CPU 插座上的三角标记，将 CPU 插入主板插座，如图 2-21 所示。

图 2-21　CPU 上的三角标记

图 2-22　CPU 固定杆

④盖上 CPU 的载荷板，接着将固定杆压下并扣紧在 CPU 插座边上的卡扣，如图 2-22 所示。

⑤将适量的导热硅脂均匀地涂抹在 CPU 表面，如图 2-23 所示。

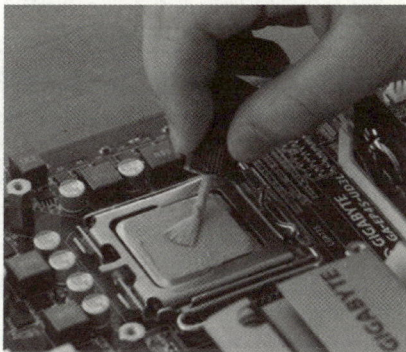

图 2-23　涂抹硅脂

图 2-24　散热器示意图

⑥将 CPU 散热器对准主板上的相应位置，用力压下其四角的扣具即可，如图 2-24 所示。不同的 CPU 风扇的扣具并不相同，如其采用的是螺丝设计，安装时需要使用螺丝刀进行安装。

⑦确认 CPU 散热器固定后，将 CPU 风扇的电源接头连接到主板的供电接口（一般位于 CPU 插座附近，带有"CPU_FAN"字样）上，如图 2-25 所示。

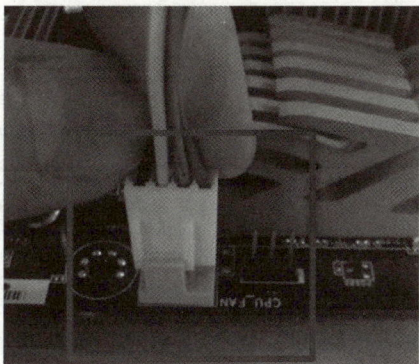

图 2-25　主板供电插头

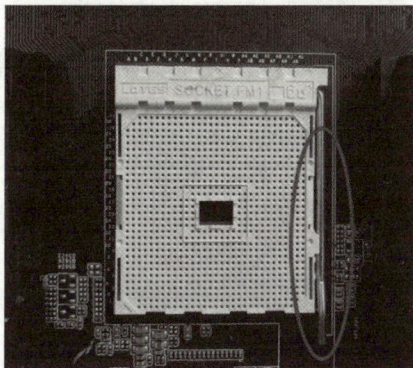

图 2-26　CPU 的拉杆示意图

（2）安装 AMD CPU

①将主板平放在操作台上，将 CPU 插座旁边用于固定 CPU 的拉杆向外拨动并拉起，如图 2-26 所示。

②找到 CPU 上的三角标记，对准 CPU 插座上的三角标记，将 CPU 插入主板插座（参考 Intel CPU 的安装方法）。

③确认 CPU 安装正确后压下 CPU 固定杆，并将其卡在卡扣上，如图 2-27

所示。

图 2-27　CPU 固定

图 2-28　安装 CPU 散热器

④将适量的导热硅脂均匀地涂抹在 CPU 表面。

⑤将 CPU 散热器平放在 CPU 上面，调整位置，将散热器两边的卡子压下，固定到主板上，并用手轻摇散热器看是否稳固，如图 2-28 所示。

⑥将 CPU 风扇的电源接头连接到主板的供电接口上（参考 Intel CPU 的安装方法）。

2. 安装内存

①在主板上找到内存插槽，将插槽两端的扣具向外扳开，如图 2-29 所示。

图 2-29　内存插槽

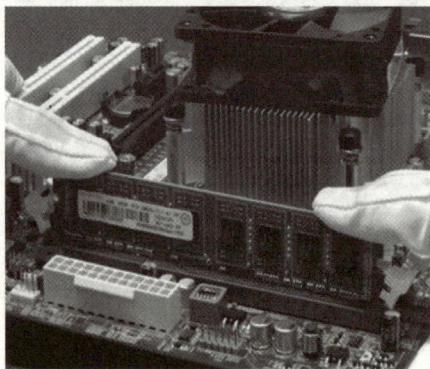

图 2-30　安装内存条

②用手捏住内存条的两端并调整方向，将金手指上的缺口对准内存插槽的突起部分，然后双手均匀用力将内存条垂直向下压入内存插槽中，听到"哒"的响声即说明内存安装到位，如图 2-30 所示。

3. 安装主板

①将机箱平放在操作台上，把用于固定主板的小铜柱安装在机箱底板的对应固定孔中，如图 2-31 所示。

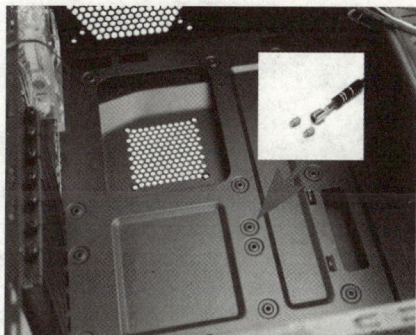

图 2-31　安装小铜柱

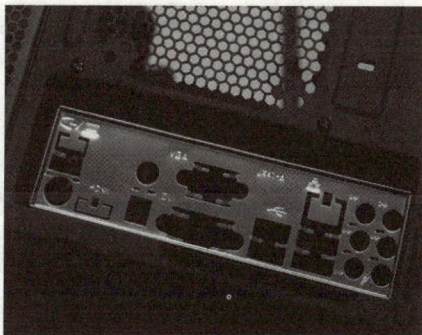

图 2-32　I/O 接口

②将机箱背部的接口挡板拆下，替换为主板包装盒中附带的原配 I/O 接口挡板，如图 2-32 所示。

③双手平托主板，将其放入机箱，调整位置，使之与挡板对齐、主板上的螺丝孔与机箱底板上的小铜柱对齐。

④使用十字螺丝刀将螺丝一一拧上主板（注意：每颗螺丝不要一次性拧紧，等全部螺丝安装到位后再将每颗螺丝拧紧），如图 2-33 所示。

图 2-33　拧上主板

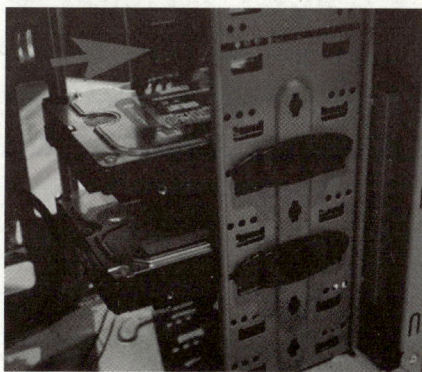

图 2-34　将主板放在固定架中

4. 安装硬盘

①将硬盘按正确方向（硬盘接口端朝外，贴有产品标签的一面朝上）插入机

箱的硬盘固定架中，如图 2-34 所示。

②调整硬盘位置，使硬盘螺丝孔与固定架的螺丝孔对齐，然后使用螺丝拧紧，如图 2-35 所示。

图 2-35　螺丝拧紧

图 2-36　安装光驱

5. 安装光驱

①在机箱前面板上拆下一块光驱挡板，将光驱从缺口处推入机箱内的光驱固定架，如图 2-36 所示。

②调整光驱位置，使光驱螺丝孔与固定架螺丝孔对齐，然后使用螺丝拧紧（参考硬盘安装方法）。

6. 安装电源

①使用螺丝刀拧下机箱背部的螺丝，用手扣住机箱侧面板凹处向外拉，取下侧面板。

②将电源放入机箱为电源预留的托架中，调整位置，然后使用螺丝固定好电源，如图 2-37 所示。

7. 安装显卡

①找到主板上的 PCI－E X16 显卡插槽，将机箱背部与该插槽对应的金属挡板取下，如图 2-38 所示。

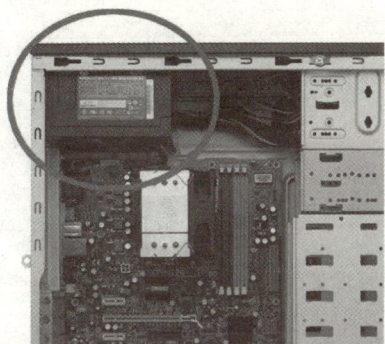

图 2-37　电源

图 2-38　机箱背部的金属挡板

②用手捏住显卡边缘，将金手指对准插槽，再用大拇指按住显卡上端并垂直用力将显卡插入插槽中，然后使用螺丝固定显卡，如图 2-39 所示。

图 2-39　固定显卡

图 2-40　主板 SATA 接口

8. 连接数据线、机箱信号线

①在主板上找到 SATA 接口，将 SATA 数据线按正确方向插入（如图 2-40所示），然后将 SATA 数据线另一端按正确方向连接到硬盘的 SATA 接口（如图 2-41 所示）。

②在主板上找到 SATA（或 IDE）插座，将 SATA（IDE）数据线按正确方向插入（SATA 接口参考上一步骤，IDE 接口如图 2-42 所示），然后将数据线的另一端按正确方向插入光驱的数据线接口。

图 2-41　硬盘 SATA 接口

图 2-42　IDE 接口

③在机箱前面板的内侧找到各类控制线接口(又称"跳线"),将这些接口分别连接主板对应位置的插槽,如图 2-43 所示。

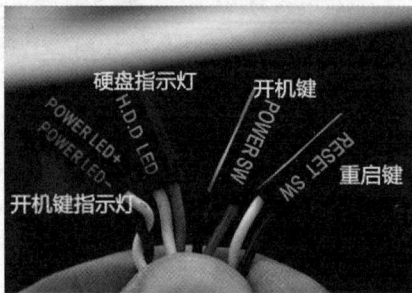

图 2-43　控制线接口

9. 连接电源线

①整理电源线,找到 24 针主板电源接口,对齐插座后将其垂直用力插入插座,直到卡住为止,如图 2-44 所示。

②找到 4 针 CPU 供电接口,对齐 CPU 插座边上的电源插座,垂直用力插入,直到卡住为止,如图 2-45 所示。

图 2-44　24 针主板电源接口

图 2-45　CPU 供电接口

③找到 SATA 电源接口，将其按正确方向连接到 SATA 硬盘的电源接口上，如图 2-46 所示。

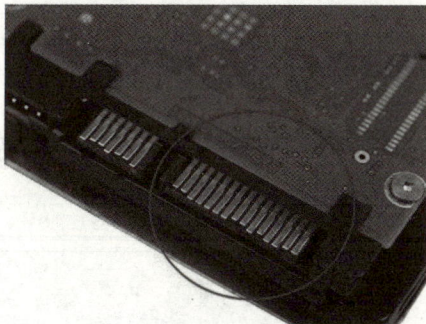

图 2-46　SATA 电源接口

④找到 SATA(或"D 型"4 针)电源接口，将其按正确方向连接到光驱的电源接口上(方法参照上一步骤)。

10. 完成主机箱的组装

①整理已连接好的数据线与电源线，将多余的电源线用束线带捆绑起来。

②确定连线无误，将机箱的侧面板复位，用螺丝固定。

2.5.3　连接外部设备

1. 显示器

①将液晶显示器屏幕按说明书指示固定到底座上。

②在显示器背部找到电源接口，将配套的电源线按正确方向插入该接口。

③在显示器背部找到视频输出接口，将配套的显示信号线连接到该接口，将信号线另一端连接到主机背部显卡接口上，然后将接口两边的手旋螺丝拧紧，如图 2-47 所示。

图 2-47　视频输出接口

2. 键盘与鼠标

将键盘与鼠标的 USB(PS/2)接口连接到主机背部相应的接口上，如图 2-48 所示。

图 2-48　鼠标线插口

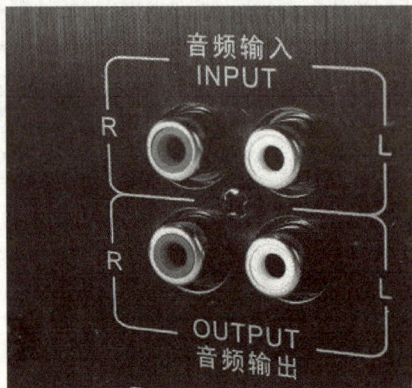

图 2-49　音频插口

3. 多媒体音箱

将双头主音频线按对应的颜色，分别插入音箱的音频输入孔中，将音频线的另一端插入主机背部的对应孔中，如图 2-49 所示。

4. 通电测试

①找到主机电源线，按正确方向连接到主机背部的电源接口中。

②将显示器、主机、音箱的电源线连接到电源插板上，然后将电源插板与室内电源插座连接。

③打开电源开关，在计算机主机前面板上按下电源开关按钮，启动计算机。

思考题

1. 多媒体处理器的设计分为哪两类？

2. 多媒体总线主要负责计算机内部各部件之间通信，可以分为几类？主要解决什么问题？

3. USB 是什么接口？它有几个标准？各标准之间的主要区别是什么？

4. IEEE 1394 接口的主要作用是什么？简要说明它的主要特点。

5. 触摸屏按照使用技术可分为哪几类？

6. 音频卡上哪些接口可以使计算机连接哪些设备联合工作？

7. 简述图形加速卡的主要作用和主要性能指标。

第3章 多媒体软件

内容结构

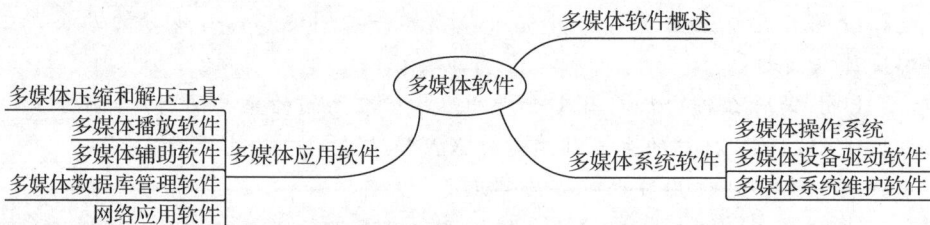

学习目标

1. 理解多媒体操作系统的分类、功能和发展趋势。
2. 了解多媒体设备驱动软件、系统维护软件。
3. 了解多媒体压缩和解压工具、播放软件、辅助软件、数据库管理软件和网络应用软件。
4. 掌握 Windows 7 原版操作系统的安装方法。

多媒体软件随着硬件的进步也在快速地发展，从操作系统、编辑创作软件到新的网络应用软件，已经形成了一个完整的标准体系，并产生了一大批多媒体软件系统，不仅使多媒体硬件的功能得到充分的发挥，还使多媒体应用的具体形式更加人性化，更加符合实际需求。本章主要介绍多媒体系统软件和多媒体应用软件，其中多媒体系统软件将从多媒体操作系统、多媒体设备驱动软件和多媒体系统维护软件三方面加以介绍。多媒体应用软件主要涉及多媒体压缩和解压工具、播放软件、辅助软件、数据库管理软件和网络应用软件。

3.1　多媒体软件概述

　　多媒体软件作为多媒体系统的两大组成部分之一，其主要任务是在计算机硬件系统的基础上，给用户提供一个易于操作的环境，实现多媒体的信息表达和信息处理方式的多样化。

　　多媒体软件运行于多媒体操作系统中，具有高度的集成性和良好的交互性，包括多媒体系统软件和多媒体应用软件两部分，结构层次如图 3-1 所示。

　　多媒体操作系统是多媒体系统软件的核心，可以实时对任务进行调度、转换多媒体数据和同步控制对多媒体设备的驱动和控制，管理图形用户界面等，具有对设备的相对独立性和可扩展性。在多媒体操作系统中，可以安装一些扩充的系统维护软件，以协助操作系统的顺利运行。如果需要添加多媒体设备，此时就需要多媒体驱动程序来完成设备的初始化，以便操作系统管理和调用这些设备。

　　多媒体应用软件就是在多媒体操作系统顺利运行的情况下对数据进行处理。常用的多媒体应用软件有多媒体压缩和解压工具、播放软件、辅助软件、数据库管理软件和网络应用软件等。多媒体应用软件是面向用户的最终产品，具有较强的友好性，涉及的技术领域较广，与具体应用不可分割。开发多媒体应用软件，素材是基础，合成是关键，因此必须准备必要的基本素材。图、文、声、像、动画、视频等不同素材，可以通过不同的多媒体应用软件创作。

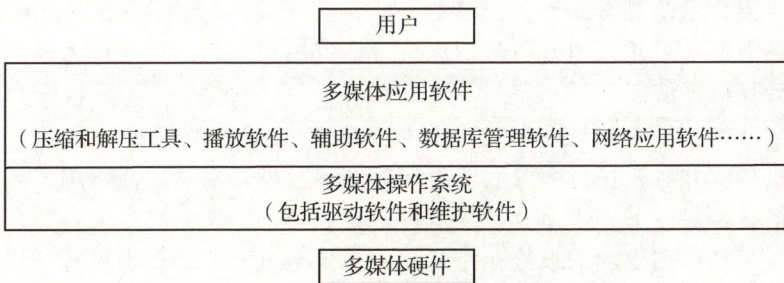

```
┌─────────────────┐
│      用户        │
└─────────────────┘
┌───────────────────────────────────────────────┐
│              多媒体应用软件                       │
│（压缩和解压工具、播放软件、辅助软件、数据库管理软件、网络应用软件……）│
├───────────────────────────────────────────────┤
│              多媒体操作系统                       │
│           （包括驱动软件和维护软件）               │
└───────────────────────────────────────────────┘
┌─────────────────┐
│     多媒体硬件    │
└─────────────────┘
```

图 3-1　多媒体软件系统结构图

3.2　多媒体系统软件

3.2.1　多媒体操作系统

多媒体操作系统的功能是对多媒体环境下的各个任务进行管理和调度，支持多媒体应用软件的运行，对多媒体声像及其他信息进行控制和实时处理。它应具有设备相对独立性及可扩展特性。

1. 多媒体操作系统的分类

目前的操作系统种类繁多，其分类没有一个单一的标准，根据不同的维度，可以有不同的分类方式。通常情况下，根据系统的功能可把操作系统分为分时操作系统、实时操作系统、单用户操作系统、批处理操作系统和网络操作系统。

(1)分时操作系统。分时操作系统是基于主从式多终端的计算机体系结构，操作系统使用多道程序设计技术来支持在一个计算机系统内运行多个用户的程序，提供多个用户同时上机操作。每一个用户的程序都常驻在内存中，并按某一调度策略轮流运行。轮到某一用户程序运行时，它一次只能使用一段很少的时间，当分配给它的时间片用完或因等待 I/O 而不能继续运行下去时，就暂停该程序的运行，转而运行另一个用户的程序。当用户通过键盘命令与计算机交互时，即使键入的速度很快，但比起计算机来说还是极其缓慢的。

分时操作系统具有如下几个基本特征：

①独立性：虽然采用时间片轮流执行，但用户感觉到只是自己是在独自使用整个计算机系统。

②交互性：用户与计算机之间以"会话"的方式从终端输入命令，提出要求，主机接收并分析执行命令后，将运算结果及处理信息返回给用户，用户根据回答信息再提出下一步命令，反复进行直到全部工作完成。

③及时性：用户的请求能在短时间内得到系统响应，获得执行结果。

④多路性：一台主机可以连接多个用户终端，多个用户终端可以使用计算机，共享系统的软硬件资源。

(2)实时操作系统。实时操作系统是一种能在限定的时间内对输入进行快速处理并做出响应的计算机处理系统。根据对响应时间限定的严格程度，实时系统又可分为硬实时系统和软实时系统。

实时系统的一个基本特征是事件驱动设计，即当接受了某些外部信息后，在一定的时间范围内完成，其目标是及时响应外部设备的请求，在规定时间内完成有关处理，并能控制所有实时设备和实时任务协调运行。

（3）单用户操作系统。单用户操作系统是指一台计算机在同一时间只能由一个用户使用，一个用户独自享用系统的全部硬件和软件资源。目前微机上运行的大多数操作系统都属于这一类。

单用户操作系统的基本特征是：在一个计算机系统内，一次只支持一个用户程序的运行，系统的全部资源都提供给该用户使用，用户对整个系统有绝对的控制权。

（4）批处理操作系统。批处理操作系统是早期的一种大型机用操作系统，可对多个用户进行成组作业工作和程序执行，期间不需要用户进行干预，可分为单道批处理系统和多道批处理系统。

单道批处理系统是在单用户操作系统的基础上发展起来的，其目的是减少操作，减少作业建立和结束的时间浪费。在单道批处理系统中，所有用户的作业均交给操作员通过输入设备送入计算机，由操作员、控制台启动并控制计算机，监视作业运行，得到结果后交付给用户。

多道批处理系统是基于多道程序技术的应用，即在内存中可以同时存放多个用户作业、程序，允许这些作业在系统中交替进行。在多道批处理系统中，用户可以通过系统提供的各种功能，如作业控制语言、命令、程序等，将用户程序、数据等分别提交给系统，在外部存储设备上形成作业的后备等待列队，系统根据一定的调度原则从这些队列中选取若干作业调入内存。

（5）网络操作系统。网络操作系统是网络的心脏和灵魂，是向网络计算机提供服务的特殊的操作系统。它能使网络上各种不同的计算机能方便而有效地共享网络资源，以及为网络用户提供所需的各种服务的软件和有关规程的集合。常用的网络操作系统有 Netware、Unix、Linux。

2. 多媒体操作系统的功能

多媒体操作系统的主要功能有 CPU 管理、存储器管理、设备管理、文件管理和提供用户接口的功能。

（1）CPU 管理。CPU 是整个计算机系统中的核心硬件资源，它的性能和使用情况对整个计算机系统的性能起到关键的作用。CPU 管理的主要任务是确定对处理机的分配策略，实施对进程、线程的调度和管理。CPU 的工作速度一般比其他计算机硬件设备的工作速度快很多，其他设备的正确运行往往都离不开 CPU，因此，有效地管理和利用 CPU 资源是操作系统最重要的管理任务。

（2）存储器管理。存储器管理是对"存储空间"的管理，主要是指对内存的管理，只有被装入内存的程序才有可能去竞争中央处理机。因此，有效地利用内存可保证多道程序设计技术的实现，也保证了中央处理机的使用效率。

存储器管理的任务是对要运行的作业分配内存空间，当一个作业运行结束时要收回其所占用的内存空间。为了使并发运行的作业相互之间不受干扰，不能有意或无意地存取自己作业空间之外的存储区，从而干扰、破坏其他作业的运行，操作系统要对每一个作业的内存空间和系统内存空间实施保护。

（3）设备管理。设备管理是对除了 CPU 和内存外的其他硬件设备资源的管理，其中包括对输入、输出设备的分配、启动、完成和回收，起到分配设备和控制 I/O 操作的作用。

设备管理提供了用户和外设的接口，允许用户通过键盘命令或程序向操作系统提出申请，实现外部设备的分配、启动、回收和故障处理。同时操作系统还采用缓冲和虚拟设备技术提高设备的效率和利用率，尽可能使外设和处理器并行工作。

（4）文件管理。文件管理是对计算机系统中的软件资源进行管理，能将文件长期、有效、有条理地存放于计算机系统中，并支持检索和修改操作，解决文件的共享、保密和保护问题。此外文件管理提供方便的用户界面，使用户能实现按名存取而不需考虑文件如何保存及存放的位置。

（5）用户接口。操作系统是计算机与用户之间的接口，必须为用户提供一个良好的用户界面以便用户使用计算机。用户界面的好坏是直接关系到操作系统能否得到用户认可的一个不容忽略的关键问题。字符模式的命令行界面和图形模式的图形用户界面是最常见的两种用户接口呈现形式。其本质是对显示设备和键盘、触摸屏、鼠标等输入设备进行有效管理。

3. 多媒体操作系统的发展趋势

随着计算机技术和互联网技术的快速发展和普及，传统的操作系统很有可能无法适用各种应用需求，因此未来的操作系统将逐步向专用化、微型化、开源化、智能化等方面发展。未来的操作系统能在节约资源和维持整个操作系统的基础上更加便捷、稳定地供用户使用，系统功能更趋于智能化，满足用户的各种生活需求，系统的性能和效益相对于传统的操作系统将更高。

3.2.2　多媒体设备驱动软件

设备驱动软件是直接用于控制和管理多媒体硬件的软件，它能够实现对设备初始化，设备的启动、停止以及控制设备的打开、关闭等各种动作。总之，凡是直接与多媒体系统硬件打交道的软件都包括在驱动软件之列。

驱动程序分为官方正式版、微软 WHQL 认证版、第三方驱动、Beta 测试版等。官方正式版驱动是按照芯片厂商的设计研发出来的，经过反复测试、修正，最终通过官方渠道发布出来的正式版驱动程序，具有较好稳定性和兼容性。微软 WHQL 认证版是微软对各硬件厂商驱动的一个认证，是为了测试驱动程序与操作系统的相容性及稳定性而制定的。第三方驱动一般是指硬件产品 OEM 厂商发布的基于官方驱动优化而成的驱动程序，用户可自行到相关的第三方驱动程序网站下载，如"驱动之家"。测试版驱动是指处于测试阶段，还没有正式发布的驱动程序，这样的驱动程序稳定性和系统兼容性比较差。

3.2.3　多媒体系统维护软件

多媒体应用对环境要求比较高，因此需要功能强、效率高的多种系统维护软件协同工作，以保证软件系统的顺利运行。常用的软件维护系统有系统设置软件、系统备份软件、系统测试软件、升级补丁软件、数据恢复软件和防毒杀毒软件等。

（1）系统设置软件。系统设置软件用来实现系统注册表的修改，例如完成清理注册表、修改显示方式、禁止程序的自动运行等工作。目前较流行的系统设置软件有一把刀终极配置、系统快速设置工具、Windows 优化大师等。

（2）系统备份软件。系统备份软件用于保存计算机系统环境和数据，防止系统出现操作失误或系统故障导致数据丢失，必要时可恢复系统。常用的软件有 Ghost、一键还原精灵、U 启王一键备份还原等。

（3）系统测试软件。系统测试的目的是验证最终软件系统是否满足用户规定的需求，主要内容包括功能测试和健壮性测试。功能测试主要是测试软件系统的功能是否正确，健壮性测试主要是测试软件系统在异常情况下能否正常运行的能力，包括容错能力和恢复能力。常用的测试软件有鲁大师、系统检测专家、AIDA64 等。

（4）升级补丁软件。设计者在设计软件或系统的时候，有些因素没有考虑到，但随着时间的推移，软件或系统所存在的问题将会逐渐地被发现，针对软件和系统本身存在的这些问题，软件开发者会发布相应的补丁，对存在的问题进行修复。

（5）数据恢复软件。数据恢复软件是指当用户的重要资料误删除、U 盘数据无法读取或硬盘故障数据丢失时，通过技术手段，将保存在计算机硬盘、服务器硬盘、存储磁带库、移动硬盘、U 盘、数码存储卡、MP3 等设备上丢失的电子数据进行抢救和恢复的技术。此类软件有 DiskGenius、数据恢复精灵和EasyRecovery 等。

（6）防毒杀毒软件。为了防止计算机功能遭到病毒的破坏，影响计算机软件和硬件的正常运行，破坏数据的正确性与完整性，常使用一些防毒杀毒软件保护计算机系统安全。比较流行的杀毒防毒软件有诺顿防病毒软件、瑞星杀毒软件、360 安全卫士、小红伞等。

3.3　多媒体应用软件

3.3.1　多媒体压缩和解压工具

文件压缩和解压工具可提高存储空间的利用率，缩短文件的传递时间。目前比较流行的压缩工具有 WinRAR、7-Zip、快压、PeaZip 等。

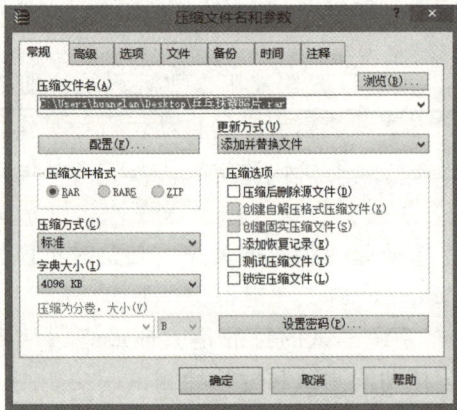

图 3-2　WinRAR 工作界面

WinRAR 是一款最为流行的压缩软件，它具有创建、管理和控制压缩包、文件加密、压缩包注释、恢复物理受损的压缩包，支持压缩并发送邮件等功能，支持鼠标拖放及外壳扩展。该软件可以解开 CAB、ARJ、TAR、GZ、JAR、ISO 等多种类型的压缩文件，压缩效率高，资源占用相对较小，特有的固定压缩、多媒体压缩和多卷自释放压缩。WinRAR 压缩软件工作界面如图 3-2所示。

7-Zip 是一款免费开源的高压缩比的压缩软件，命令行选项具有强大的设置功能，非常适合用来备份。它不仅支持独有的 7-Zip 文件格式，而且还支持其他各种压缩文件格式，其中包括 ZIP、RAR、CAB、GZIP、BZIP2 和 TAR 等格式。此软件压缩的压缩比要比普通 ZIP 文件高 30%～50%，因此非常适合在 U 盘中随身携带，并易于操作。软件界面如图 3-3 所示。

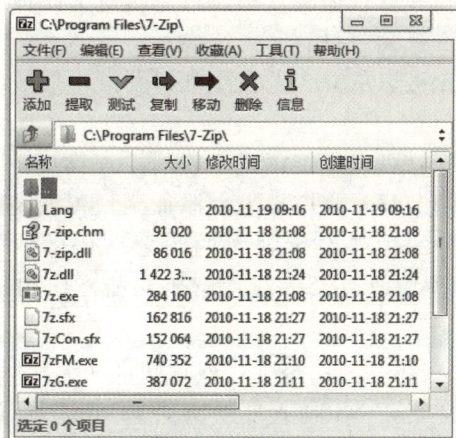

图 3-3　7-Zip 工作界面

3.3.2　多媒体播放软件

多媒体播放软件是指支持音频、视频和动画等文件打开播放的程序。目前比较流行的媒体播放软件有酷狗音乐盒、MediaPlayer、PotPlayer 等。

（1）酷狗音乐盒。酷狗音乐盒是一款融合歌曲及 MV 搜索、下载、在线播放、歌词同步显示等功能为一体的音乐资源聚合器、播放器。它的主要功能如下：

①音乐搜索功能：自主研发的音乐搜索，能快速地搜索到用户所需的音乐，能真正实现无缝隙试听，无须等待缓冲延时。

②全新音频引擎，兼容性强：支持 DirectSound、64 比特混音、AddIn 插件扩展技术，具有资源占用低、运行效率高、扩展能力强等特点，支持所有常见的音频格式。支持高级采样频率转换和多种比特输出方式，具有强大的回放增益功能，可在播放时自动将音量调节到最佳水平。基于频域的 10 波段均衡器、多级杜比环绕，兼容并可同时激活多个 Winamp 2 的音效插件。

（2）MediaPlayer。微软公司出品的一款免费的媒体播放器，是微软 Windows 的一个组件，通常简称 WMP。它可以播放 MP3、WMA、WAV 等格式的音频文件，以及 AVI、WMV、MPEG-1、MPEG-2 和 DVD 等格式的视频文件。它的主要功能如下。

①播放控制：支持常规的播放控制功能，可以对音视频实现播放、停止、快进、后退和音量调节等功能。

②多媒体文件查找和管理功能：用户可以自定义媒体数据库，收藏媒体文件，按节目列表播放音视频节目。

③支持光驱设备：可以从 CD 读取音轨到硬盘，播放和复制 CD 曲目到媒体库，创建个人 CD。

④支持连接互联网：可以直接浏览互联网、查找互联网上的广播电台、收听互联网上广播电台的节目和将广播电台添加到预置列表。

（3）PotPlayer。它的优势在于强大的内置解码器，支持音视频的播放。Potplayer 还完成了硬件解码以及多线程解码功能，使用户能更流畅地观看高清影片。

PotPlayer 支持 32 位和 64 位系统，内置硬件加速解码、E-AC3 音频解码，可以较完整地支持 ASS、SSA 字幕。支持的格式有 MPEG-1、MPEG-2、WMV2、WMV3、VC-1、H.264、AVC1(VLD)等。

3.3.3　多媒体辅助软件

多媒体辅助软件应用于不同的领域，它是利用多媒体集成工具开发而成的应用软件，比较有代表性的有计算机辅助教学 CAI、计算机辅助测试 CAT 以及计算机辅助设计 CAD。

计算机辅助教学为学生提供一个良好的个人化学习环境，综合应用多媒体、超文本、人工智能、网络通信和知识库等计算机技术，提供基本的教学内容、例题、问题、解答、自测等功能，让教师、学生与计算机进行交互从而达到教学目的。

计算机辅助测试是利用计算机协作对学生的学习效果进行测试和学习能力估量，提供数据采集、数据分析、评估被测的基本功能，通过被测者提供的系列数据，根据程序分析给出被测结果，一般分为脱机测试和联机测试两种方法。

计算机辅助设计是利用计算机及其图形设备帮助设计人员进行设计工作，广泛应用于工程制图领域。设计人员通常用草图开始设计，然后由计算机将草图变为工作图；利用计算机可以进行与图形的编辑、放大、缩小、平移和旋转等有关的图形数据加工工作。

3.3.4　多媒体数据库管理软件

相对于以往的人工管理和文件系统管理，利用数据库管理技术可以对大量数据进行更有效的收集、存储、处理和应用。多媒体数据库管理软件主要应用于大量的数据管理，主要功能如下。

①数据录入：可以输入文字、插入声音和图片。

②数据编辑：可以实现浏览、修改、增加、删除、插入、校对以及更正等编辑功能。

③数据检索：可以进行关键字搜索、文字搜索和图像搜索。

④数据排序：可以根据数据类型进行排序。

⑤数据导入：可导入多种软件格式的表格数据。

⑥数据导出：可以导出数据，生成其他格式的表格文件。

⑦自动统计：可统计记录数，对数据进行求均值、求和、最低值、最高值、方差等运算。

⑧生成报表：可生成多种类型的报表，如原始记录表、分类表、统计表以及汇总表。

⑨数据打印：可以打印满足条件和范围的数据记录。

3.3.5　网络应用软件

随着计算机网络技术和计算机多媒体技术的发展，以多媒体通信协议和流媒体技术为代表的网络多媒体技术迅速发展，加快了各种网络多媒体技术的普及和应用，出现了各种多媒体网络应用软件，如视频点播、视频会议系统、远程教学系统、数字图书馆等。

(1)视频点播。视频点播系统也称为交互式电视点播系统，用户可以根据自己的需求获取相应的视频节目，摆脱了传统电视受时空限制的束缚。视频点播系统是 20 世纪 90 年代末随着娱乐业的发展而兴起的，它采用计算机、通信和电视等技术，利用网络和视频技术的优势，实现节目的按需收看和任意播放，集动态影视图像、动态图片、声音和文字等信息为一体，为用户提供实时、交互、按需点播服务的系统。

视频点播系统由前端系统、网络系统和客户端系统三部分组成。前端系统一般由视频服务器、各种档案管理服务器以及控制网络部分组成。网络系统包括主干网络和本地网络两部分，主要负责视频信息流的实时传输。用户利用客户端系统与某种服务或服务提供者进行互操作。

(2)视频会议系统。视频会议系统是指两个或两个以上不同地方的个人或群体，通过传输线路及多媒体设备，将声音、影像及文件资料互传，实现即时且互动的沟通，以实现会议目的的系统设备。

视频会议系统软件的常用功能有：多方音视频交互、电子白板、文件共享、协同浏览、媒体播放、桌面共享、文字交流、会议录制等，广泛应用于网络视频会议、协同办公、在线培训、远程医疗、远程教育等各方面。

(3)远程教学系统。远程教学系统是指处于不同地点的知识提供者和学习者之间通过适当的手段进行交互的教育行为，突破了传统"面授"教学的时间和空间局限，实现个性化和因材施教的高效教学，最大限度地利用教学资源，具有在线学习课程、学习管理、资源管理、课件制作、在线培训实时课堂和录制课程等功能。

交互式实时远程教学系统是由终端设备、交换设备、摄影机系统和高速数据通信网以及相应的软件系统组成，其他方式的远程教学系统主要由现有的互联网络和相应的软件系统组成。

(4)数字图书馆。数字图书馆是用数字技术处理和存储各种图文并茂文献的图书馆，是传统图书馆在信息时代的发展，它不但包含了传统图书馆的功能，向社会公众提供相应的服务，还融合了其他信息资源(如博物馆、档案馆等)的一些功能，提供综合的公共信息访问服务。

数字图书馆的主要优点有：信息存储空间小不易损坏，一般存储在电脑光盘或硬盘里，多次查阅使用不会产生磨损；信息查阅检索方便，读者通过关键词搜索，就可以获取大量相关的信息；通过互联网可以进行远程传递信息，方便快捷；信息使用效率高，多个人能同时使用同一信息。

知识拓展：Windows 7 原版系统安装

Window 7 是微软公司继 Windows Vista 操作系统后推出的新一代操作系统，系统的性能、易用性和可靠性更高，它能给用户带来一种全新的体验。

1. Windows 7 操作系统简介

Windows 7 作为目前比较流行的操作系统，相对之前的 Windows XP 和 Windows Vista 系统，具有更多的新功能、新特性。同时为了满足不同用户群体的需求，微软公司共开发出 6 个不同的版本。

(1)特点。Windows 7 具有的新特性，包括更快的速度和性能、超强的硬件兼容性、更个性化的桌面、触摸操控新体验、新的网络方法、革新的用户安全机制、更强大的多媒体功能。

①更快的速度和性能。Windows 7 更注重性能的提高，它启动的时间比之前的 Windows XP 和 Windows Vista 所使用的时间更少，在休眠状态唤醒系统时的一些细节做得更好，系统加载速度一般不超过 20 秒，因此系统反应很迅

速，用户使用起来会感觉比较轻快。

②超强的硬件兼容性。Windows 7 的 Device Stage 功能可以将所有外围设备的应用程序和服务集中在一起。系统所支持的硬件更多、更全面，能够自动为 USB 硬盘、USB 存储器、USB 读卡器和 USB 网线等设备提供驱动支持，轻松识别出各种 USB 外设。

③更个性化的桌面。首先，Windows 7 的"开始"菜单将程序子菜单内置在"开始"菜单自身界面中，从而节省了占用的桌面空间。其次，任务栏的实时预览功能更强，同一个程序打开的多个窗口在任务栏中以层叠图标的方式展示，当鼠标指向该图标时，就可以预览打开的多个动态缩略预览窗口。此外系统还具有智能化的窗口缩放，窗口半屏显示，个性化的壁纸、声音和屏保主题包等个性化设置。

④触摸操控新体验。Windows 7 提供 10 点触控，用户利用触摸感应器，可以通过触摸的方式操控计算机，实现拖动、下拉和选择等功能，完全脱离鼠标和键盘的使用。

⑤新的网络方法。Windows 7 可以更方便地实现无线联网，用户点击任务栏通知区域中的网络图标就可以查看各种无线网络信号，单击"打开网络和共享中心"，可以快速打开"网络和共享中心"进行网络设置。此外 Windows 7 还添加了新的家庭网络组功能，使得同一家庭组中的所有用户可以共享文档、图片、音视频和打印机等资源。

⑥革新的用户安全机制。Windows 7 的用户安全体制在 Windows Vista 的基础上，对用户账户控制 UAC 技术和磁盘锁 BitLocker 技术进行改进革新，同时新增了直接访问 Direct Access 新功能和安全防护措施 AppLocker，从而使系统的安全性能更高。

⑦更强大的多媒体功能。Windows 7 中的 Windows 媒体中心不仅提供了 Windows MediaPlayer 的全部功能，而且为用户提供了一个从图片、音频、视频再到通信交流等的全方位应用平台。其中 Windows MediaPlayer 12 组件的界面相对以往的 Windows MediaPlayer 更加简洁，颜色更明亮，并且可以播放所有主流格式的音视频文件，无须另下载解码器。

（2）版本。根据用户对计算机的需求和使用环境的不同，微软公司开发的 Windows 7 系统共有 6 个不同的版本，分别为 Windows 7 Starter、Windows 7 Home Basic、Windows 7 Home Premium、Windows 7 Professional、Windows 7 Enterprise 和 Windows 7 Ultimate。

①Windows 7 Starter(简易版)，特点是简单、易用、便宜，但相对其他版本，其功能最少，不能更换背景、主题颜色和声音方案，没有 Windows 媒体中心、没有远程桌面等。可以加入家庭网络组，但不能创建家庭网络组。

②Windows 7 Home Basic(家庭普通版)，主要针对中、低级的家庭电脑，用户可以更快、更方便访问使用最繁杂的程序和文档。新增的特性包括无线应用程序、增强视觉体验(仍无 Aero)、移动中心等，没有玻璃特效功能、因特网连接共享等，只能加入家庭组，不能创建家庭网络组。

③Windows 7 Home Premium(家庭高级版)，用户可以轻松共享打印机，欣赏和共享喜爱的图片、音乐、视频和电视节目等，可以根据喜好任意更改桌面主题和任务栏上排列的程序图标，自定义 Windows 的外观等。

④Windows 7 Professional(专业版)，满足了办公所需以及家庭娱乐所需的功能，支持加入管理网络，有高级网络备份和加密文件系统等数据保护功能及位置感知打印技术(可在家庭或办公网络上自动选择合适的打印机)等。

⑤Windows 7 Enterprise(企业版)，对象是企业用户及其市场，它提供一系列企业增强功能，内置和外置驱动数据保护、BitLocker、AppLocker、锁定非授权软件运行、Direct Access 和网络缓存等。

⑥Windows 7 Ultimate(旗舰版)，具备家庭高级版和专业版的所有功能，同时增加了高级安全功能以及在多语言环境下工作的灵活性。家庭高级版以及专业版的用户若想升级到旗舰版，可使用 Windows Anytime Upgrade 进行升级。

(3)配置需求。要想更好地体验 Windows 7，首先需要了解其装机所需的电脑硬件配置要求。

①最低配置要求。

- 处理器：1GHz 的 32 位或 64 位；
- CPU：256M 以上；
- 硬盘：16GB 以上可用空间；
- 显卡：集成显卡，64MB 以上；
- 其他设备：DVD-R/RW 驱动器或者 U 盘等其他储存介质。

②推荐配置。

- 处理器：2GHz 及以上，；
- CPU：1.5G DDR2 及以上；
- 硬盘：20GB 以上可用空间；
- 显卡：支持 Direct X 10/Shader Model 4.0 以上级别的独立显卡；

· 其他设备：DVD-R/RW 驱动器或者 U 盘等其他储存介质。

2. 安装准备工作

操作系统安装的常用方法有 USB 安装、光盘安装、软盘安装和网络安装。下面介绍的是最常用的 USB 安装与光盘安装这两种方法。光盘安装与 U 盘安装相类似，区别只是使用的物理介质不同，写入速度也有所不同。前期准备工作完成后，进行正式安装时的步骤是一样的。

光盘安装只需要把刻录有操作系统的光盘插入光驱，然后重启电脑，根据提示步骤进行操作安装即可。

USB 安装即我们常说的使用 U 盘安装。进行安装前，首先需要对 U 盘进行引导，将安装的操作系统镜像文件写入 U 盘中，选用的 U 盘容量需 4GB 及以上，然后运用 UltraISO 软件将操作系统进行刻录。具体方法如下：

提前下载好原版 Windows 7 系统的镜像文件。打开 UltraISO 软件，并将 U 盘插入电脑 USB 接口中，执行"文件—打开"，选择提前下载好的 Windows 7 系统镜像文件，如图 3-4 所示。

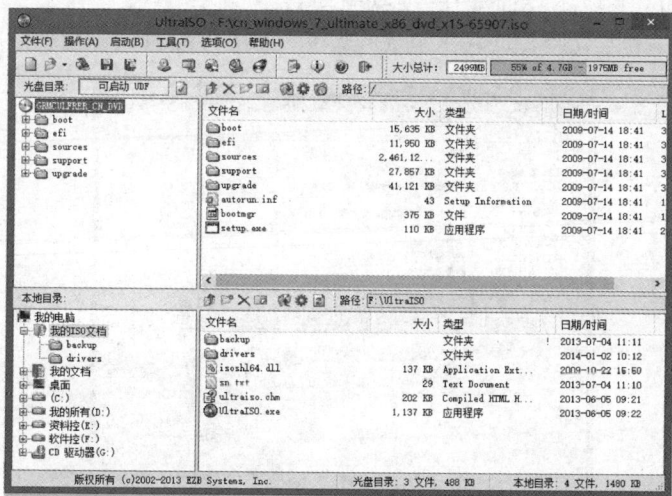

图 3-4　UltraISO 工作界面

接下来开始制作系统安装盘，单击"启动－写入硬盘镜像"，如图 3-5 所示。

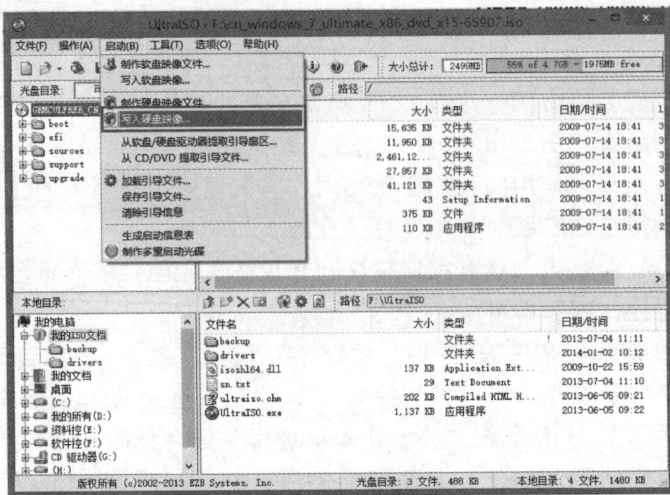

图 3-5　写入硬盘镜像

弹出如图 3-6 所示界面，在"硬盘驱动器"中选择 U 盘所在位置，确认无误后，单击"写入"将镜像文件写入到 U 盘中。等待一段时间即可。

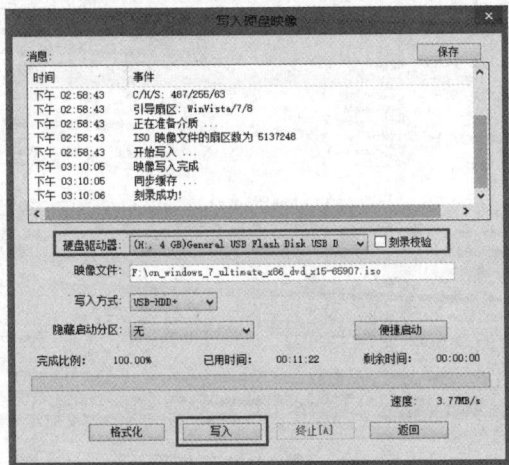

图 3-6　写入硬盘镜像工作界面

3. 正式安装

（1）进入快速启动模式。将系统光盘放入光驱或将 U 盘插入 USB 接口，开机或者重新启动计算机，按住对应的启动快捷键进入电脑的快速启动模式。不同的计算机品牌快捷键如表 3-1～表 3-3 所示。

表 3-1　台式电脑的启动快捷键表

台式机品牌	快捷启动键	台式机品牌	快捷启动键	台式机品牌	快捷启动键
联想	F12	海尔	F12	华硕	F8
宏碁	F12	清华同方	F12	明基	F8
惠普	F12	神舟	F12	戴尔	ESC
方正	F12				

表 3-2　笔记本电脑的启动快捷键表

笔记本品牌	快捷启动键	笔记本品牌	快捷启动键	笔记本品牌	快捷启动键
联想	F12	海尔	F12	华硕	ESC
宏碁	F12	戴尔	F12	索尼	ESC
惠普	F12	三星	F12	惠普	F9
方正	F12	清华同方	F12	明基	F9
富士通	F12	神舟	F12	微星	F11
技嘉	F12	东芝	F12		

表 3-3　各大组装机主板品牌的启动快捷键表

主板品牌	快捷启动键	主板品牌	快捷启动键	主板品牌	快捷启动键
华硕	F8	技嘉	F12	杰微	ESC 或 F8
盈通	F8	致铭	F12	七彩虹	ESC 或 F11
映泰	F9	铭瑄	ESC	精英	ESC 或 F11
冠铭	F9	磐正	ESC	梅捷	ESC 或 F12
翔升	F10	捷波	ESC	富士康	ESC 或 F12
昂达	F11	斯巴达卡	ESC	顶星	F11 或 F12
微星	F11	双敏	ESC	冠盟	F11 或 F12
华擎	F11	磐英	ESC	Intel	F6 或 F12

进入电脑的启动模式后，设置 BIOS，界面如图 3-7 所示，根据实际情况

选择光盘启动或 USB 启动，然后等待安装文件载入内存中。

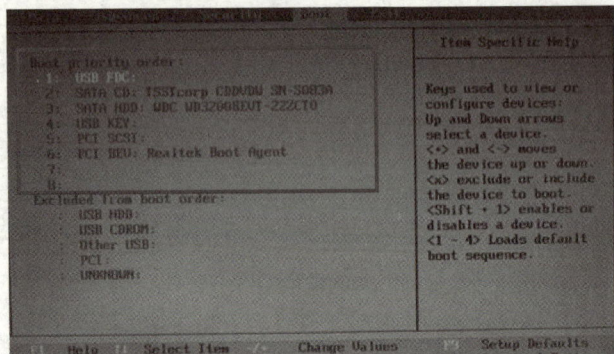

图 3-7　BIOS 设置

（2）选择安装语言。在弹出的"安装 Windows 7"界面中，选择要安装的语言，然后单击"下一步"，如图 3-8 所示。

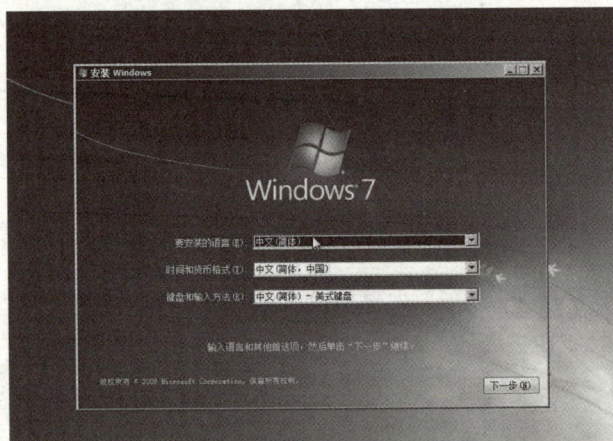

图 3-8　"安装 Windows 7"界面

（3）开始安装。如图 3-9 所示，单击"现在安装"，进入安装界面。因为是全新安装，所以没有升级界面上兼容测试等选项（从低版本 Windows 上单击安装时就会有）。

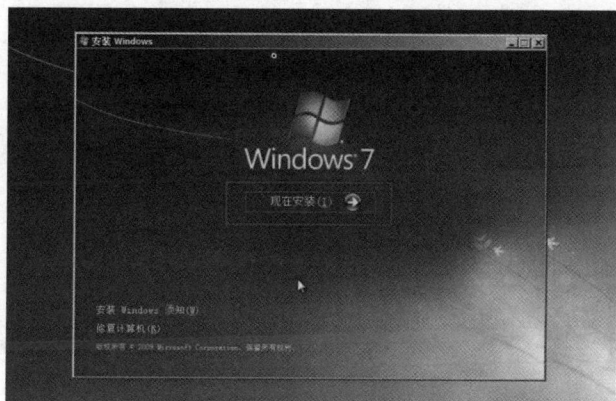

图 3-9　现在安装

（4）选择许可条款。进入安装界面后，首先弹出"请阅读许可条款"对话框，如图 3-10 所示。认真阅读完许可协议后，勾选下面的"我接受许可条款"复选框，点击"下一步"，开始启动安装程序。

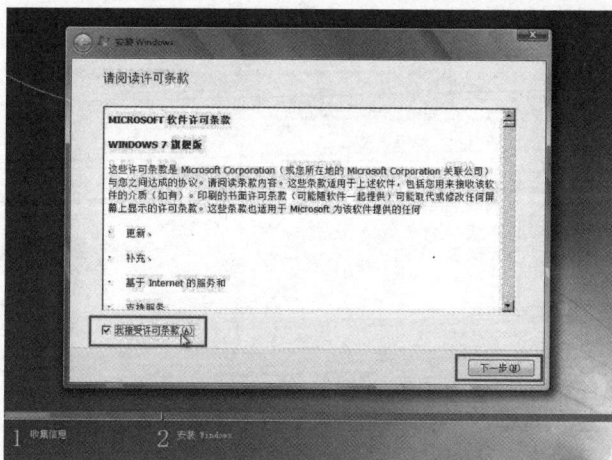

图 3-10　许可条款

（5）选择安装类型。安装程序启动后，跳到"选择安装类型"界面，选择安装类型，如图 3-11 所示。因为要进行全新安装，所以选择"自定义（高级）"安装，单击，进入下一步安装。

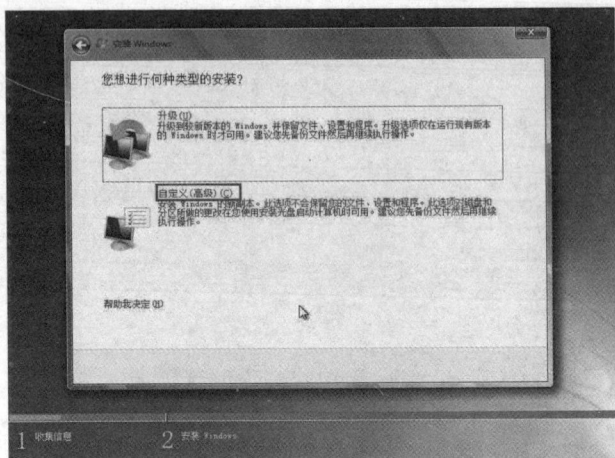

图 3-11　选择安装类型

　　(6)选择安装磁盘。根据计算机的硬盘分区情况，选择 Windows 7 安装的磁盘分区。单击如图 3-12 中的"驱动器选项（高级）"，可以对磁盘进行如删除分区、格式化等操作。

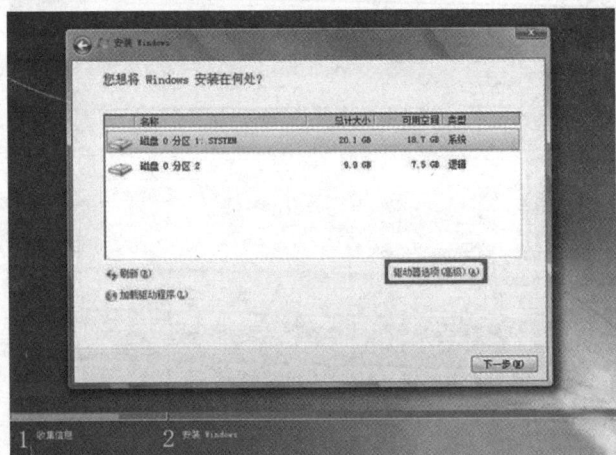

图 3-12　选择安装磁盘

　　点击上一步骤中的"驱动器选项（高级）"后，弹出如图 3-13 所示的操作界面。这里将操作系统安装在 C 盘上，因此选择"分区 1"。由于是全新安装，C 盘中的其他文件都不需要，所以再单击下方的"格式化"，单击下一步。

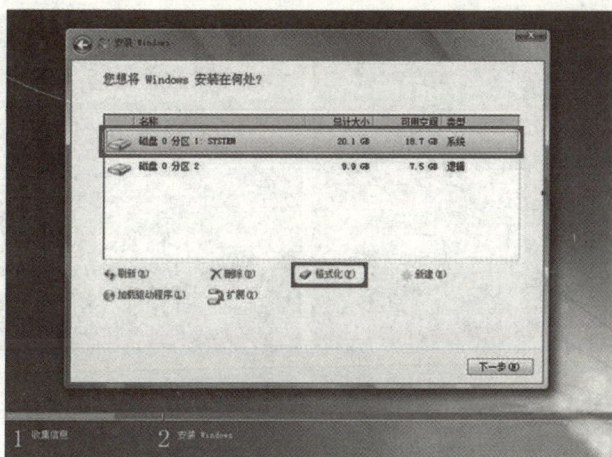

图 3-13　对 C 盘进行格式化

(7)开始安装。上述安装选项设置完成后，安装程序进入自动安装阶段。如图 3-14，安装程序会自动进行"复制 Windows 文件"、"展开 Windows 文件"、"安装功能"、"安装更新"、"完成安装"操作，每完成一个操作，该项前面就会出现一个"√"。下面的彩色安装条可以显示安装的进程。

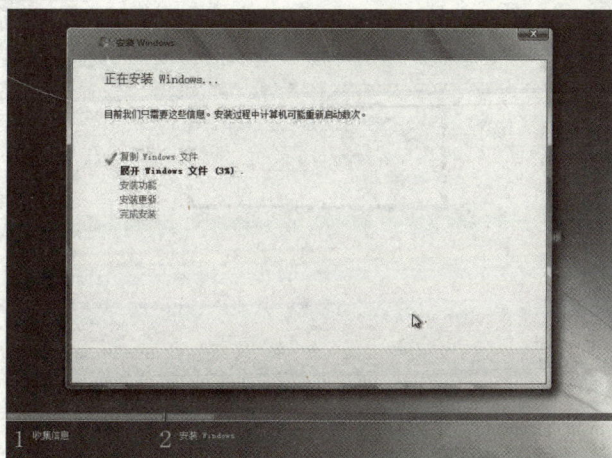

图 3-14　安装进程

在安装过程中，系统可能会重启几次，并进行各种操作。所有的过程都是系统自动进行的，不需要人为进行任何操作。如图 3-15 所示。

图 3-15　系统重启

(8)设置用户信息。具体操作如下。

①计算机最后一次重启后，进入用户名和计算机名称设置界面，如图 3-16 所示。根据自身喜好输入用户名和计算机名称，单击"下一步"。

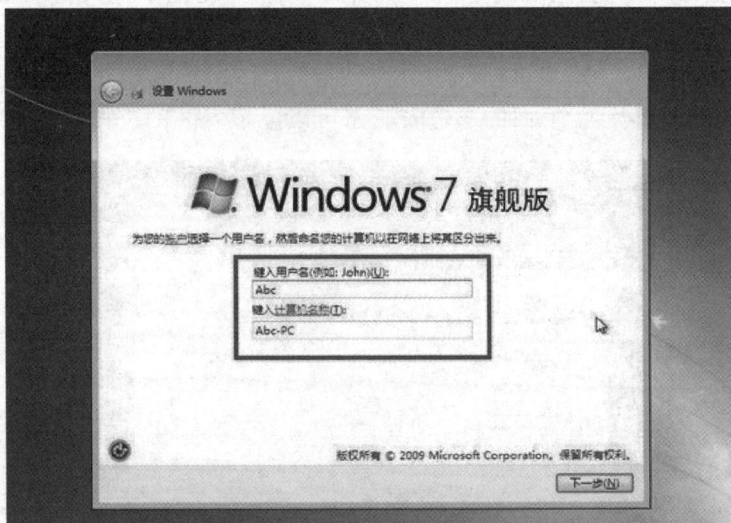

图 3-16　输入用户名和计算机名

②进入"为账户设置密码界面"，如图 3-17 所示，输入密码和密码提示，作为开机密码。若不需要开机密码，也可以不输入密码和密码提示，单击"下一步"。

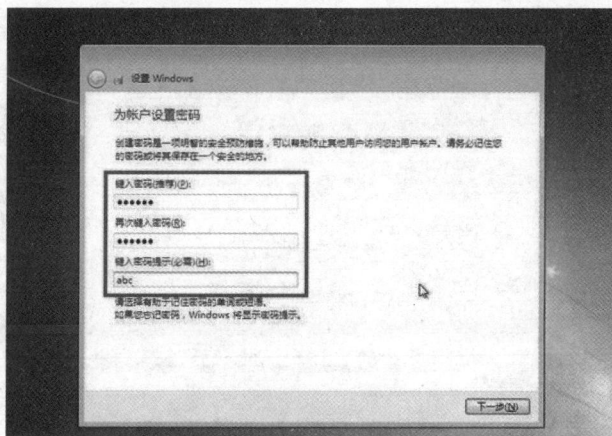

图 3-17　输入密码和密码提示

③进入"产品密钥"输入界面，如图 3-18 所示。输入 25 位的 Windows 7 的产品序列号，点击"下一步"。也可暂时不输入序列号，点击"下一步"，在稍后进入系统后再激活。

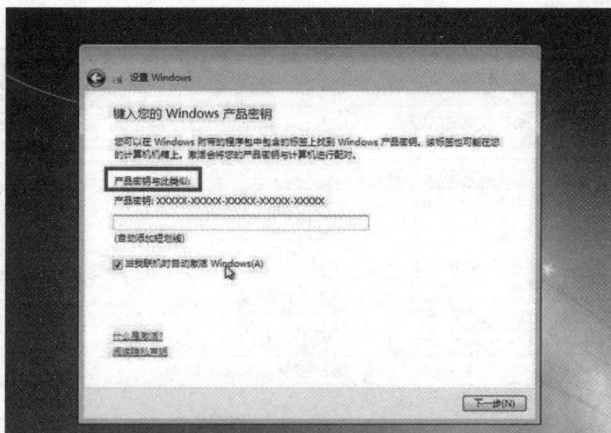

图 3-18　输入产品密钥

④进行系统更新设置，如图 3-19 所示，共有三个选项：使用推荐设置、仅安装重要的更新和以后询问我。建议选择使用推荐设置，以保证 Windows 系统的安全。

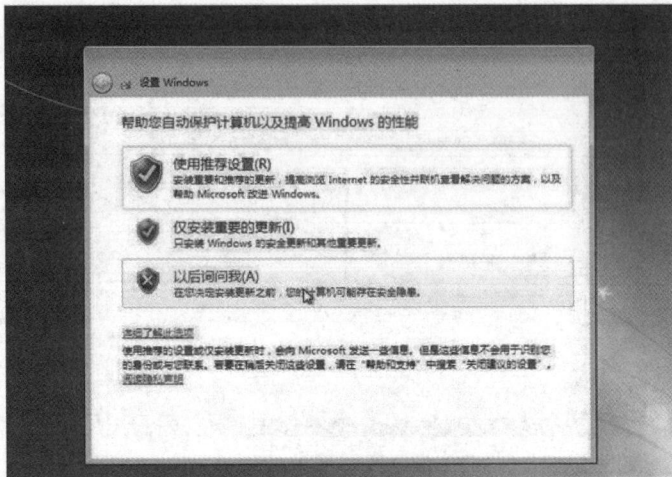

图 3-19　系统更新设置

⑤接着开始设置日期和时间，检查设置无误后，单击"下一步"，如图 3-20 所示。

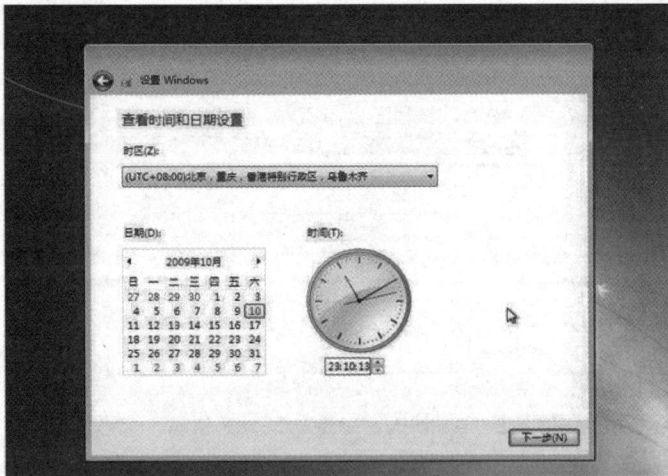

图 3-20　设置时间和日期

如果计算机已经连接在网络上，最后需要设置的就是当前网络所处的位置，不同的位置会让 Windows 防火墙产生不同的配置。如图 3-21 所示。

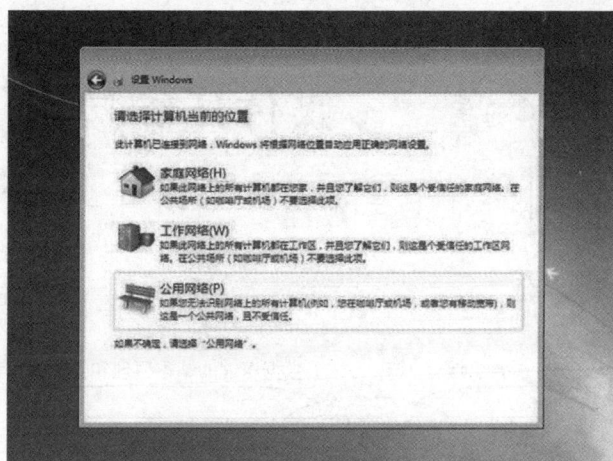

图 3-21 网络设置

（9）完成安装。设置完成后，系统自动进行个性化设置，设置完成后，进入 Windows 7 界面，界面如图 3-22 所示。

图 3-22 Windows 7 界面

思考题

1. 多媒体操作系统具有哪些功能？
2. 可以从哪些方面进行多媒体系统维护？
3. 多媒体辅助软件有哪些用处？
4. 多媒体数据库管理软件具有什么功能？
5. 网络应用软件主要有哪些？并简要说明其功能。

第 4 章　多媒体压缩技术

内容结构

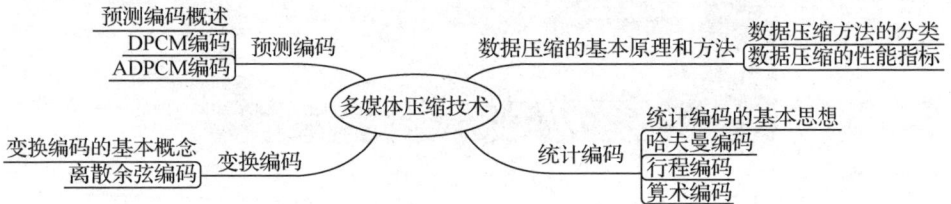

学习目标

1. 了解数据压缩的基本原理。

2. 熟悉数据压缩方法的分类。

3. 理解数据压缩的性能指标。

4. 掌握统计编码常用的数据压缩编码算法。

5. 理解变换编码和预测编码的压缩算法原理。

　　在多媒体系统中，主要采用数字化方式处理、传输、存储多媒体信息，包括数字、文本、图形、图像、视频等媒体类型，这些媒体以大量数据形式存在，所以多媒体数据的高效表示和压缩技术就成为多媒体系统的关键技术。本章主要讨论多媒体数据编码的基本原理和常用的多媒体数据压缩技术。

4.1　数据压缩的基本原理和方法

　　数据压缩是指对原始数据进行重新编码，除去原始数据中的冗余，以较小的数据量表示原始数据的技术。也就是说，要使数字化技术实用化，关键是去掉信号数据的冗余性，即数据压缩问题，这一方面是存储数据的迫切要求，另一方面也对传输、存取媒体数据至关重要。

一般来说，多媒体数据中存在以下种类的数据冗余。

(1)空间冗余。这是图像数据中经常存在的一种冗余。在同一幅图像中，规则物体和规则背景(所谓规则是指表面颜色分布是有序的而不是完全杂乱无章的)的表面物理特性具有相关性，这些相关性的光成像结构在数字化图像中就表现为数据冗余。

(2)时间冗余。这是序列图像(电视图像、动画)和语音数据中经常包含的冗余。图像序列中的两幅相邻的图像，后一幅图像与前一幅图像之间有较大的相关性，这反映为时间冗余。同理，在语言中，由于人在说话时发音的音频是一连续的渐变过程，而不是一个完全的在时间上独立的过程，因而存在时间冗余。

(3)信息熵冗余。信息熵是指一组数据所携带的信息量。它一般定义为：

$$H = -\sum_{i=0}^{N-1} P_i \log_2 P_i$$

其中，N 为数据类数或码元个数，P_i 为码元 y_i 发生的概率。由定义，为使单位数据量 d 接近于或等于 H，应设：

$$d = \sum_{i=0}^{N-1} P_i \cdot b(y_i)$$

其中，$b(y_i)$ 是分配给码元 y_i 的比特数，理论上应取 $b(y_i) = -\log_2 P_i$。实际上在应用中很难估计出 $\{P_0, P_1, \cdots, P_{N-1}\}$，因此一般取 $b(y_0) = b(y_1) = \cdots = b(y_{N-1})$。例如，英文字母编码码长为 7 比特，即 $b(y_0) = b(y_1) = \cdots = b(y_{N-1}) = 7$，这样所得的 d 必然大于 H，由此带来的冗余称为信息熵冗余或编码冗余。

(4)结构冗余。有些图像从大域上看存在着非常强的纹理结构，例如布纹图像和草席图像，它们在结构上存在冗余。

(5)知识冗余。有许多图像的理解与某些基础知识有相当大的相关性，例如，人脸的图像有固定的结构，比如，嘴的上方有鼻子，鼻子的上方有眼睛，鼻子位于正脸图像的中线上等。这类规律性的结构可由先验知识和背景知识得到，此类冗余称为知识冗余。

(6)视觉冗余。人类视觉系统对于图像场的任何变化并不是都能感知的。例如，对于图像编码和解码处理时，由于压缩或量化截断引入了噪声而使图像发生了一些变化，如果这些变化不能为视觉所感知，则仍认为图像足够好。事实上人类视觉系统一般的分辨能力约为 2^6 灰度等级，而一般图像量化采用 2^8

灰度等级，这类冗余称为视觉冗余。

(7)其他冗余。例如，由图像的空间非定常特性所带来的冗余。

4.1.1 数据压缩方法的分类

自 1948 年 Oliver 提出脉冲编码调制 PCM(Pulse Code Modulation)编码理论后，人们研究了各种各样的多媒体数据压缩方法。若对数据压缩方法分类，从不同角度会有不同的分类结果。

根据解码后数据与原始数据是否完全一致进行分类，数据压缩方法一般被划分为以下两类：

(1)可逆编码(无失真编码)。此种方法的解码图像与原始图像严格相同，压缩比大约在 2:1~5:1 之间。如哈夫曼编码、算术编码、行程编码等。

(2)不可逆编码(有失真编码)。此种方法的还原图像与原始图像存在一定的误差，但视觉效果一般可以接受，压缩比可以从几倍到几百倍。常用的有变换编码和预测编码。

根据压缩原理进行划分，可以有以下几类：

(1)预测编码。它是利用空间中相邻数据的相关性，利用过去和现在出现过的点的数据情况来预测未来点的数据。通常采用的方法是差分脉冲编码调制 DPCM(Differential Pulse Code Modulation)和自适应差分脉冲编码调制 AD-PCM(Adaptive Difference Pulse Code Modulation)。

(2)变换编码。该方法将图像光强矩阵(时域信号)变换到频域空间上进行处理。在时域空间上具有强相关的信号，放映在频域上某些特定的区域内能量常常被集中在一起，人们只需将主要注意力放在相对小的区域上，从而实现压缩。一般采用正交变换如离散余弦变换 DCT、离散傅里叶变换 DFT、Walsh-Hadamard 变换 WHT 和小波变换 WT 等来实现压缩算法。

(3)量化与向量量化编码。对模拟信号进行数字化时，要经历一个量化的过程。为了使整体量化失真最小，就必须依照统计的概率分布设计最优的量化器。最优量化器一般是非线性的，已知最优量化器是 Max 量化器。对像元点进行量化时，除了每次仅量化一个点的做法外，也可以考虑一次量化多个点的做法，这种方法称为向量量化。例如，每次量化相邻的两个点，将两个点用一个量化码字表示。向量量化的数据压缩能力实际上与预测方法相近。

(4)信息熵编码。这是根据信息熵原理，让出现概率大的符号用短的码字表达，反之用长的码字表示。最常见的方法有哈夫曼编码、香农编码以及算术编码。

(5)子带(subband)编码。将图像数据变换到频域后，按频域分带，然后用不同的量化器进行量化，从而达到最优的组合。或者分步渐近编码，在初始时，对某一频带的信号进行解码，然后逐渐扩展到所有频带。随着解码数据的增加，解码图像也逐渐变得清晰。

(6)模型编码。编码时首先将图像中的边界、轮廓、纹理等结构特征找出来，然后保存这些参数信息。解码时根据结构和参数信息进行合成，恢复原图像。具体方法有轮廓编码、域分割编码、分析合成编码、识别合成编码、基于知识的编码和分形编码等。

综上所述，多媒体数据的压缩编码方法分类如图 4-1 所示。其中因为变换编码方法通常对变换后的系数进行量化，子带编码和模型编码通常对部分信息进行量化或忽略处理，所以在此归入了有损压缩的类别。

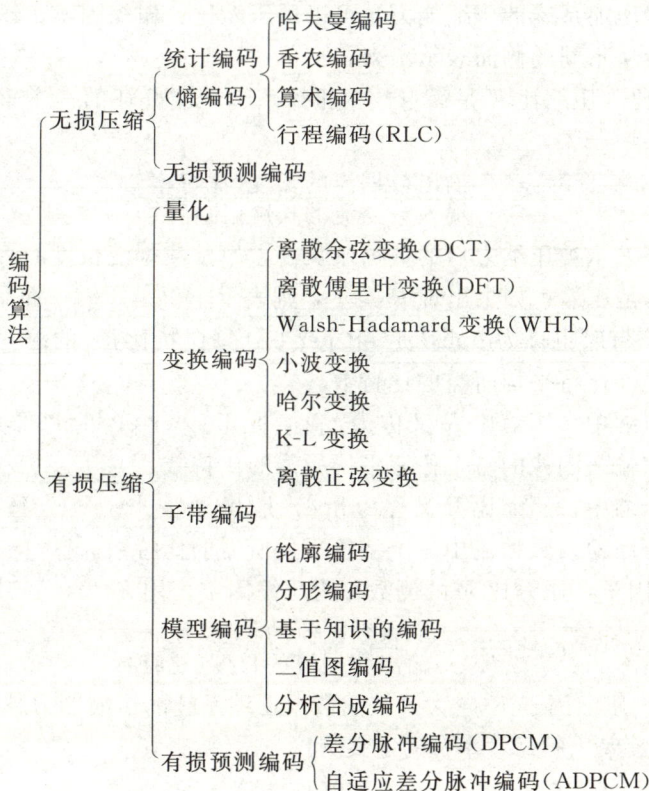

图 4-1　多媒体编码算法分类

4.1.2 数据压缩的性能指标

数据压缩技术的应用已经非常普及。各种各样的数据压缩系统，其所要压缩的数据类型不同，工作环境千差万别，采用的技术多种多样，系统组成各不相同，对数据压缩系统的具体要求也是五花八门。因此，衡量数据压缩系统性能好坏的指标也是多种多样的。综合起来考虑，数据压缩的主要性能指标有以下几项：①压缩能力，包括压缩比、压缩因子、压缩效率、压缩增益等；②信号质量，是指经过压缩，再经过解压缩后恢复出的信号质量，包括客观量度等；③比特率，指压缩器输出数据的比特率；④算法复杂度，包括时间复杂度、空间复杂度等；⑤时延；⑥坚韧性等。

1. 压缩能力

一个数据压缩系统的压缩能力，可以用压缩比、压缩因子、压缩效率、压缩增益等指标从不同的侧面表示出来。

(1) 压缩比。压缩比 R 是衡量数据压缩系统性能好坏的一个重要指标，其定义为：

$$R = \frac{输出数据流的长度（比特率）}{输入数据流的长度（比特数）}$$

其物理含义是表示被压缩之后的数据流长度占原始数据流长度的百分比。通常 $R < 1$，表示是压缩；如果出现 $R > 1$，则表示不再是压缩，而是扩大。

压缩比 R 有时也称为 bpb，是 bit per bit（每比特比特）的缩写，表示压缩输入数据流中一比特平均所需的比特数。

在图像压缩中，压缩比 R 又称为 bpp，是 bit per pixel（每像素比特）的缩写，表示压缩输入图像的每个像素平均所需的比特数。

在文本压缩中，压缩比 R 又称为 bpc，是 bit per character（每字符比特）的缩写，表示压缩输入数据流中一个字符平均所需的比特数。

(2) 压缩因子。压缩比 R 的倒数称为压缩因子，用 K 表示，其定义为：

$$K = \frac{1}{R} = \frac{输入数据流的长度（比特数）}{输出数据流的长度（比特数）}$$

通常 $K > 1$。压缩因子 K 越大，表示数据压缩系统的压缩能力越强。

(3) 压缩效率。压缩效率 η 的定义为：

$$\eta = 100(1 - R)$$

压缩效率 η 也是表示数据压缩系统压缩能力的一个指标。例如，如果 $\eta = 60$，则表明输出的已压缩的数据流占原始输入数据流的 40%。

（4）压缩增益。压缩增益 g 的定义为：

$$g = 100\ln \frac{\text{参考值大小}}{\text{压缩后的数据流大小}}$$

参考值大小可以指某种标准无损压缩所产生的数据流大小，或是指输入数据流的大小。

当 $x \ll 1$ 时，$\ln(1+x) \approx x$，所以，当压缩增益很小时，这一增益的微小变化，近似等于压缩比的变化。由于用了对数，两个压缩增益之间可以通过相减来比较。压缩增益 g 的单位是对数百分比（percent log ratio）。

（5）压缩速度。压缩速度 v 定义为每字节周期（cycle per byte），表示每压缩一字节所需的设备的周期平均数。当使用专用硬件时，这一指标很有用。

2. 信号质量

这里所说的信号质量，是指数据压缩系统的解压缩器输出的信号质量。由于数据压缩系统所处理的原始数据，大多数情况下是语音、音频、图像、视频这类模拟信号，而其接收者通常都是人。数据压缩过程中，经过量化和编码，必然会产生失真。

对信号质量的量度（测度），其实就是对波形失真的量度（测度）。这种量度（测度）可以分为客观量度（测度）和主观量度（测度）两大类。

（1）客观量度。客观量度就是通过客观测量的方法来评价数据压缩系统的信号质量，通常都是建立在测量均方误差的基础上。这种评价方法的特点是技术简单、省时省力、成本较低，但是往往不能完全反映人的主观感觉。

虽然数据压缩系统的原始数据大多是模拟波形，但是，带限模拟波形的取样值是时间离散的信号。输入模拟波形与输出模拟波形之差和输入模拟波形的取样值与输出模拟波形的取样值之差是一致的，因此，信号质量的客观量度一般采用取样信号方差对重建误差方差的比值，即通常所说的信噪比 SNR（Signal Noise Ratio），这就是所谓的均方误差失真准则 MSE（Mean Squared Error）。使均方误差最小的设计原则，就称为最小均方误差失真准则 MMSE（Minimum Mean Squared Error）。

对于图像压缩来说，一方面由于显示系统使信号质量有所下降；另一方面也很难产生理想的二维重建波形，所以实际系统中的模拟图像的数字样本并不是所显示图像的奈奎斯特样值。这使得按照上面所述方法所做出的失真度评价与实际结果完全一致。但为了简便起见，一般还是用 $M \times N$ 图像场 $x(m,n)$ 的空间平均：

$$\frac{1}{MN} \sum_{m=0}^{M-1} \sum_{n=0}^{N-1} x(m,n)^2$$

代替其集合平均 $E[x(m,n)^2]$。不过，图像幅度的平均值通常为非零的正数，所以在 SNR 的公式中用 $x(m,n)$ 的最大值 x_{max} 来代替均方根值 σ_x，得到峰值信噪比 PSNR：

$$PSNR(dB) = 10 \lg \frac{x_{max}^2}{\sigma_e^2}$$

长期以来，人们一直应用均方差失真准则，SNR 是衡量编码器性能的一个最常用的量度。但是，在许多情况下用它来量度语音压缩和图像压缩的信号质量并不适宜，因为其结果往往与主观感觉不太一致。为了使 SNR 这个长期使用的客观量度尽量与人的主观感觉一致，近年来提出了许多改进的信噪比公式，例如，分段信噪比 SNRSEG、加权信噪比等。根据语音和图像的不同频带噪声分量对于编码质量的不同影响，还提出了频域加权 SNR 以及在原理上与其类似的信号与非相关噪声的比值 SNR_u。针对人对实际物理信号的 SNR 感觉上限，即当 SNR 超过该上限之后，更好的信号质量已经不会在感觉上带来好处，提出了 SNR 最大值 SNRMAX，语音的 SNRMAX 典型值为 35dB，图像的典型值为 50dB。此外，为了取代 SNR，还提出了另外一些非均方误差量度。常用的失真量度有以下几种：①平方失真量度（测度）；②绝对误差失真量度（测度）；③加权平方失真量度（测度）；④线性预测失真量度（测度）。

到目前为止，没有一种客观量度（测度）是理想的、通用的。所有的改进型的客观量度都只是适用于某些或特定的数据压缩的信号质量的评价，它们与普通 SNR 一样，也只能看成是对数据压缩系统信号质量的部分客观描述。在语音和图像压缩时，还必须根据人的听觉和视觉的心理特性，采用其他辅助量度作为补充手段，以保证客观评价的准确性。因此，考虑到人的心理生理特性，在进行数据压缩系统设计以及评价时，除了进行客观评价外，还必须进行主观评价。即使在某些场合已经得到了主观感觉上有意义的客观量度，通常还需要进行一定的主观测试，以便对客观量度的数据加以补充、验证及校准。

(2)主观量度。主观量度（测度）比较符合人类听觉和视觉对信号质量的主观感受，已经得到了广泛应用。但是，主观测试费时费力，成本较高。而且，在测试过程中一般需要对多个压缩器进行判分和比较。在安排这种主观测试时，还必须使各个实验样本次序排列随机化，以便消除先后次序对评价结果的影响。同时，还要保证足够的样本数量，以便平滑判决结果中的噪声或起伏。参加这种测试实验的人员，可以是未受过训练的人，也可以是受过训练的人，还可以是有经验的专家，这主要取决于该数据压缩系统的未来用户类型。此外，参加实验的人数必须足够多，而且人员的性别、年龄、职业、文化程度等，必须有广泛的代表性。只有这样，才能使评价结果的起伏降低到合理的程度。

目前信号质量的主观量度（测试）主要有以下几种。

①二元判决。二元判决是最简单的一种测试。在这种实验中，被测试目标 A 与 B 成对地出现，参加实验的人只需指出他偏爱哪一个即可。

②主观 SNR。在这种测试中，将数据压缩器输出与某个带有加性噪声的参与信号相比较，调节噪声能量使实验者对二者具有相同的偏爱度。此时，带有加性噪声的信噪比 SNR 就定义为该压缩器输出信号的等效加性噪声 SNR，或称为主观 SNR。

③平均得分。在这种测试中，要有足够数量的实验人员参加，请他们每个人对被测信号进行 N 级判分，例如，在 MOS 得分中一般是对被测信号质量进行 5 级判分。

④等偏爱度曲线。在这种测试中，最简单的一种情况就是以压缩器的两个独立参数 P_1、P_2 为自变量，以非相关噪声电平值 λ 为参变量，作出一组平面曲线。每一 λ 值可以根据 50% 的实验者的意见等效于一对压缩器参数。

⑤多维计分方法。这种测试是在适当维数的空间中，以点表示压缩器的条件或类型，以矢量表示个别听众或观众，将压缩器的条件对某个实验者矢量投影，于是就能得到此实验者对于压缩器条件或类型作出的排序。

3. 比特率

比特率也是数据压缩系统的重要性能指标之一。从数据压缩的角度来看，比特率常常被看成是体现一个数据压缩器的编码系统或压缩算法技术水平的最重要的指标。

比特率（编码速率）可以用"比特/秒（bit/s）"来度量，它代表了编码的总速率，一般用 V 表示。编码速率也可以用"比特/样点（bit/p）"表示，它代表了平均每个样点用多少比特编码，一般用 R 表示。V 和 R 可以通过取样速率联系起来：

$$V = R \cdot f_s$$

其中的取样速率 f_s 通常根据奈奎斯特定理由信号带宽决定。显然，平均每样点比特数 R 越高，语音波形或参数量化就越精细，话音质量也就越好，相应地对传输带宽或存储容量的要求也就越高。

4. 数据压缩系统的复杂度

数据压缩系统的复杂度是指为了实现压缩和解压缩的编译码算法所需的硬件设备量。通常可以用算法的运算量和所需的存储量来度量。数据压缩和解压缩的编译码算法的复杂度与其输出信号质量有非常密切的关系。在同样比特率的情况下，采用复杂一些的算法将会获得更好的信号质量，而对于相同的信号质量，采用复杂一些的算法能够降低编码所需的比特率。数据压缩系统总的复杂度包括压缩器的复杂度和解压缩器的复杂度两部分。根据不同的要求恰当地分别选择压缩算法和解压缩算法，可以使压缩系统的总复杂度最低。

5. 编译码时延

当压缩算法复杂度增加时，相应需要存储处理的数据量增加，编译码的时延也会随着增大，引起较大的通信时延。在实时通信系统中，数据压缩的编译码时延与线路传输时延一样，会对恢复信号的质量产生很大影响。当时延增大到超过一定数值时，将使通信不能实时实现。因此，在系统设计中，时延是一个必须要考虑的重要因素。

6. 坚韧性

坚韧性(robustness)是衡量数据压缩系统性能优劣的重要指标之一。所谓坚韧性是指数据压缩系统能够适应各种不同的使用环境和条件，在较为不利的环境和条件下能正常工作。这包括以下几种情况：

①能够适应各种不同的使用对象；

②能在较强的噪声背景下正常工作；

③在多级编码的情况下，信号质量不应有明显下降；

④允许一定误码，即在 $10^{-3} \sim 10^{-2}$ 误码率时仍能提供可懂的重建语音或可用的图像；

⑤在部分数据丢失情况下，避免同步错乱等。

4.2 统计编码

4.2.1 统计编码的基本思想

统计编码是基于统计的数据压缩方法，是应用较早的一种经典数据压缩技术，在图像压缩和文本压缩中已得到相当广泛的应用。香农—范诺编码、哈夫曼编码、算术编码、行程编码等都是常见的统计编码。

在基于统计的数据压缩技术中，其所使用的编码方法与通常的编码不同。在通常的压缩编码中，一般都采用定长码编码；而在基于统计的数据压缩技术中，则通常采用变长码编码。这是因为根据信源符号不同的分布概率相应指定不同长度编码(变长码编码)，其平均码长最短，编码的效率最高，对冗余度的压缩最彻底，在理想情况下，可以使平均码长等于信源的熵。因此，统计编码又称为最佳信源编码，也称熵编码。

这里应当指出的是，并非所有基于统计的数据压缩技术都是给信源符号集之中的单个符号指定变长码，非常典型的例外就是算术编码。

4.2.2 哈夫曼编码

哈夫曼（Huffman）编码是哈夫曼在 1952 年提出的一种编码方法，这种编码方法吸引人们进行了大量研究，并被传真机及 JPEG、MPEG 等算法上采用。哈夫曼编码的基本思想是按照字符出现概率的大小编码，概率大的字符分配短码，概率小的字符则分配长码，来构造最短的平均码长。算法步骤如下。

①初始化，根据符号概率按由大到小顺序对符号进行排序。

②把概率最小的两个符号组成一个新符号（节点），即新符号的概率等于这两个符号概率之和。

③重复第②步，直到形成一个符号为止（根），其概率等于 1。

④从编码树的根开始回溯到原始的符号，从上到下标上 0 或 1。通常左分支标为 0，右分支标为 1。

⑤从根节点开始顺着树枝到每个叶节点写出每个符号的代码。

哈夫曼编码的特点如下。

①形成的编码不是唯一的，但它们的平均码长是相同的，不存在本质上的区别。

②对不同信源编码效率不同。当信源概率为 2 的负幂时，效率最高；当信源概率相等时，效率最低。

③编码后，形成一个哈夫曼编码表，解码时必须参照该表，该表在存储和传输时都会占用一定的空间和信道。

下面举例说明哈夫曼编码过程。

设信源 A 的信源空间符号及其概率 $P(A)$ 如表 4-1 所示。

表 4-1 信源 A 的符号及其概率

A	a_1	a_2	a_3	a_4	a_5	a_6	a_7	a_8
$P(A)$	0.20	0.19	0.18	0.17	0.15	0.10	0.005	0.005

用哈夫曼编码方法，对信源 A 进行编码。其编码过程如表 4-2 所示。

表 4-2　哈夫曼编码过程

信源符号	出现概率	码字 ω_i	码长 l_i
a_1	0.20	01	2
a_2	0.19	00	2
a_3	0.18	111	3
a_4	0.17	110	3
a_5	0.15	101	3
a_6	0.10	1001	4
a_7	0.005	10001	5
a_8	0.005	10000	5

其平均码长：

$$L = \sum_{i=1}^{8} P(a_i) l_i$$

$$= 0.20 \times 2 + 0.19 \times 2 + 0.18 \times 3 + 0.17 \times 3 + 0.15 \times 3 + 0.10 \times 4 + 0.005 \times 5 \times 2$$

$$= 2.73(\text{bit/信源符号})$$

其熵为 $H(A) = -\sum_{i=1}^{8} P(a_i) \log P(a_i) = 2.618(\text{bit/信源符号})$

4.2.3　行程编码

行程编码 PLC(Run-Length Coding)又称"运行长度编码"或"游程编码"，是一种非常简单的统计编码，该编码属于无损压缩编码。

有些图像，尤其是计算机生成的图形往往有许多颜色相同的区域。在这些区域中，许多连续的扫描行都具有同一种颜色，或者同一扫描行上有许多连续的像素都具有相同的颜色值。在这些情况下就不需要存储每一个像素的颜色值，而仅仅存储一个像素值以及具有相同颜色的像素数目。这种编码称为行程编码，其基本原理是用一个符号值或串长代替具有相同值的连续符号，使符号长度少于原始数据的长度。

设图像中的某一行或某一区域像素经过采样或经某种方法变换后的系数为 $(x_1, x_2, \cdots, x_M)$。某一行或某一块内像素值 x_i 可分为 k 段长度为 l_i 的连续串，每个串具有相同的值，如图 4-2(a)所示，那么，该图像的某一行或某一区域可由下面偶对 (g_i, l_i)，$1 \leqslant i \leqslant k$ 来表示：

$$(x_1, x_2, \cdots, x_M) \rightarrow (g_1, l_1), (g_2, l_2), \cdots, (g_k, l_k)$$

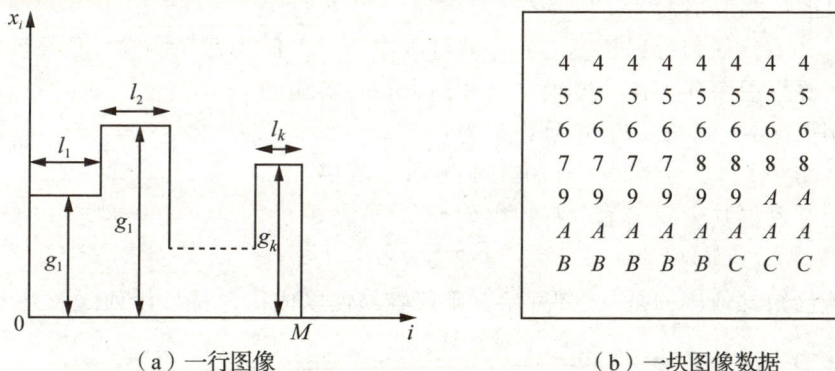

（a）一行图像　　　　　　　（b）一块图像数据

图 4-2　行程编码示意图

其中 g_i 为每个串内的代表值；l_i 为串的长度。串长 l_i 就是行程长度（Run-Length），简写为 RL，即由字符、采样值或灰度值构成的数据流中各个字符重复出现的字符串的长度。如果给出了形成串的字符、串的长度及串的位置，就能很容易地恢复出原来的数据流。图 4-2(b)所示的图像块可编码为：（4，8）、（5，6）、（6，10）、（7，4）、（8，4）、（9，6）、（A，12）、（B，5）、（C，3）。RL 的基本结构如图 4-3 所示。

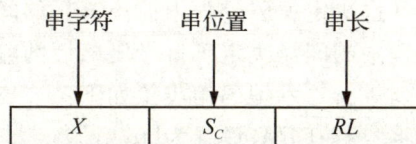

图 4-3　RL 基本结构框图

行程编码可以分为定长和变长行程编码两种方式。定长行程编码是指编码的行程所使用位数是固定的，即 RL 位数是固定的。若灰度值连续相同的个数超过了固定位数所能表示的最大值,则超过部分进行下一轮行程编码。变长行程编码是指对不同范围的行程用不同位数的编码,即表示 RL 的位数是不固定的。

行程编码一般不直接用于多灰度图像(彩色图形)中,比较适用于二值图像的编码,如传真图像的编码。因为在二值序列中,只有"0"和"1"两种符号;这些符号的连续出现,就形成了"0"行程 $L(0)$,"1"行程 $L(1)$。"0"行程和"1"行程总是交替出现的。倘若规定二值序列是"0"开始,第一个行程是"0"行程,第二个必为"1"行程,第三个行程又是"0"行程……各行行程长度[$L(0)$,$L(1)$]是随机的,其取值为 1,2,3,…,∞。

定义了行程和行程长度之后,就可以把任何二值序列变换成行程长度的序列,简称行程序列。这一变换是可逆的,一一对应的。

例如,一个二值信源符号序列为:

$$00001100111110001110000011\cdots$$

则可以将其编码为如下行程序列:

$$42253352\cdots$$

若已知二值序列是从"0"开始,则很容易恢复成信源符号序列。

4.2.4 算术编码

通常情况下,哈夫曼编码指定给每个符号一个整数位的编码字。但是,当一个特定的符号 S_i 出现概率很大时(接近于 1.0),这时指定一位来表示该符号是非常浪费的。

算术编码将整条待编码信息当作一个整体。算术编码的基本原理是将要编码的信息表示成实数 0 和 1 之间的一个间隔,取间隔中的一个数来表示信息,消息越长,编码表示它的间隔就越小,表示这一间隔所需的二进制位就越多。

算术编码用到两个基本参数:符号的概率和它的编码间隔。信源符号的概率决定压缩编码的效率,也决定编码过程中信源符号的间隔,而这些间隔包含在 0 到 1 之间。编码过程中的间隔决定了符号压缩后的输出。

对给定信源符号序列进行算术编码的步骤如下:

①编码器在开始时将"当前间隔"设置为[0,1]。

②根据信源符号的概率,将"当前间隔"分为子间隔,每个符号一个子间隔,子间隔大小为信源符号的概率。

③根据信源符号序列,编码器选择子间隔对应于下一个符号,并使它成为新的"当前间隔",编码器将这个新的"当前间隔"分为子间隔,子间隔的大小与

下一个符号的概率成比例。

④重复此步骤③，直到符号序列的最后一位，消息的编码输出可以是最后一个间隔中的任意数。

假设信源符号为{A，B，C，D}，这些符号的概率分别为{0.1，0.4，0.2，0.3}，根据这些概率可把间隔[0，1]分成 4 个子间隔：[0，0.1]、[0.1，0.5]、[0.5，0.7]、[0.7，1]，上面的信息列在表 4-3 中。

表 4-3　信源符号的概率及初始编码间隔

信源符号	A	B	C	D
概率	0.1	0.4	0.2	0.3
初始编码间隔	[0，0.1)	[0.1，0.5)	[0.5，0.7)	[0.7，1]

如果输入的信源符号序列为：CADACDB，那么编码时首先输入的符号是 C，找到它的编码范围是[0.5，0.7]。由于消息中第二个符号 A 的编码范围是[0，0.1)，因此它的间隔就取[0.5，0.7]中的第一个 1/10 作为新间隔[0.5，0.52]。以此类推，编码第 3 个符号 D 时取新间隔为[0.514，0.52]，编码第 4 个符号 A 时，取新间隔为[0.514，0.5146]，……。消息的编码输出可以是最后一个间隔中的任意数。整个编码过程如图 4-4 所示。

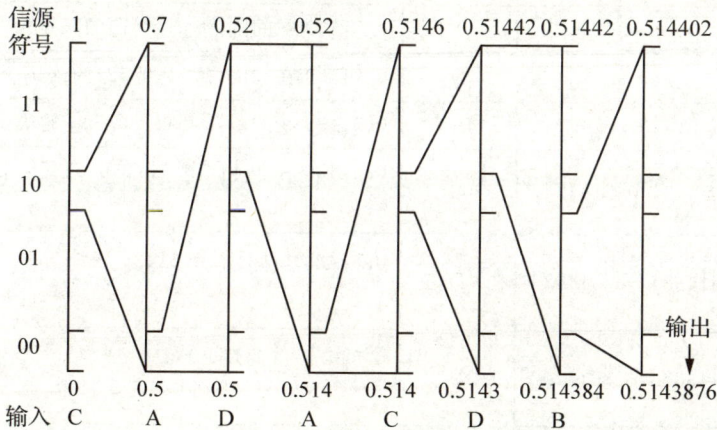

图 4-4　算术编码过程举例

这个例子的编码和解码的全过程分别表示在表 4-4 和表 4-5 中。

表 4-4   字符串 CADACDB 算术编码的编码过程

步骤	输入符号	编码间隔	编码说明
1	C	[0.5，0.7]	符号的间隔范围[0.5，0.7]
2	A	[0.5，0.52]	[0.5，0.7]间隔的第 1 个 1/10
3	D	[0.514，0.52]	[0.5，0.52]间隔的最后 3 个 1/10
4	A	[0.514，0.5146]	[0.514，0.52]间隔的第 1 个 1/10
5	C	[0.5143，0.51442]	[0.514，0.5146]间隔从第 5 个 1/10 开始的 2 个 1/10
6	D	[0.514384，0.51442]	[0.5143，0.51442]间隔的最后 3 个 1/10
7	B	[0.5143876，0.514402]	[0.514384，0.51442]间隔从第 1 个 1/10 开始的 4 个 1/10
8	从[0.5143876，0.514402]中选择一个数作为输出：0.5143876		

表 4-5   字符串 CADACDB 基本编码的解码过程

步骤	间隔	译码符号	解码说明
1	[0.5，0.7]	C	0.51439 在间隔[0.5，0.7)
2	[0.5，0.52]	A	0.51439 在间隔[0.5，0.7)的第 1 个 1/10
3	[0.514，0.52]	D	0.51439 在间隔[0.5，0.52)的第 7 个 1/10
4	[0.514，0.5146]	A	0.51439 在间隔[0.514，0.52]的第 1 个 1/10
5	[0.5143，0.51442]	C	0.51439 在间隔[0.514，0.5146]的第 5 个 1/10
6	[0.514384，0.51442]	D	0.51439 在间隔[0.5143，0.51442]的第 7 个 1/10
7	[0.5143876，0.514402]	B	0.51439 在间隔[0.514384，0.51442]的第 1 个 1/10
8	译码的消息：C A D A C D B		

　　在上面的例子中，我们假定编码器和译码器都知道消息的长度，因此译码器的译码过程不会无限制地运行下去。实际上在译码器中需要添加一个专门的终止符，当译码器看到终止符时就停止译码。

算术编码的特点：

①算术编码有基于概率统计的固定模式，也有相对灵活的自适应模式。所谓自适应模式的工作方式是：为各个符号设定相同的概率初始值，然后根据出现的符号做相应的改变。自适应模式适用于不进行概率统计的场合。

②当信源符号的出现概率接近时，算术编码的效率高于哈夫曼编码。

③算术编码的实现过程比哈夫曼编码复杂，但在图像测试中表明，算术编码效率比哈夫曼编码效率高 5% 左右。

4.3 预测编码

4.3.1 预测编码概述

预测编码是一种经典的数据压缩技术，在语音和音频压缩、视频压缩以及图像压缩中应用十分广泛。预测编码是根据离散信号之间存在着一定关联性的特点，利用前面一个或多个信号预测下一个信号，然后对实际值和预测值的差（预测误差）进行编码。如果预测比较准确，误差就会很小。在同等精度要求的条件下，就可以用比较少的比特进行编码，达到压缩数据的目的。

既然是预测，那么预测值与已知的信号值之间应该存在一定的函数关系，可以用一个数学模型表示。但实际上这样的函数关系或数学模型是很难找到的，因此，只能采取一个预测器来近似预测下一个样值，允许有些误差。

一般来说，预测器通常设计为利用前面已知的离散信号序列中的若干个（而不是全部）信号作为依据来预测下一个信号样值的。预测的函数关系有线性的，也有非线性的，但通常使用的是线性关系，称之为线性预测。线性预测的基本方法就是：已知实际样值和预测样值之间的误差函数和一个时序的采样离散信号序列，利用预测值与采样离散信号序列中每一个信号的线性关系，求出一组加权系数因子，使得建立在这组加权系数因子上的线性预测能使误差函数最小。通常使用的误差函数用均方误差（MSE）表示：

$$MSE = E[(S_0 - \hat{S}_0)^2]$$

其中：E 是数学模型；

S_0 是下一个采样值的实际值；

$\hat{S}_0$ 是下一个采样值的预测值。

以上误差函数形式不是唯一的，根据不同情况可以使用其他误差函数来表示。

预测编码中典型的压缩算法有 DPCM、ADPCM 等，它们适合于声音、图像数据的压缩。因为这些数据经采样后，相邻样值之间的差不会相差很大，适合于利用预测编码的方法进行数据压缩。下面两小节分别介绍这两种算法。

4.3.2 DPCM 编码

DPCM 系统是根据预测编码原理设计的，它由压缩、解压缩两部分组成。DPCM 系统的基本工作原理是：在压缩时，先将原始的模拟信号经过时间采样得到实际的采样值，然后，采样值与一个预测器产生的预测值进行比较，将它们之间的差值进行量化编码，从而达到压缩数据的目的。在解压缩时，将解码得到的已经量化的差值与一个预测器产生的预测值相加，差生近似的原始信号，基本恢复原始数据。这里一般认为，DPCM 系统的压缩和解压缩时遇到的预测器是相同的。DPCM 系统的基本原理框图如图 4-5 所示。

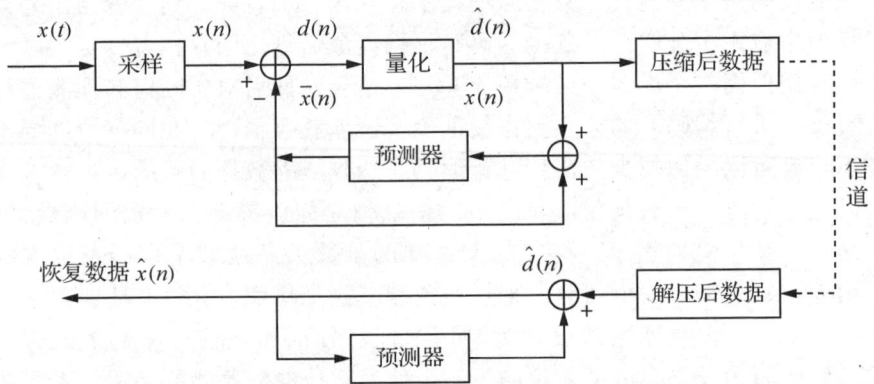

图 4-5　DPCM 系统框图

图中：$x(t)$ 为如图像或声音等基于时间的模拟数据；

$x(n)$ 为采样的诸如图像或声音实际样值；

$\bar{x}(n)$ 为 $x(n)$ 的预测值；

$d(n) = x(n) - \bar{x}(n)$ 为实际值和预测值的差值；

$\hat{d}(n)$ 为 $d(n)$ 的量化值；而 $\hat{x}(n)$ 是引入了量化误差的 $x(n)$。

下面举个简单的例子来说明 DPCM 系统的基本工作原理。这是一个单位延迟的 DPCM 系统的例子，系统框图如图 4-6 所示。

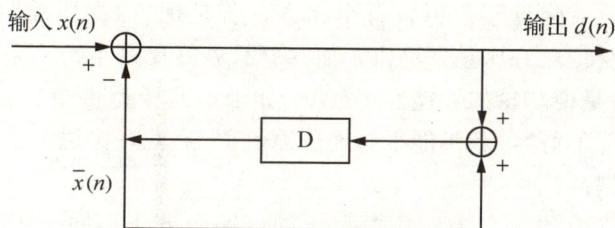

图 4-6　单位延迟的 DPCM 系统

在图 4-6 中，系统中的预测器被设定为一个延迟器，即预测器的预测值是前一个采样值（如图中的 D 表示单位延迟）。若假定系统中差值不需要量化，这样，DPCM 系统在输入一个序列｛0121123344…｝时，则编码过程如下：

$$
\begin{array}{lllllllllll}
x(n) & 0 & 1 & 2 & 1 & 1 & 2 & 3 & 3 & 4 & 4 & \cdots \\
\bar{x}(n) & 0 & 0 & 1 & 2 & 1 & 1 & 2 & 3 & 3 & 4 & \cdots \\
d(n) & 0 & 1 & 1 & -1 & 0 & 1 & 1 & 0 & 1 & 0 & \cdots
\end{array}
$$

在以上过程中，对 $x(n)$ 和 $d(n)$ 进行比较可知：DPCM 系统的输出 $d(n)$ 的幅度变小了，这就意味着可以用较少的比特数进行编码，由此压缩了数据。另外，从分析以上结果还可以看出，在输入数据相邻值之间的差别不是很大的条件下，输出的数据幅度变小，说明单位延迟的 DPCM 系统能够达到数据压缩的目的。

当然，上例中的 DPCM 系统中的预测器和量化器比较简单。在实际应用中，DPCM 系统的预测器和量化器的设计是关键，直接影响到系统的性能，因此，必须对系统的预测器和量化器进行最优化设计。在对 DPCM 系统进行最优化设计时，一般应从以下几个方面加以考虑：

①要注意 DPCM 的压缩编码原理和条件。由上例可以看出，DPCM 系统进行数据压缩时，利用了离散信号之间的关联性，且数据变化比较平稳。

②DPCM 压缩编码过程。一般说来，数据压缩过程可用公式表示为：

$$数据压缩＝建模＋编码$$

对如图 4-6 所示的 DPCM 系统而言，设计量化器和预测器的过程，就是"建模"和"编码"的过程。其中，模型已经给定，关键是根据这一给定的模型设计有关部件，并进行编码。

③要注意建模与编码之间的关系。建模是关键和基础，而编码是保证和手段，数据压缩才是最终目的。为了更好地压缩数据，往往需要选择能用高概率预测符号的模型。根据信息论原理，具有高概率的符号其信息容量低，并且所需的编码位较少，这是因为编码位＝$-\log_2$（概率），所以如果概率提高的话，

则相应的编码位就降低了。可以打个比方，若是把"数据压缩"比喻成一辆汽车，那么，"建模"就好比是发动机，而"编码"就好比是车轮。无论编码程序多么高效率（也就是说车轮的性能有多好），如果没有模型供给它良好的概率（相当于发动机性能不好），就不能很好地压缩数据（这就好比说车子的整体性能不能得到很好的提高）。

模型的建立有很多种方法。模型不同，编码方法不同，压缩效果也就不同。所有的模型都可以使用相同的编码过程来产生它们的输出。而根据给定的模型，也可以有多种不同的编码方法。应根据不同的模型，从中寻求相应的最佳编码方法，以求达到最佳的压缩效果。

④在 DPCM 系统的准最佳设计中，有两个部件需要考虑最佳化设计：量化器、预测器。从理论上说，应该用线性或非线性技术使量化器和预测器同时达到最佳。但实际上，这是不容易做到的。因此，DPCM 系统设计时，只能采用准最佳设计，即在设计量化器时，不考虑预测器的影响，而在设计预测器时，也不考虑量化器的影响。在 DPCM 系统中，预测器设计极为重要。预测愈精确（高概率预测符号），预测值越接近实际值，误差值就越小，对误差值量化位就越小。则所需要的编码位也就越少，这就达到了数据压缩目的。即：

预测误差小→数据量小→量化位小→需要较少的编码位→数据压缩

4.3.3　ADPCM 编码

ADPCM 是指 DPCM 系统中量化或预测的方法是自适应的。实现自适应量化最常用的方法就是根据信号分布不均匀的特点，自适应地改变量化器输出动态范围及量化器判决电平（即量化器步长）。而实现自适应预测的方法则比较复杂，通常是先根据信源特性求得多组预测参数，然后将信源数据分区间编码，编码时自动选择一组预测参数，使该取间实际值与预测值的均方误差最小，并随着编码区间的不同，预测参数自适应选择预测参数，以求达到最佳预测。

采用自适应差分脉码调制技术可以减少倾斜过载产生的误差。所谓倾斜过载，就是通常情况下，在 DPCM 系统中，差值位只表示整个样值范围的一部分。若相邻值发生全范围变化，如像点由白色变成黑色，这时 DPCM 系统会过载，因为每个差值像点仅表示整个幅值范围的一部分，系统要用许多像点才能使输出为全黑，这种效果称为倾斜过载，它会涂抹图像中的高亮度边缘部分。即：

白→灰白→深灰→黑

如果原始图像的轮廓边缘两边黑白分明，用 DPCM 方法压缩图像时，往往会出现这种过载现象，此时，其压缩和恢复效果不理想。如果知道要发生从白到黑的变化，我们可以首先增大步长，当发生从白到黑的变化时，差异位即可表示整个变化范围。完成这一步后，调整电路又可缩小步长。这一措施虽可减少因倾斜过载引起的涂抹，但却产生了另外一种负面效果，即增加了边缘量化现象——在高度边产生了量化噪声。若想利用差分脉码调制或自适应脉码调制达到 2∶1 以上的压缩比时，倾斜过载或边缘量化现象会显得非常突出，这是一个致命的弱点。另外，自适应脉码调制采用的是可变步长。如果使解压缩系统知道何时采用何种步长，这个信息必须以某种形式编入压缩后的位流中。

自适应差分脉码调制在语音压缩中有很好的应用，在电信语音信号的标准脉码调制中，用来计算两个连续话音取样之间的差异，并采用自适应滤波器进行编码，从而以低于标准 64Kb/s 技术的速率进行传输，是一种性能较好的语音编码方法。一般情况下，ADPCM 对语言信号进行压缩编码时，每秒进行 8000 次采样，每个采样值用 3 位或 4 位来描述，代表两个相邻采样值之间的差异，从而能使模拟语音对话在 32Kb 的数字信道内传输。因此，许多语音处理使用的 ADPCM 允许语音信号编码所用的空间是 PCM 的一半。

4.4　变换编码

4.4.1　变换编码的基本概念

变换编码是指先对信号进行某种函数变换，从一种域（空间）变换到另一种域（空间），再对变换后的信号进行编码处理。

变换编码的基本思想是利用变换方法（如离散余弦变换 DCT）先改变表示图像的模式（如 RGB 模式→YUV 模式），再对变换得到的变换基信号进行量化取整和编码的技术。变换编码不直接对原始的空域信号（基于空间的视频信号）进行编码，而是首先将空域信号映射到另一个正交矢量空间（如以可见光频率表示的图像频域空间），经过这样的变换后，将得到一批变换系数（即基信号），再对这些系数进行编码的技术。在这个变换过程中，常用的正交变换是最佳正交变换——K-L 变换和次最优正交变换——DCT 两种。尤其是离散余弦变换 DCT，在近年来被广泛应用于数字图像处理和视频压缩编码技术中。

以声音、图像为例，由于声音、图像大部分信号都是低频信号，在频率域中信号的能量较集中，变换后的大多数系数都很小，这些系数可较粗地量化或完全忽略掉而只产生很少的失真，故将空间域信号变换到频率域，再对其进行采样、编码，便可以达到压缩数据的目的。

图 4-7 给出了一个典型的变换编码系统框图。编码部分由下面 4 个操作模块构成：

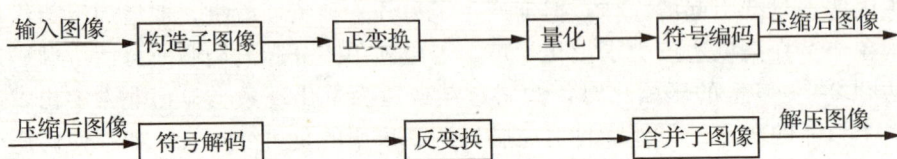

输入图像 → 构造子图像 → 正变换 → 量化 → 符号编码 → 压缩后图像

压缩后图像 → 符号解码 → 反变换 → 合并子图像 → 解压图像

图 4-7　典型的变换编码系统框图

①构造子图像。构造子图像是将一幅图像分解成若干个分辨率为 8×8 或 16×16 的子图像。

②变换。对子图像应用某种函数进行变换，对子图像进行变换的目的是解除每个图像内部像素之间的相关性或将尽可能多的信息集中到较少的变换系数上。

③量化。量化步骤有选择地消除或较粗糙地量化携带信息最少的系数，因为这些系数对重建子图像质量的影响最少。

④符号编码。一般使用熵编码方法对量化后的系数进行编码。

解码部分是编辑部分的逆过程。因为量化过程是不可逆的，所以解码部分可以没有与其对应的模块。

需要注意的是，变换编码中对图像数据的压缩并不是在变换步骤取得的，而是在量化变换后的系数取得的。对一个给定的编码应用，如何选择变换取决于可容许的重建误差和计算量要求。

4.4.2　离散余弦编码

离散余弦变换 DCT(Discrete Cosine Transform)是一种被广泛应用的变换编码技术，算法简单，实现成本低。近年来结构有规律以及易于并行的 DCT 算法已经能够用专用 IC 或微码实现，因而，DCT 在图像编码中的作用和地位愈加显得重要。

1. 一维离散余弦变换(1D-DCT)

一维 DCT 的变换矩阵为：

$$A = \sqrt{\frac{2}{M}} \left[c(k) \cos \frac{(2m+1)kx}{2M} \right]_{M \times M}, \quad k(行)、m(列) = 0, 1, \cdots, M-1$$

$$(4.4.1)$$

式中：

$$c(k)=\begin{cases} \dfrac{1}{\sqrt{2}}, & k=0 \\ 1, & k=1,\ 2,\ \cdots,\ M-1 \end{cases} \tag{4.4.2}$$

若设输入信号样值序列为：

$$X=\{x(0),\ x(1),\ \cdots,\ x(M-1)\}$$

则其一维 DCT 为：

$$Y=AX \tag{4.4.3a}$$

A 是一个正交矩阵，不过是个不对称矩阵。

2. 一维离散余弦反变换(1D-IDCT)

一维离散余弦反变换矩阵为：

$$A^{-1}=A^{T}$$

$$=\sqrt{\frac{2}{M}}\left[c(k)\cos\frac{(2m+1)kx}{2M}\right]_{M\times N},\ m(行)、k(列)=0,\ 1,\ \cdots,\ M-1$$

$$\tag{4.4.4}$$

此处的反变换(IDCT)矩阵与变换矩阵式(4.4.3a)在形式上完全相同，只是其行、列序号要互换。一维离散余弦反变换(IDCT)表示式为：

$$X=AY \tag{4.4.5a}$$

DCT 的表示式(4.4.3a)和 IDCT 的表示式(4.4.5a)可以写为一维求和的形式，其表示式分别如下：

$$Y(k)=\sqrt{\frac{2}{M}}c(k)\sum_{m=0}^{M-1}x(m)\cos\frac{(2m+1)k\pi}{2M},\ k=0,\ 1,\ \cdots,\ M-1$$

$$\tag{4.4.3b}$$

$$X(m)=\sqrt{\frac{2}{M}}\sum_{k=0}^{M-1}c(k)X(k)\cos\frac{(2m+1)k\pi}{2M},\ m=0,\ 1,\ \cdots,\ M-1$$

$$\tag{4.4.5b}$$

3. 二维离散余弦变换(2D-DCT)

数字图像的空间表示形式 $X(m,\ n)$ 可以看作是一个 $M\times N$ 矩阵，通过二维离散余弦变换就可以将图像从空间域(mm 平面)变换到 DCT 域(亦即 kl 平面)。以求和形式表示的二维离散余弦变换的表示式为：

$$Y(k,\ l)=\frac{2}{\sqrt{MN}}c(k)c(l)\sum_{m=0}^{M-1}\sum_{n=0}^{N-1}x(m,\ n)\cos\frac{(2m+1)k\pi}{2M}\cos\frac{(2n+1)k\pi}{2N}$$

$$=\sqrt{\frac{2}{M}}c(k)\sum_{m=0}^{M-1}\left[\sqrt{\frac{2}{N}}c(k)\sum_{n=0}^{N-1}x(m,\ n)\cos\frac{(2n+1)l\pi}{2N}\right]\cos\frac{(2m+1)k\pi}{2M}$$

$$k=0,\ 1,\ \cdots,\ M-1;\ l=0,\ 1,\ \cdots,\ N-1. \tag{4.4.6a}$$

由表示式(4.4.6a)可见，二维离散余弦变换可以分解为两个一维离散余弦变换，即可以先以 n 为变量，对 $X(m,n)$ 进行逐行一维离散余弦变换，得到一种中间结果 $X(m,l)$；然后再对中间结果以 m 为变量逐行进行第二次一维离散余弦变换，得到最后的变换结果 $X(k,l)$。所以能够这样做的原因，是因为在式(4.4.6a)中的 DCT 的变换核可以表示为：

$$g(m,\ n;\ k,\ l)=c(k)c(l)\cos\frac{(2m+1)k\pi}{2M}\cos\frac{(2n+1)l\pi}{2N}$$

$$=u(m,\ k)\cdot v(n,\ l) \tag{4.4.7}$$

这样一来，就可以用矩阵形式来表示式(4.4.6a)的二维离散余弦变换如下：

$$[Y]=A[X]B^{T} \tag{4.4.6b}$$

式中 A 根据式(4.4.1)来定义，是一个 MN 阶 DCT 方阵；B 的结构和式(4.4.4)定义的一维离散余弦反变换矩阵 A^{T} 相同，不过在此处是一个 $N\times N$ 方阵，其表示式为：

$$B^{T}=\sqrt{\frac{2}{N}}\left[c(l)\cos\frac{(2n+1)l\pi}{2N}\right]_{M\times N} \tag{4.4.8}$$

式中：n(行)，m(列)$=0,\ 1,\ \cdots,\ N-1$。

4. 二维离散余弦反变换

二维离散余弦反变换(2D-IDCT)矩阵表示式可以直接由式(4.4.6b)根据正交性原理得到：

$$[X]=A^{T}[X]B \tag{4.4.9a}$$

和式(4.4.6a)相对应的二维离散余弦反变换表示式为：

$$X(m,n)=\frac{2}{\sqrt{MN}}\sum_{k=0}^{M-1}\sum_{l=0}^{N-1}c(k)c(l)X(k,l)\cos\frac{(2m+1)k\pi}{2M}\cos\frac{(2n+1)k\pi}{2N}$$

$$m=0,1,\cdots,M-1;n=0,1,\cdots,N-1 \tag{4.4.9b}$$

可见，二维离散余弦反变换核也同样是可以分解的。

5. 改进的离散余弦变换

正交变换通常是分块进行的，每一块内的变换系数一般又是独立进行量化和编码的，而相邻块之间的量化误差也不一定都是相同的。所以，正交变换在其块的边界处存在有不连续性。这就使得在这些块的边界处有可能产生相当大的幅度差。这就是变换编码的"方块效应"。为了克服"方块效应"的影响，一般是设法重叠相邻块的部分数据样点，然后再进行变换，即首先用本块的 M 个样点和左右两个相邻块的各 $K/2$ 个样点，构成 $M+K$ 个样本，加窗之后做 M

$+K$ 个点的 DCT，得到 $M+K$ 个独立的变换系数；译码恢复以后，再将这 K 个样本叠加，以减少各块间的失真。由于对这 K 个重叠点变换了两次，故而造成 DCT 编码效率降低。为解决这个问题，Prencen 和 Bradly 提出了一种改进的离散余弦变换(MDCT)。现在将其基本原理简述如下。

设输入样值序列为 $x(m)$，首先用一个长度为 $2M$ 的窗函数 $h(m)$ 截取该样值序列的 $2M$ 个样点，然后将截取的 $h(m)x(m)$ 通过 MDCT 变换为：

$$X(k) = \sum_{m=0}^{2M-1} h(m)x(m)\cos\left[\frac{(2k+1)\pi}{2M}(m+m_0)\right], k=0,1,\cdots,M-1$$

(4.4.10a)

式中：$m_0=(M+1)/2$——一个固定的时间偏移。

将窗口移动 M 个样点，继续进行 MDCT 变换，使得在各变换窗口的数据之间有 1/2 的重叠的情况下，把时域数据变换为变换域系数，完成对数据的分析。由于对每一输入样本都进行了两次变换，所以数据量也就扩大了两倍。但是，根据式(4.4.10a)可得：

$$X(k) = -X(2M-1-k)$$ (4.4.11)

所以 $2M$ 个变换系数中只有 M 个是独立的。

6. 改进的离散余弦反变换

改进的离散余弦反变换(IMDCT)的定义为：

$$x(m) = \frac{2}{M}h(m)\sum_{k=0}^{M-1} X(k)\cos\left[\frac{(2k+1)\pi}{2M}(m+m_0)\right], m=0,1,\cdots,M-1$$

(4.4.10b)

需要注意的是，上式中只用 M 个独立的变换系数，不可能表示 M 个数据，所以

$$\hat{x}(m) \neq x(m)$$

只有窗函数 $h(m)$ 满足下述对称性条件：

$$h(i)h(i)+h(i+M)h(i+M)=1$$ (4.4.12)

才可以将变换域的重叠在时域抵消，根据下式求得原始数据：

$$\hat{x}(m) = \hat{x}'(m+M)+\hat{x}(m), \quad m=0,1,\cdots,M-1$$ (4.4.13)

式中：$\hat{x}'(m)$——前一个分块样本的反变换。

有些文献资料根据式(4.4.1)和式(4.4.4)将 MDCT 称为预先调制的滤波器组。MDCT 性能比 DCT 好，也有快速算法，因而在宽频带高音质声频编码以及图像压缩和视频压缩中得到广泛应用。

思考题

1. 什么是数据压缩？数据压缩的主要参数有哪些？数据压缩方法的分类有哪些？

2. 试说明哈夫曼编码的原理及特点。

3. 什么是算术编码？简要说明算术编码的一般方法和过程。

4. 简述预测编码的基本思想。

5. 简述变换编码的基本原理。

第 5 章　音频处理技术

内容结构

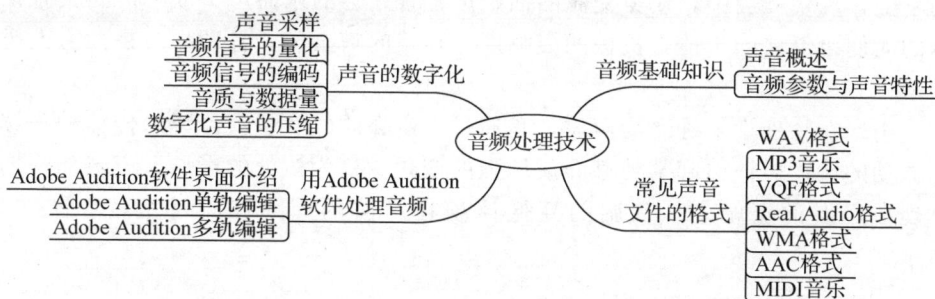

学习目标

1. 知道什么是声波的振幅、周期和频率。

2. 知道什么是采样频率、采样位数、声道数。

3. 认识常见的声音文件格式。

4. 了解音频信号的编码过程。

5. 知道数字化声音的压缩。

6. 掌握 Adobe Audition 的单轨编辑功能。

7. 掌握 Adobe Audition 的多轨编辑功能。

声音是人们传递信息的最方便、最直接的方式，也是多媒体计算机系统中必不可少的组成部分。声音可以使视频图像更具真实感，使静态画面变得更加丰富多彩。声音处理技术是多媒体技术研究的重要内容之一，主要包括模拟声音信号数字化、音频文件存储、传输、播放、数字音效处理等内容。本章主要介绍了声音媒体的相关概念、常见声音文件的格式、声音的数字化过程，以及 Adobe Audition 声音处理软件的使用方法。

5.1　音频基础知识

5.1.1　声音概述

声音是人类感知自然的重要媒介，人类的听觉和视觉同样起到认识自然的重要作用。山林的风声、大海的浪声、农家小院的鸡犬之声是大自然赋予人们的享受，现代社会中，人类交流的话语声、音乐会的乐曲声、歌唱声给紧张忙碌的人们以舒展的心情，机械的轰鸣声、马路的嘈杂声、各种噪声是残害人类的杀手。

声音在物理学上称之为声波，是通过一定介质（如空气、水等）传播的连续的振动的波。声波引起某处某介质压强的变化量称为该处的声压。声音的强弱体现在声波的振幅上，音调的高低体现在声波的周期和频率上，如图 5-1 所示。

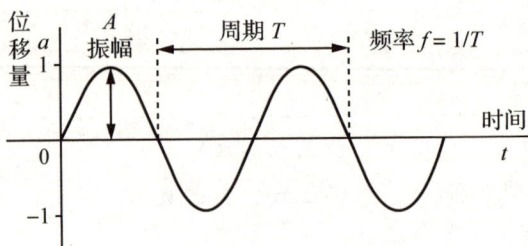

图 5-1　声波的振幅、周期和频率

声波是随时间变化而变化的物理量，它有 3 个重要指标：

①振幅——波的高低幅度，表示声音的强弱；

②周期——两个相邻波之间的时间长度；

③频率——每秒振动的次数，以 Hz 为单位。

从听觉角度看，声音具有音调、音色和响度三个要素。

（1）音调。在物理学中，把声音的高低叫作音调。音调与声音的频率有关，声源振动的频率越高，声音的音调就越高；声源振动的频率越低，声音的音调就越低。通常把音调高的声音叫高音，音调低的声音叫低音。

（2）音色。标示人耳对声音音质的感觉，又称音品，与频率有关。一定频率的纯音不存在音色问题，音色是复音主观属性的反映。音色是在听觉上区别具有同样响度和音调的两个声音所不同的特征，声音的音色主要由其谐音的多寡、各谐音的特性(如频率分布、相对强度等)所决定。音乐中泛音越多，听起来就越好听。低音丰富给人们以深沉有力的感觉，高音丰富给人们以活泼愉快的感觉，所以不同的乐器演奏同样的曲子，即使响度和音调相同，听起来也会不一样，胡琴的声音柔韧，笛子的声音清脆，小提琴的声音优美，小号的声音激昂，就是由于它们的音色不同。每个人的声音都有独特的音色，所以我们从电话、广播的声音中辨认出是哪位熟人。

(3)响度。响度即声音的响亮程度，也就是我们通常所说的声音的强弱或大小、重轻与振幅有关，它取决于声波信号的强弱程度，是人耳对声音强弱的主观评价尺度之一。人耳在辨别声音的能力方面，只有在音强适中时才最灵敏。由于人的听觉响应与声音信号强度不是线性关系，因此一般用声音信号幅度取对数后再乘 20 所得值来描述响度，以分贝(dB)为单位，此时成为音量。

通常按照人们听觉的频率范围可将声音分为次声波、超声波和音频三类：

(1)次声波。频率低于 20 Hz 的信号，也称为亚音频。

(2)超声波。频率高于 20 kHz 的信号，也称为超音频。

(3)音频。频率范围是 20 Hz～20 kHz 的声音信号，即在次声波和超声波之间的音频，是人耳听到的声音信号，即属于多媒体音频信息范畴。

5.1.2　音频参数与声音特性

常见的音频参数主要有采样频率、采样位数、声道数、编码算法和数据率及数据文件格式。

1. 采样频率

数码音频系统是通过将声波波形转换成一连串的二进制数据来再现原始声音的，实现这个步骤使用的设备是模/数转换器，它以每秒上万次的速率对声波进行采样，每一次采样都记录下了原始模拟声波在某一时刻的状态，称之为样本。将一串的样本连接起来，就可以描述一段声波了，把每一秒钟所采样的数目称为采样频率或采率，单位为 Hz(赫兹)。采样频率越高所能描述的声波频率就越高。

采样频率是指录音设备在一秒钟内对声音信号的采样次数，采样频率越高声音的还原就越真实越自然。在当今的主流采集卡上，采样频率一般共分为 22.05 kHz、44.1 kHz、48 kHz 三个等级，22.05 kHz 只能达到 FM 广播的声音品质，44.1 kHz 则是理论上的 CD 音质界限，48 kHz 则更加精确一些。对于高于 48 kHz 的采样频率人耳已无法辨别出来了，所以在电脑上没有多少使用价值。

5 kHz 的采样率仅能达到人们讲话的声音质量。

11 kHz 的采样率是播放小段声音的最低标准，是 CD 音质的 1/4。

22 kHz 采样率的声音可以达到 CD 音质的一半，目前大多数网站都选用这样的采样率。

44 kHz 的采样率是标准的 CD 音质，可以达到很好的听觉效果。

2. 采样位数

采样位数可以理解为采集卡处理声音的解析度。这个数值越大，解析度就越高，录制和回放的声音就越真实。我们首先要知道：电脑中的声音文件是用数字 0 和 1 来表示的。所以在电脑上录音的本质就是把模拟声音信号转换成数字信号。反之，在播放时则是把数字信号还原成模拟声音信号输出。采集卡的位是指采集卡在采集和播放声音文件时所使用数字声音信号的二进制位数。采集卡的位客观地反映了数字声音信号对输入声音信号描述的准确程度。8 位代表 $2^8 = 256$，16 位则代表 $2^{16} = 64$ K。比较一下，一段相同的音乐信息，16 位声卡能把它分为 64 K 个精度单位进行处理，而 8 位声卡只能处理 256 个精度单位，造成了较大的信号损失，最终的采样效果自然是无法相提并论的。

如今市面上所有的主流产品都是 16 位的采集卡，而并非有些无知商家所鼓吹的 64 位乃至 128 位，他们将采集卡的复音概念与采样位数概念混淆在了一起。如今功能最为强大的采集卡系列采用的 EMU10K1 芯片虽然号称可以达到 32 位，但是它只是建立在 Direct Sound 加速基础上的一种多音频流技术，其本质还是一块 16 位的声卡。应该说 16 位的采样精度对于电脑多媒体音频而言已经绰绰有余了。

3. 声道数

声卡所支持的声道数是衡量声卡档次的重要指标之一，从单声道到最新的环绕立体声，参见本书第 2 章相关介绍。

4. 编码算法

编码的作用一是采用一定的格式来记录数字数据，二是采用一定的算法来压缩数字数据。压缩编码的基本指标之一就是压缩比：

$$音频数据压缩比 = \frac{压缩后的音频数据量}{压缩前的音频数据量}$$

压缩比通常小于 1。压缩算法包括有损压缩和无损压缩。有损压缩指解压后数据不能完全复原，要丢失一部分信息。压缩比越小，丢掉的信息越多、信号还原后失真越大。根据不同的应用，可以选用不同的压缩编码算法，如 PCM、ADPC、MP3、RA 等。

5. 数据率及数据文件格式

数据率为每秒比特数，它与信息在计算机中的实时传输有直接关系，而其总数据量又与计算机的存储空间有直接关系，因此，数据率是计算机处理时要掌握的基本技术参数，未经压缩的数字音频数据率可按下式计算：

$$数据率＝采样频率（Hz）×量化位数（bit）×声道数（bit/s）$$

用数字音频产生的数据一般以 WAVE 的文件格式存贮，以". WAV"作为文件扩展名。WAV 文件由三部分组成：文件头，标明是 WAVE 文件、文件结构和数据的总字节；数字化参数如采样率、声道数、编码算法等；以及实际波形数据。WAVE 格式是一种 Windows 下通用的数字音频标准，用 Windows 自带的媒体播放器可以播放 WAV 文件。MP3 的应用虽然很看好，但目前还需专门的播放软件，其中较成熟的为 RealPlayer。

5.2　常见声音文件的格式

5.2.1　WAV 格式

WAV 为微软公司开发的一种声音文件格式，也称作波形声音文件，它符合 RIFF（Resource Interchange File Format）文件规范，用于保存 Windows 平台的音频信息资源，被 Windows 平台及其应用程序所广泛支持，该格式也支持 MSADPCM，CCITTALaw 等多种压缩运算法，支持多种音频数字，取样频率和声道，标准格式化的 WAV 文件和 CD 格式一样，也是 44.1K 的取样频率，16 位量化数字，因此在声音文件质量和 CD 相差无几。WAV 打开工具是 Windows 的媒体播放器。WAV 格式对存储空间需求太大，不便于交流和传播。

5.2.2　MP3 音乐

MP3 的全称是 MPEG-1 Layer3 音频文件。MPEG-1 是动态视频压缩标准，其中的声音部分称 MPEG-1 音频层，它根据压缩质量和编码复制程度划分为三层，即 Layer 1、Layer 2 和 Layer 3，分别对应 MP1、MP2 和 MP3 三种声音文件，并且根据不同的用途，使用不同层次的编码。MPEG 音频编码层次越高，对应的编码越复杂，压缩率越高。MP1 的压缩率为 4∶1，MP2 的压缩率为 6∶1～8∶1，而 MP3 的压缩率则高达 10∶1～12∶1，即一分钟 CD 音质的音乐，未经压缩需要 10MB 存储空间，而经过 MP3 压缩编码后只有

1MB 左右。虽然它是一种有损压缩方式，但它以极小的声音失真换取了较高的压缩比，使得 MP3 不仅在因特网上广泛传播，而且可以轻而易举地下载到便携式数字音频设备中播放。

MP3 的突出优点是压缩比高，音质较好，能够以极小的失真换取较高的压缩比。正是因为 MP3 体积小、音质高的特点使得 MP3 格式的音乐在网上非常流行。

5.2.3　VQF 格式

VQF 的音频压缩率比标准的 MPEG 音频压缩率高出近一倍，可以达到 18∶1 左右甚至更高。也就是说把一首 4 分钟的歌曲（WAV 文件）压成 MP3，大约需要 4MB 左右的硬盘空间，而同一首歌曲，如果使用 VQF 音频压缩技术的话，那只需要 2MB 左右的硬盘空间。因此，在音频压缩率方面，VQF 格式是较强的。

VQF 格式最大的优势是可以用低于 MP3 文件大小获得和 MP3 一样的声音质量，但 VQF 到现在还不太普及，主要是支持它的制作、播放软件少，而且制作时间长。比如一个用两分钟就可以压缩成 MP3 的 WAV 音乐文件，压缩成 VQF 文件几乎要用 30 分钟。另外，它的开发公司推广力度不够，所以直到现在，在网络上的 VQF 音乐还不多。

5.2.4　RealAudio 格式

即时播音系统 RealAudio 是 Progressive Networks 公司所开发的软件系统，是一种新型流式音频 Streaming Audio 文件格式。它包含在 RealMedia 中，主要用于在低速的广域网上实时传输音频信息。有了 RealAudio 这套系统一般使用者只要自备多媒体个人电脑、14.4Kb/s 数据机（它最低只占用 14.4Kb/s 的网络频宽）和 PPP 拨接账号，就可以线上点播转播站或是聆听站台所提供的即时播音。

RealAudio 主要适用于网络上的在线播放。现在的 RealAudio 文件格式主要有 RA（RealAudio）、RM（RealMedia，RealAudio G2）、RMX（RealAudio Secured）三种，这些文件的共同性在于随着网络带宽的不同而改变声音的质量，在保证大多数人听到流畅声音的前提下，令带宽较宽敞的听众获得较好的音质。

RealAudio 格式是以牺牲声音质量的方法来达到降低自身大小的，但由于提出了音频流的概念，所以成为现在大多数在线音乐网站、实时网络广播网站普遍使用的格式。另外，如果不计较声音品质，其一首歌曲的文件比 MP3 小一半或者更多。

5.2.5　WMA 格式

WMA(Windows Media Audio)是微软公司推出的与 MP3 格式齐名的一种新的音频格式。WMA 是以减少数据流量但保持音质的方法来达到更高的压缩率目的，WMA 文件在 80Kb/s、44Hz 的模式下压缩比可达 18∶1，基本上和 VQF 相同，生成的文件大小只有相应的 MP3 文件的一半。

WMA 可以用于多种格式的编码文件中。应用程序可以使用 Windows Media Format SDK 进行 WMA 格式的编码和解码。一些常见的支持 WMA 的应用程序包括 Windows Media Player、Windows Media Encoder、RealPlayer、Winamp 等。其他一些平台，例如 Linux 和移动设备中的软硬件也支持此格式。

WMA 格式的特点是，由于 WMA 在压缩比和音质方面都超过了 MP3，更是远胜于 RealAudio，即使在较低的采样频率下也能产生较好的音质。

5.2.6　AAC 格式

AAC(Advanced Audio Coding)称为高级音频编码，出现于 1997 年，由 Fraunhofer IIS、杜比实验室、AT&T、索尼等公司共同开发，是基于 MPEG-2 的音频编码技术。AAC 的音频算法在压缩能力上远远超过了以前的一些压缩算法。它还同时支持多达 48 个音轨、15 个低频音轨、更多种采样率和比特率、多种语言的兼容能力、更高的解码效率。总之，AAC 可以在比 MP3 文件缩小 30％的前提下提供更好的音质。

AAC 的优点：相对于 MP3，AAC 格式的音质更佳，文件更小。

AAC 的不足：AAC 属于有损压缩的格式，与时下流行的 APE、FLAC 等无损格式相比音质存在"本质上"的差距。加之传输速度更快的 USB 3.0 和 16GB 以上大容量 MP3 正在加速普及，也使得 AAC 头上"小巧"的光环不复存在了。

5.2.7　MIDI 音乐

MIDI(Musical Instrument Digital Interface)是乐器数字接口的缩写，泛指数字音乐的国际标准，它是音乐与计算机结合的产物。MIDI 不是把音乐的波形进行数字化采样和编码，而是将数字式电子乐器的弹奏过程记录下来，如按了哪一个键、力度多大、时间多长等。当需要播放这首乐曲时，根据记录的乐谱指令，通过音乐合成器生成音乐声波，经放大后由扬声器播出。

MIDI 电子乐器通过声卡的 MIDI 接口与计算机相连，这样，计算机可通过音序器软件来采集 MIDI 电子乐器发出的一系列指令，这一系列指令可记录到以".MID"为扩展名的 MIDI 文件中，在计算机上音序器可对 MIDI 文件进行编辑和修改，最后，将 MIDI 指令送往音乐合成器，由合成器将 MIDI 指令符号进行解释并产生波形，然后通过声音发生器送往扬声器播放出来。

在计算机上 MIDI 音乐的产生过程可以用下面框图表示。

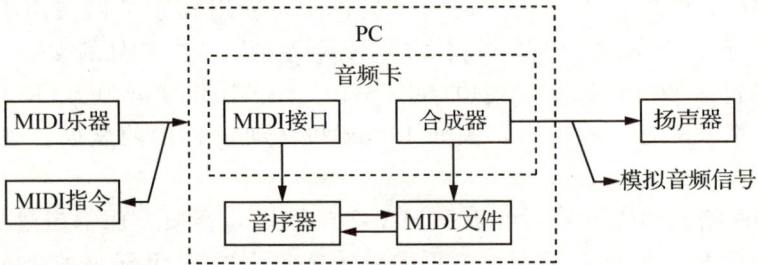

图 5-2　MIDI 音乐的产生过程

通过合成器产生 MIDI 音乐的方式有两种：FM（Frequency Modulation）合成和波形表（Wavetable）合成。

（1）FM 频率调制合成。通过硬件产生正弦信号，再经处理合成音乐。合成的方式是将波形组合在一起，理论上可以有无限多组波形，但实际上做不到。其泛音的合成与模拟比较困难，实际的质量不高。

（2）波形表合成。其原理是在 ROM 中已存储各种实际乐器的声音采样，需要时，调用相应的声音采样合成该乐器的乐音。ROM 的容量越大，合成效果越好，价格也越贵。

5.3　声音的数字化

由于音频信号是一种连续变化的模拟信号，而计算机只能处理和记录二进制的数字信号，因此，由自然音源而得的音频信号必须经过一定的变化和处理，变成二进制数据后才能送到计算机进行再编辑和存贮。

在数字音频技术中，把采样得到的表示声音强弱的模拟电压用数字表示。模拟电压的幅值即便在某一电平范围内，仍然可以有无穷多个，而用数字表示音频幅度时，只能把无穷多个电压幅度用有限个数字表示，即把某一幅度范围内的电压用一个数字表示，这称之为量化。数字音频是通过采样和量化把模拟量表示的音频信号转换成由许多二进制数 1 和 0 组成的数字音频文件。采样和量化过程所用的主要硬件是模拟到数字的转换器。

在多媒体技术中，信息处理的硬件都是数字硬件或数字计算机，因此音频信息进入系统必须进行数字化处理。数字音频的特点是保真度好，动态范围大。模拟声音在时间上是连续的，而数字音频是一个数据序列，因此当把模拟声音变成数字声音时，需要进行数字化处理，这一过程通常包括采样、量化和编码。

5.3.1　声音采样

采样就是使音频信号在时间轴上离散化，每隔一个时间间隔在模拟声音波形上取一个幅度值，采样的时间间隔称之为采样周期。根据采样定理，只要采样频率等于或大于音频信号中最高频率成分的两倍，信息量就不会丢失，也就是说可以由采样后的离散信号不失真地重建原始连续的模拟音频信号，否则就会产生不同程度的失真。因此采样频率的选择是音频信息数字化的关键技术之一。多媒体技术中通常选用三种音频采样频率：11.025 kHz、22.05 kHz 和 44.1 kHz。一般在允许失真条件下，尽可能将采样频率选低些，以免占用太多的数据量。

5.3.2　音频信号的量化

量化是对采样后的离散音频信号幅值样本进行离散化处理，也就是将每一个样本归入预先编排的量化级上，若是量化级等间隔排列称为均匀量化，否则称为非均匀量化。若按样本概率分布进行非均匀量化可使量化均方误差最小，也称其为最佳量化。不难看出，不管采用什么方法，量化等级取多大，信号在量化过程中总是存在误差，称其为量化噪声。量化等级越多，误差越小，但占用的数据量也就越多。也就是说，提高信噪比和占用数据量是相互矛盾的，这就要求系统的设计者或使用者权衡利弊。

5.3.3　音频信号的编码

自然界中的声音非常复杂，波形极其复杂，通常我们采用的是脉冲编码调制 PCM(Pulse Code Modulation)，它是一种模数转换的最基本编码方法。编码的过程首先用一组脉冲采样时钟信号与输入的模拟音频信号相乘，相乘的结果即输入信号在时间轴上的数字化，然后对采样以后的信号幅值进行量化。最简单的量化方法是均衡量化，这个量化的过程由量化器来完成。对经量化器A/D 变换后的信号再进行编码，即把量化的信号电平转换成二进制码组，就得到了离散的二进制输出数据序列 $x(n)$，n 表示量化的时间序列，$x(n)$ 的值就是 n 时刻量化后的幅值，以二进制的形式表示和记录。CD-DA 就是采用的这种编码方式。

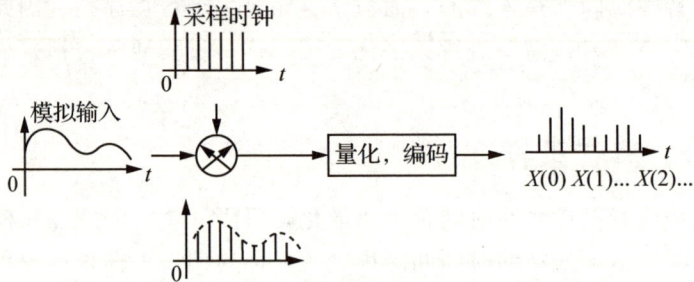

图 5-3　脉冲编码调制 PCM 的原理

利用脉冲编码调制 PCM 的原理可知，把模拟信号转换成数字信号的过程称为模/数转换，它主要包括：

采样：在时间轴上对信号数字化；

量化：在幅度轴上对信号数字化；

编码：按一定格式记录采样和量化后的数字数据。

5.3.4　音质与数据量

数字化声音的数据量是由采样频率、量化精度、声道数和声音持续时间所决定的，它们与声音的数据量是成比例关系，其数据量计算方式为：

数据量(Byte)＝(采样频率×量化精度×声道数×声音持续时间)/8

下面以 CD 格式声音文件为例，假设它的采样频率为 44.1 kHz，量化精度为 16bit，立体声(两个声道)，那么每秒钟的数据量为：

(采样频率×量化精度×声道数×声音持续时间)/8

＝(44.1 kHz×16bit×2×1s)/8

＝0.176Mb/s

由此可知，一个小时 CD 格式的音乐需要 635MB 的存储空间。

如果使用的是 5.1 声道时，此时每秒钟的数据量为：

(采样频率×量化精度×声道数×声音持续时间)/8

$=(44.1\text{kHz}\times16\text{bit}\times5.1\times1\text{s})/8$

$=0.45\text{Mb/s}$

同样一个小时的多声道格式的音乐需要 1.62GB 的存储空间，远远大于 CD 的容量。

由计算结果看出，音频文件的数据量比较大，在存储和传输时，为了节省存储空间，通常采用两种方式进行声音处理。一种是在保证基本音质的前提下，采用稍微低一些的采样频率。一般而言，在要求不高的场合，人的语音采用 11.025kHz 的采样频率、8bit、单声道已经足够；如果是乐曲，22.05kHz 的采样频率、8bit、立体声形式已能满足一般播放场合的需要。另一种是采用数据压缩的方法，在降低数据量的同时保证较高的音质，这也是人们经常使用的方式。

5.3.5　数字化声音的压缩

一般语音信号的动态范围和频响比较小，采用 8kHz 取样，每样值用 8bit 表示，现在的语音压缩技术可把码率从原来的 64Kb/s 压缩到 4Kb/s 左右。多媒体通信中的声音要比语音复杂得多，它的动态范围可达 100dB，频响范围可达 20Hz～20kHz，因此，声音数字化后的信息量也非常大，例如把 6 声道环绕立体声数字化，按每声道取样频率 48kHz，每样值 18bits 表示，则数字化后的数据码率为 $6\times48\text{kHz}\times18\text{bits}=5.184\text{Mbit/s}$，即使是两声道立体声，数字化后码率也达到 1.5Mb/s 左右，而电视图像信号数字压缩后码率大约为 1.5Mb/s ～10Mb/s，因此，相对而言声音未经数字压缩的码率就太高了，为了更有效地利用宝贵的信道资源，必须对声音进行数字压缩编码。

由于有必要确定一套通用的视频和声音编码方案，国际标准化组织 ISO（International Organization for Standardization）和国际电子学委员会 IEC（International Electronics Committee）标准组织成立了 MPEG 活动图像专家组。该小组负责比较和评估几种低码速率数字声音编码技术，以产生一套国际标准，用于活动图像、相关声音信息及其结合，和用数字存储媒体（DSM）存储与重现。MPEG 针对的 DSM 包括 CD-ROM、DAT、磁光盘和电脑磁盘。基于 MPEG 的压缩技术还将用于多种通信信道，如 ISDN、局域网和广播。低于 1.5Mbit/s 的用于数字存储媒体的活动图像和相关声音之国际标准 ISO/IEC（MPEG-1）于 1992 年 11 月完成。MPEG-2 声音编码标准是对 MPEG-1 后向兼容的支持二至五声道的后继版本。

1. MPEG-1 声音标准

从 1988 年开始，视频和相应声音的压缩技术标准已开始制定，MPEG 标准的核心是用于 DSM 的视频和声音编码。声音小组负责产生具有 32Hz、44.1Hz 或 48kHz 抽样频率，输出码率 32～192b/s，每单声道 64～384b/s 每立体声双声道的 PCM 声音信号的编码标准。MPEG 小组根据征寻到的声音压缩算法的相似性，将它们分为四组，分别是自适应频谱心理声学熵编码 ASPEC（Adaptive Spectral Perceptual Entropy Coding）、自适应变换声音编码 ATAC（Adaptive Transform Audio Coding）、掩蔽型自适应子带编码和复用 MUSICAM（Masking-pattern adapted Universal Subband Integrated Coding And Multiplexing）以及子带/自适应差分脉冲编码 SB/ADPCM。

由于 ASPEC 和 MUSICAM 组的主观评价几乎相同，而且整体表现的评价也较接近，ASPEC 尤其在低码率（64Kbit/s）时，声音质量略好些，而 MU-SICAM 在实现的复杂性和解码延时方面略优些，因此，MPEG 标准化委员会决定制定一套结合 ASPEC 和 MUSICAM 的声音编码草案，MUSICAM 将作为基础用于低复杂程度的第一层，以后算法逐步提高的各层则会结合进 ASPEC 的优点，所以，确定了一个三层的编码算法，称为 Layer1、Layer2、Layer3。

（1）听觉声音编码系统的基本结构

图 5-4 是一个使用听觉标准的通用声音编码系统的基本结构。

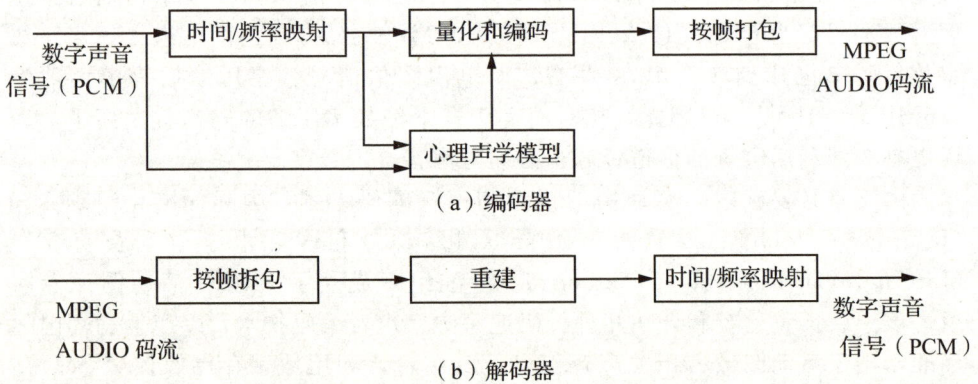

（a）编码器

（b）解码器

图 5-4　MPEG/AUDIO 编解码器基本框架

时间/频率映射（滤波器组）用以将输入的信号转化为亚取样的频谱分量。依所使用的滤波器组，所得结果（频率分量）被称作子带值或频率线。

利用滤波器组或并行变换的输出，并根据心理声学模型求出时变的掩蔽门限估值。

按照量化噪声不超过掩蔽门限的原则，将子带值（或频率线）量化、编码，以使量化噪声不可闻。这一过程因算法不同而不同，复杂性随分析/综合系统的变化而变化。

按帧打包用于组成码流。它一般包括量化和编码映射后的样值以及一些边信息(如比特分配信息等)。

按照是低频率分辨率和高时间分辨率，或者是高频率分辨率和低时间分辨率，系统通常称为子带编码器或变换编码器。

(2)滤波器组

下面列出了用于高质量声音信号编码的最常见的滤波器组的简要概述：

QMF-Tree 滤波器组：在不同的频率有不同的频率分辨率。典型的 QMF-Tree 滤波器组有 4～24 个通带，计算复杂度很高。

多相滤波器组：这是一组等间距的滤波器组，结合 QMF-Tree 滤波器组的设计灵活性和低计算复杂度，该原型滤波器既有良好的频率分析力(超过 96dB 的截止衰减)又能很好地控制时域特性。

加正弦锥型窗的 DFT、DCT：这是声音信号变换编码中使用的第一个变换算法。它用低计算复杂度实现了 128～512 个等间距的滤波器组。它没有提供临界抽样，即时间/频率的变换分量的数目大于一块里的时域样值数，缺点是可能产生块效应。

修正离散余弦变换 MDCT：该变换结合了临界取样，具有良好频率分辨性(正弦窗)和类 FFT 快速算法的高效性。通常使用 128～512 个等间距通带。

混合结构(如多相和 MDCT)：使用混合结构既可在不同频率获得不同的频率分辨率，实现时又只有适当的复杂性。第三层就使用了包括多相滤波器与 MDCT 的混合结构。

在理论上 MDCT 和多相滤波器属于同一类时间/频率映射机制，称作重叠正交变换。

(3)通用编码概念

考虑到许多不同的应用，可以构造一个通用的编码系统。根据不同的应用需要，选用性能和复杂性不同的系统编码层。由于使用了比例因子技术，MPEG 音频技术能处理的动态范围大大超过了现存的 CD、DAT，即传统的 16 位 PCM。

在所有三层中声音信号都要从时域变换到频域。此变换由一个 32 个子带的多相滤波器组完成。对于 Layer1 和 Layer2，滤波器组生成代表输入声音码流的 32 个子带变换值，然后由心理声学模型推算出自适应比特分配信息，来控制它们的量化和编码。

Layer1 是 MUSICAM 编码方案的简化版本，特别适合家庭数字磁带录音、温彻斯特盘、或磁光盘，即那些不要求很低码率的应用。

Layer2 在比例因子、去除冗余和不相关方面采用了进一步的压缩算法，并使用了更精确的量化。除了帧头外，Layer2 和 MUSICAM 系统几乎是相同的。这个帧头是在 MPEG 音频发展过程中加入到 MUSICAM 帧头中的。Layer2 在声音广播、电视、录音、通信和多媒体等民用和音频专业领域都有许多应用。

Layer3 是 ASPEC 中最高效部分和 MUSICAM 系统的结合。混合滤波器组提供了更高的频率分辨力。通过对每个子带中 18 个子带样值进行线性变换，每个子带被进一步分成了高分辨率的频谱线。在 Layer3 中，采用了非均匀量化、自适应分段、量化值熵编码，以提高编码效率。这一层广泛适用于通信领域，尤其是窄带的 ISDN 和要求很低码率的专业领域。

联合立体声编码可作为附加特性加到任一层中。这项技术利用了一般立体声节目中的冗余度和不相关性，可用来提高低码率时的声音质量或降低立体声信号的码率，而同时只附加很少的编码复杂度、微乎其微的解码复杂度，并且不增加编解码总体时延。

2. Layer1、Layer2 编解码系统

(1)编码系统

如图 5-5 所示为 Layer1、Layer2 编码器的方框图。在这两层中，用有 32 个等间距子带的滤波器组将输入声音 PCM 信号子带分离，再由生理声学模型导出动态比特分配，然后进行子带样值的块压缩和比特流打包。下面对以上各步做详细的解释。

①滤波器组。该原型滤波器组是 512 阶的，这是考虑频率分辨力和旁瓣抑制(超过 96 dB)的最佳选择。旁瓣抑制对消除混叠失真是必需的，这个滤波器组合理地折中了瞬态特性和稳态特性。因为人耳是根据自身的临界通带或灵敏度更低的频域分辨力来感知声音信息的，因此，具有许多子带的时间—频率映射有助于降低码率。人耳的临界通带在低频段，即 500 Hz 以下，有 100 Hz 左右带宽，在高频段带宽大约为中心频率的 20%。好的频谱分辨力和保持瞬时脉冲响应的要求是矛盾的，瞬时脉冲响应称之为前、后回声。时域掩蔽的知识告诉我们，和后回声相比更严重的是由时间—频率映射产生的前回声的时域位置和幅度会被原始的冲击掩蔽。为了配合解码器的综合滤波器，该项滤波技术使用了优化冲击响应特性的全局转移函数。

解码器的综合滤波器组将重建输出一个 32 个样点的块。这个滤波器结构

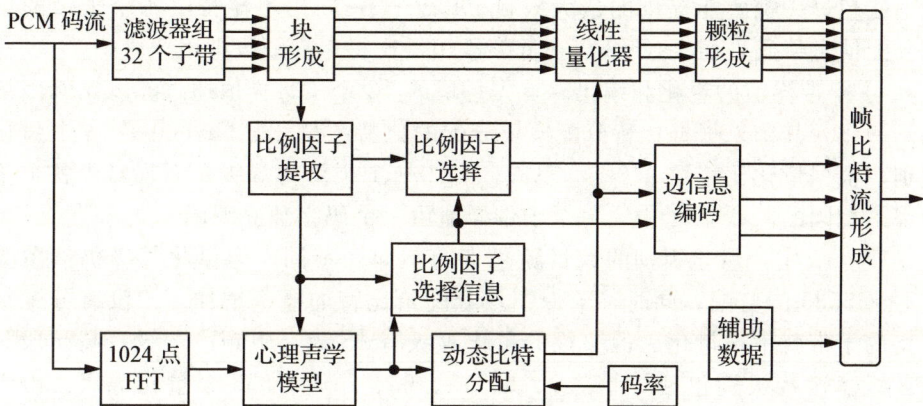

图 5-5　Layer1、Layer2 编码器的方框图

是非常高效的，具有很低的复杂性，可以用不基于 DSP 的解码器实现，每个 PCM 输出样值通常需要不超过 80 次的整数乘或加。另外，分析和综合滤波在 48kHz 时总共只产生 10.5ms 的时延。

② 比例因子的取值和编码。在每一块中，对每 12 个子带样值作一次比例因子的计算。取 12 个样值(一块)的绝对值中最大的，并用 6 比特给其编码，此时比例因子的分辨力为 2dB，每个子带可涵盖 120dB 的动态范围。Layer1 中，每块的比例因子都要传送，而且每个子带不会分配为"0"比特。

Layer2 中使用了额外的编码来降低比例因子的传输码率。由于 Layer2 的一帧对应 36 个子带样值，是 Layer1 的三倍，原则上要传三个比例因子。为了降低比例因子的传输码率，采用了利用人耳时域掩蔽特性的编码策略。每帧中每个子带的三个比例因子被一起考虑，划分成特定的几种模式。根据这些模式，1 个、2 个或 3 个比例因子和比例因子选择信息(每子带 2 比特)一起被传送。如果一个比例因子和下一个只有很小的差别，就只传送大的一个，这种情况对于稳态信号经常出现。如果要给瞬态信号编码，则要在瞬态的前、后沿传送两个或所有三个比例因子。使用这一算法后，和 Layer1 相比，Layer2 传输的比例因子平均减少了 2 个，即传输码率由 22.5kbit/s 降低到了 7.5kbit/s。

③ 比特分配和比特分配信息的编码。在调整到固定的码率之前，先确定可用于样值编码的有效比特数。这个数值取决于比例因子、比例因子选择信息、比特分配信息以及辅助数据所需比特数。

比特分配的过程是使整个一帧和每个子带的总噪声掩蔽比最小。这是一个循环过程，每一次循环使获益最大的子带的量化级别增加一级，当然所用比特数不能超过一帧所能提供的最大数目。Layer1 一帧用 4 比特给每个子带的比特分配信息编码，而 Layer2 只在低频段用 4 比特，高频段则用 2 比特。

④ 子带样值的量化和编码。首先每块的 12 个子带样值通过除以比例因子来归一化，其结果根据比特分配模块分配的比特数量化。Layer1 有 14 个量化级别，根据量化比特数 $n(2 \leqslant n \leqslant 15)$，有 $2n-1$ 个量化等级，而且对于各个子带都是相同的。Layer1 中，每个子带样值由一个码字独立编码。

Layer2 中，量化级别的数目随子带的不同而不同，但量化等级仍然覆盖了 3～65535 的范围，同时，子带不被分配给比特的概率增加了，没有分配给比特的子带就不被量化。低频段的量化等级有 15 级，中频段 7 级，高频段只有 3 级。这些级别包括 3、5、7、9、15、63、…、65535 个量化等级。由于 3、5 和 9 量化等级不允许一个样值充分利用一个码字提供的 2、3 或 4 个比特，所以相继的三个子带样值被组合在一个"颗粒"中。这个"颗粒"用一个码字编码。使用"颗粒"组合的编码增益可达 37.5%。由于许多子带，尤其在高频段，常常只使用 3、5 和 9 量化等级，因此码字长度的减小是非常可观的。

⑤ Layer1、Layer2 的码流结构。这两层的码流结构有利于使用低复杂性和少延时的解码器，编码后的声音信号包含多个短且恒定间隔的切入点，编码数据允许在编码码流中插入整数倍的切入点，以利记录、播放和编辑短的声音序列，并能精确指定编辑点。为了能简单的在解码器中实现上述功能，切入点的帧必须包括码流解码所需的完整信息。这些特性在数字声音广播领域也很重要，因为由于经济原因须要有低复杂性的解码器，而且码流中要有许多切入点，以易于对传输误码造成的连续样值错误进行块隐藏。如图 5-6 所示为 Layer1、Layer2 码流格式，它主要由下面几部分组成：

帧头(Header)：每帧开始的头 32 个比特，包含有同步和状态比特流信息，在所有层都相同，同步码字为 12bit 全 1 码(1111，1111，1111)。

误码检测 CRC：使用一种 16bit 奇偶校验字，可供在比特流中作检测误码用，其表达式为 $X_{16} + X_{15} + X_2 + 1$。在所有层都相同。

声音数据：由比特分配表、比例因子选择信息、比例因子和子带样值组成，其中子带样值是声音数据的最大部分。每层声音数据不同。

辅助数据：用作辅助数据比特流。

帧 头	CRC	比特分配	SCFSI	比例因子	子带样值	辅助数据

图 5-6　Layer1、Layer2 帧结构

（2）Layer1、Layer2 解码

如图 5-7 所示为解码器的方框图。首先从 ISO/MPEG/AUDIO Layer1、Layer2 码流中将帧头信息、CRC 校验字、边信息（比特分配信息和比例因子）及每子带的 12 个连续样值分离出来。重建过程用每帧各子带的比特分配信息和比例因子将样值数据扩展，综合滤波器再恢复出完整宽带的声音信号。解码过程要求的计算能力比编码过程少得多。Layer1 的这个比例关系大约是 1∶2，Layer2 是 1∶3。由于计算能力要求低和算法的直向结构，两层都可以很容易用一块专用 ASIC 实现。

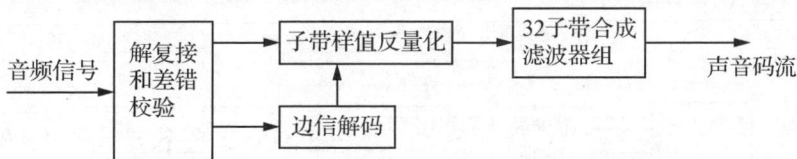

图 5-7　MPEG/AUDIO Layer1、Layer2 解码器方框图

（3）Layer3 编码系统

Layer3 编码器的框图如图 5-8 所示，相应的解码器如图 5-9 所示。Layer3 使用的滤波器组是多相/MDCT 混合滤波器组，并且使用了心理声学模型来评估掩蔽门限。为了增加编码增益，采用了非均匀量化和哈夫曼编码，并且使用了称为比特池的缓存技术来维持编码效率，使量化噪声保持在掩蔽门限以下。

①多相/MDCT 混合滤波器组。设计这种滤波器的目的是在 Layer2 基础上进一步提高性能。在多相滤波器组的 32 个通道中，每个输出的样值送入 18 个通道的 MDCT 滤波器组，总的最大输出通道数是 $32 \times 18 = 576$。由于通道数较小，可以使用直接滤波器组（乘法矩阵），而又没有增加太多的复杂性。

混合滤波器组在不同的频率有不同的时间分辨率和频率分辨率，以便模拟人耳听觉系统的频率分辨率和时间分辨率。Layer3 的分辨率通常在频谱各处保持常数，这对于稳态信号能够得到最大的变换增益。如果需要，MDCT 滤波器组的一部分或全部切换到较低的频率分辨率和较高的时间分辨率。

在长窗情况下，窗口长度是 36（在 MDCT 中的重叠因子为 2），而短窗长度是 12。1152 样值的窗口长度对应着取样频率为 48kHz 时的 24ms，频域中所有的量化误差扩散到这段时间内。如果信号包含有冲击或类似的时域事件，将导致可听见的前回声。避免前回声的一种方法是动态地改变窗口形状，它基于 MDCT 频域亚取样引起的混叠被强制在窗口的一半中。下面解释不同窗口类型的功能。

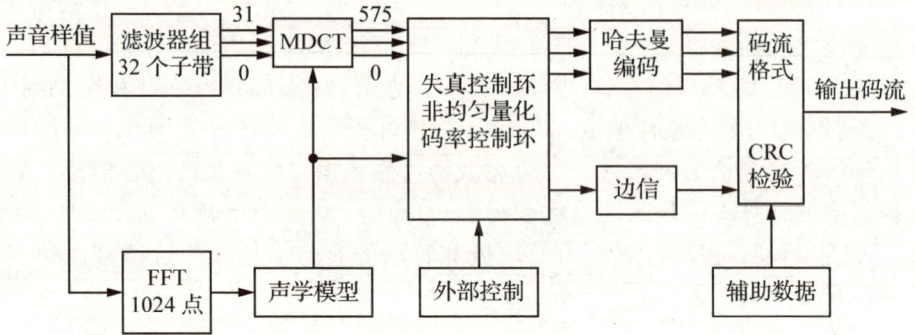

图 5-8　Layer3 编码器框图

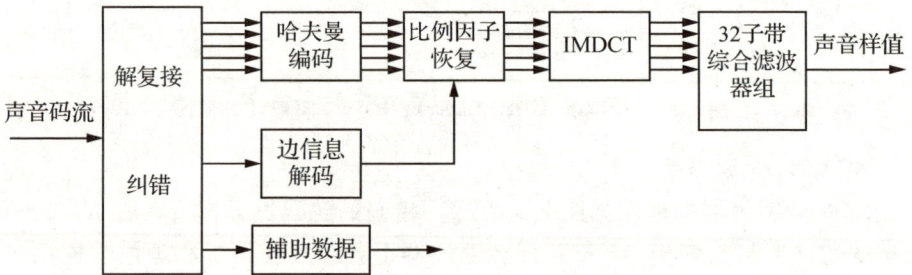

图 5-9　Layer3 解码器框图

- 长窗。用于稳态信号的正常窗口类型。
- 开始窗。为了在长窗和短窗之间切换，使用这种混合窗。它的左边和长窗类型的左边具有相同的形状。右边的 1/3 长度的幅度是 1，1/3 和短窗的右边具有相同的形状，剩余的 1/3 是 0。因此，可得到重叠短窗部分的混叠消除。
- 短窗。短窗基本上和长窗具有相同的形状，只是长度是 1/3。它跟随着一个 1/3 的 MDCT。在 48kHz 取样频率时，时间分辨率增强为 4ms。在短窗情况下，混合滤波器组的联合频率分辨率是 192 线，而 Layer3 中使用的正常窗口是 576 线。
- 结束窗。这种类型窗把短窗切换回正常窗。

切换窗口形式的依据是必须得到前回声控制。使用混合滤波器组容易获得更好的前回声控制方案。在前回声情况下，可把 MDCT 滤波器组的部分或全部切换以获得更好的时间分辨率。从门限计算中得到切换滤波器组的标准。如果在门限计算中完成前回声控制，前回声条件导致了大大增加评估的心理声学熵(PE)，也就是信号编码所需的比特数。如果在某些区域要求的比特数超过了平均值，则假定前回声条件和启动窗口切换逻辑。

② 量化。Layer Ⅲ 采用了非均匀量化。基本公式是：

is(i) = nint((xr(i)/quant)0.75−0.0946)

其中，xr(i) = 第 i 频率线的绝对值

quant = 实际的量化台阶大小

nint = 最近的整数

is(i) = 第 i 个量化的绝对值

量化是有死区的，也就是零周围的值量化为零，而且量化器是对称的。

③ 哈夫曼编码。量化后信息的编码有几种不同的编码方法。高频的一串零值用游程编码，没超过 1 的下个区域使用四维哈夫曼编码，其余的大值区域采用二维哈夫曼编码方案，而且可选择地分为三个亚区，每个有独立选择的哈夫曼码表。通过每个亚区单独的自适应码表，增强了编码效率，而且同时降低了对传输误码的敏感度。Layer3 中使用的最大码表是 16×16 条目，大值采用 ESC 机制来编码。

④ 分析和合成。在两个嵌套的循环内完成谱线的量化和编码。在第一个循环内，调整全部的量化器台阶大小，以确保编码信息所需的数据量不超过每块的有效比特数。

在第二个循环(外循环)，计算结果用以评估施加了掩蔽条件的心理声学要求。这是一个分析/合成的过程，比较实际的量化噪声和先前计算的掩蔽门限以及对每个比例因子通带采取单独的加重因子。

⑤ 比特流结构。比特流结构非常接近 Layer2。Layer3 和 Layer2 的帧长度相等，每帧 1152 个时域样值分为每组 576 个样值的两组。帧头(ISO/MPEG/AUDIO 所有层都使用的)后跟着的是所有组的公共边信息，随后是组的边信息块，所有的模式中它们都是恒定长度(每个 59 比特)。每组的主信息长度明确的包含在边信息中，这样就很容易对位于每一块最后的辅助信息寻址。边信息总长度以及主信息长度通常是字节的整数倍。

3. MPEG-2 声音压缩标准

MPEG-2 声音压缩标准是 MPEG 为多声道声音开发的低码率编码方案，它是在 MPEG-1 声音压缩标准基础上发展而来的，和 MPEG-1 相比，MPEG-2主要增加了三个方面的内容。

• 支持 5.1 路环绕声：它能提供 5 个全带宽声道(左、右、中和两个环绕声道)，外加一个低频效果增强声道，统称为 5.1 声道。

• 支持多达 7 种语言的评论或解说。

• 增加了低取样和低码率：在保持 MPEG-1 声音的单声道和立体声的原有取样率的情况下，MPEG-2 又增加了三种取样率，即把 MPEG-1 的取样率降低了一半(16kHz、22.05kHz、24kHz)，以便提高码率低于 64kbit/s 时的每个声道的声音质量。

MPEG-2 多声道声音编码标准和现有的 MPEG-1 声音标准保持后向兼容。在对原有的 MPEG-1 两声道增加独立的环绕声道时，MPEG-2 尽量保持和 MPEG-1 声音语法的兼容性，MPEG-2 中的主声道(左、右)仍然保持后向兼容，而环绕声道采用新的编码方法和语法。

因为在 MPEG-1 声音数据格式中对辅助数据 AUX 的长度没有限制，因此，MPEG-2 声音标准把多声道中的中心声道 C、左右环绕 Ls、Rs 及低音效果增强声道 LFE 等多声道扩展(MC-Extension)信息看作是 MPEG-1 左右声道的辅助数据而传送。它的数据帧结构如图 5-10 所示。而多声道扩展 MC 部分包含了与 MPEG1 声音帧结构相似的信息类型，如图 5-11 所示。

MPEG1 帧头	MPEG1 CRC	MPEG1 声音数据	MPEG1 多声道扩展数据	MPEG1 AUX

图 5-10　MPEG-2 声音码流的帧结构

MC 帧头	MC · CRC	MC 组合状态信息	MC 声音数据	ML 声音数据

图 5-11　MPEG-2 声音多声道扩展部分的数据结构

5.4　用 Adobe Audition 软件处理音频

5.4.1　Adobe Audition 软件界面介绍

Adobe Audition 是 Adobe 公司开发的数字音频处理软件。Audition 的前身是美国 Syntrillium 公司开发的 Cool Edit Pro 软件，2003 年 Adobe 公司收购了 Syntrillium 公司的该软件，并将其改名为 Audition。Adobe Audition 是一个非常出色的数字音乐编辑器和 MP3 制作软件。Audition 专为在照相室、广播设备和后期制作设备方面工作的音频和视频专业人员设计，可提供先进的音频混合、编辑、控制和效果处理功能。最多混合 128 个声道，可编辑单个音频文件，创建回路并可使用 45 种以上的数字信号处理效果。Audition 是一个完善的多声道录音室，可提供灵活的工作流程并且使用简便。无论是要录制音乐、无线电广播，还是为录像配音，Audition 中的恰到好处的工具均可以为你提供充足动力，以创造可能的最高质量的丰富、细微音响。目前，Adobe Audition 的最新版本是 Adobe Audition CC(6.0)，支持简体中文。本书以 Adobe Audition CC 为例，介绍数字音频处理软件的基本操作。

1. Adobe Audition CC 界面简介

Audition 是一个单窗口程序，划分为许多面板，默认情况下有些面板显示而有一些是不显示的，你可以按照自己的喜好打开、关闭以及重组这些面板，如图 5-12 为 Adobe Audition CC 的默认窗口布局，该窗口由菜单栏、工具栏、状态栏和多个面板、面板组组成，下面介绍几个常用的面板。

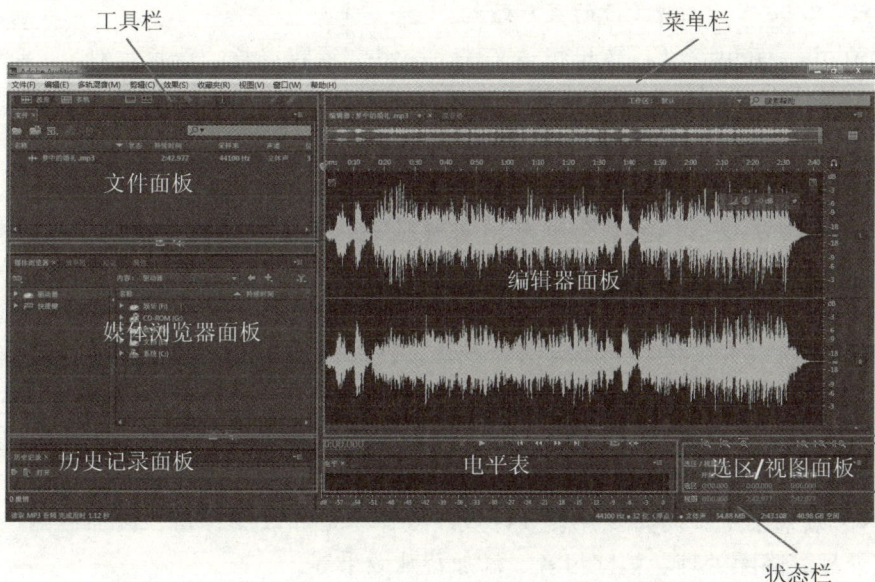

图 5-12　Adobe Audition CC 程序界面

　　(1)文件面板。文件面板主要用于选择和浏览需要编辑的文件。在文件面板空白处双击即可选择导入需要编辑的音频文件。文件面板中还可以浏览在当前窗口中已经存在的文件，查看当前文件的名称、持续时间、采样率、声道、位深度等。

　　(2)媒体浏览器面板。媒体浏览器面板用于查找本地电脑中的文件，将选中的文件双击即可导入到 Audition 中。它经常与文件面板结合使用，方便快捷地浏览、选择和编辑所需的文件。

（3）历史记录面板。历史记录面板用于显示对当前文件进行编辑的动作记录。每对文件进行一次编辑，历史记录面板就会自动记录当前的操作，如果不慎操作错误，在该操作之前的历史记录条目处单击即可回到上一步操作。

（4）编辑器面板。编辑器面板是 Audition 的主要编辑区，可以显示声音文件的波形，立体声音频显示两个波形，单声道的音频则只显示一个波形，此外利用菜单或面板组中的命令可以对波形编辑区的音频数据进行数字化编辑。

（5）电平表。电平表主要用于监视声音的大小，0dB 为最大，对当前文件进行编辑的时候最大音量最好不要超出 0dB。

（6）选区/视图面板。选区/视图面板用于精确选择当前波形文件的开始、结束时间，查看整个文件的长度和选择区域的长度。

2. Adobe Audition CC 的菜单结构

Adobe Audition CC 菜单包括文件、编辑、多轨混音、剪辑、效果、收藏夹、视图、窗口、帮助等菜单项。

（1）文件菜单。主要包括 Adobe Audition 的文档操作命令，如新建、打开、存储文档、保存选区、导入、导出等。

（2）编辑菜单。提供基本的音频编辑命令，如剪切、粘贴、混合剪贴（插入、合并、重叠声音）操作、撤销、选择、插入、标记等，也可对 Adobe Audition 的首选项（包括外观、音频硬件、时间显示等）进行设置。

（3）多轨混音菜单。主要提供对多轨文件的操作命令，包括添加轨道、导出到 Adobe Premiere Pro、启用节拍器等。

（4）剪辑菜单。提供对波形文件的剪辑命令，常用的包括淡入、淡出、静音、分组、自动语音对齐、向左微移、向右微移等。

（5）效果菜单。提供多种音频特效改变命令，如改变音量、添加混响、标准化处理、降噪处理、消除齿音、添加特殊效果等。

（6）收藏夹菜单。提供一些用户常用的效果命令列表，用户可以根据自己的需要进行添加和删除收藏。

（7）视图菜单。用于调整视图显示，包括编辑器、时间显示等。

（8）窗口菜单。用于显示和隐藏工具面板，切换工作区等操作。

（9）帮助菜单。提供一些关于 Adobe Audition 的基本信息。

5.4.2 Adobe Audition 单轨编辑

Adobe Audition CC 单轨编辑功能比较简单，本节仅介绍其中的部分编辑方法。

1. 导入音频文件

①单击【文件】菜单，选择【打开】命令，弹出【打开】对话框，如图 5-13 所示。

②在【打开文件】对话框中选择欲打开的音频文件。

③单击【打开】按钮，按空格键即可播放导入的音频文件。

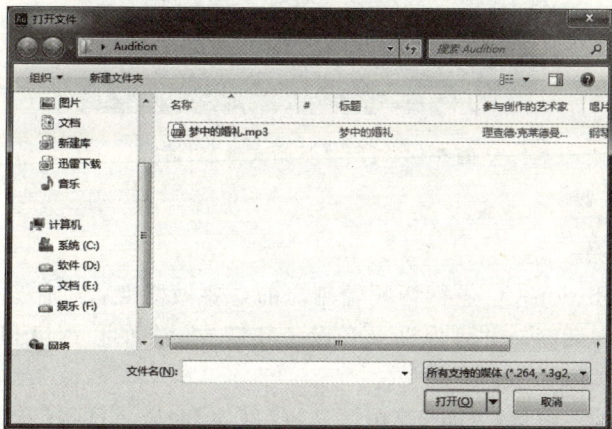

图 5-13　【打开文件】对话框

注意：在 Audition 中导入文件的方法有多种，可以单击文件面板中的文件夹图标，或直接在文件面板空白处双击来打开所需的文件，也可以通过媒体浏览器面板来打开，还可以直接将需要的音频文件拖拽到编辑器面板将其打开。

2. 新建文件

Audition CC 支持三种新建文件格式，分别是多轨会话、音频文件和 CD 布局，多轨会话和音频文件的参数设置基本相同，CD 布局主要用于创作 CD 唱片。本节以"音频文件"的创建为例来演示其操作过程。

①单击【文件】菜单，选择【新建】命令，选择【音频文件】。

②在【新建音频文件】对话框中设置文件名、采样率、声道、位深度等参数，如图 5-14 所示。

③单击【确定】，完成新建命令。

注意：采样率是指每秒从连续的音频信号中提取并组成离散信号的采样个数，用赫兹(Hz)来表示，音频 CD 一般采用 44100 Hz，如果为视频配音，则一般采用 48000 Hz。声道是指声音在录制或播放时在不同空间位置采集或回放的相互独立的音频信号，我们常用的是立体声。位深度是指在录制或播放时声音选择的阈值，位数越高声音越精细，设备支持的情况下选择较高的位深度

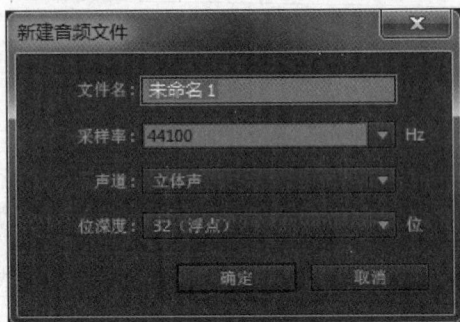

图 5-14 【新建音频文件】对话框

即可。

3. 录制音频

在使用 Audition CC 进行音频录制之前，要做好准备工作。把耳机作为监听音箱，调试好话筒，并且保证录音设备和播放设备的位深度和采样率保持一致。操作步骤具体如下：

①新建文件。打开【文件】菜单，选择【新建】命令，选择【音频文件】，弹出【新建音频文件】对话框，如图 5-14 所示设置采样率、声道、位深度等参数，单击【确定】按钮。

②录制噪声。单击录音控制区红色【录制】按钮，不要出声，先录下一段空白的噪声文件，不要很长，5s 左右即可，单击【暂停】按钮，完成噪声录制。

③录制人声。再次单击【暂停】按钮，通过话筒来录制人声，录音结束时单击【停止】按钮，停止录音。

④播放录音。单击【播放】按钮，对刚才的录音进行试听，通过试听发现开头有比较明显的"嘶嘶"的噪声。

⑤降噪采样。通过单击拖动的方式选取约前 5s 的噪声，然后选择【效果】菜单，选择【降噪/恢复】列表中的【捕捉噪声样本】命令，在弹出的【捕捉噪声样本】对话框中单击【确定】按钮，如图 5-15。

⑥降噪处理。执行【编辑】→【选择】→【全选】命令，选中整个波形文件。然后执行【效果】→【降噪/恢复】→【降噪（处理）】，弹出【效果—降噪】对话框，如图 5-16 所示。通过【切换开关状态】按钮来试听降噪前后音频文件的变化，如果对默认的效果不满意，可以通过反复调节【降噪】和【降噪幅度】滑块来改变降噪百分比和降噪幅度，直到满意为止，然后单击【应用】按钮。

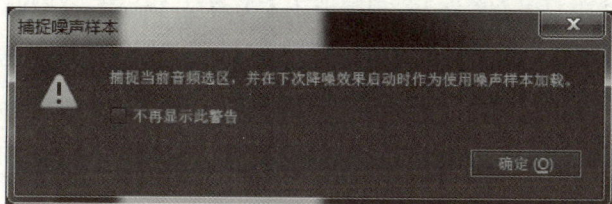

图 5-15 【捕捉噪声样本】对话框

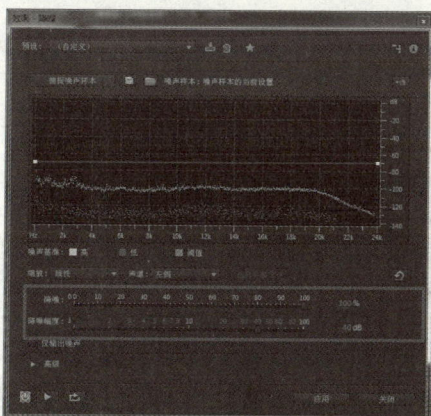

图 5-16 【效果—降噪】对话框

⑦音频标准化。执行【效果】→【振幅与压限】→【标准化（处理）】命令，弹出
【标准化】对话框，如图 5-17 所示。设定好标准化百分比后单击【应用】按钮，
完成操作。

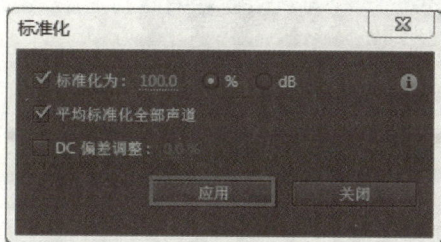

图 5-17 【标准化】对话框

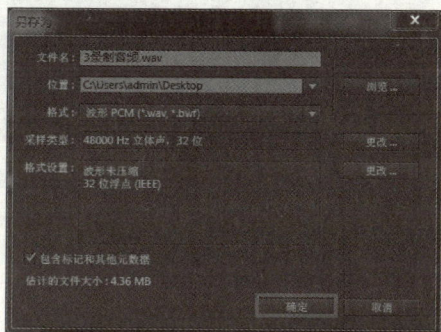

图 5-18 【另存为】对话框

⑧保存文件。打开【文件】菜单，选择【另存为】命令，弹出【另存为】对话框，如图 5-18 所示，设置文件保存路径、格式等参数，单击【确定】按钮，完成操作。

5.4.3 Adobe Audition 多轨编辑

在单轨编辑窗口中，我们每次只能处理一个文件，而有时候我们需要同时对多个音频文件进行处理，这就需要我们在多轨编辑窗口中进行。本节主要介绍多轨窗口的编辑功能。

1. 创建多轨工程

新建多轨工程的常用方法有两种，可根据个人喜好进行选择：

第一种：

①单击【文件】菜单，选择【新建】命令，选择【多轨会话】。

②在【新建多轨会话】对话框中设置会话名称、采样率、位深度、主控等参数，如图 5-19 所示。

③单击【确定】，建立一个多轨工程，如图 5-20 所示。

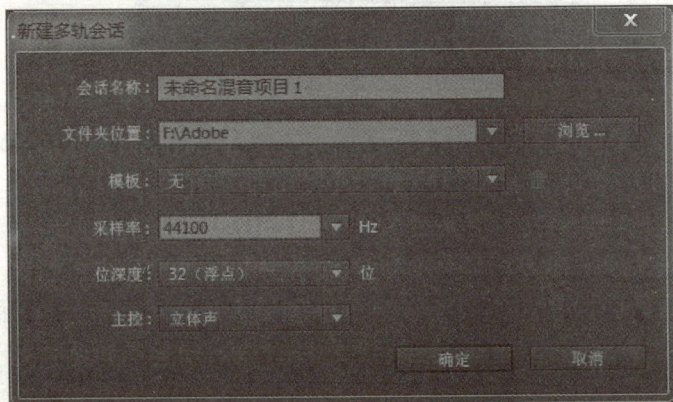

图 5-19 【新建多轨会话】对话框

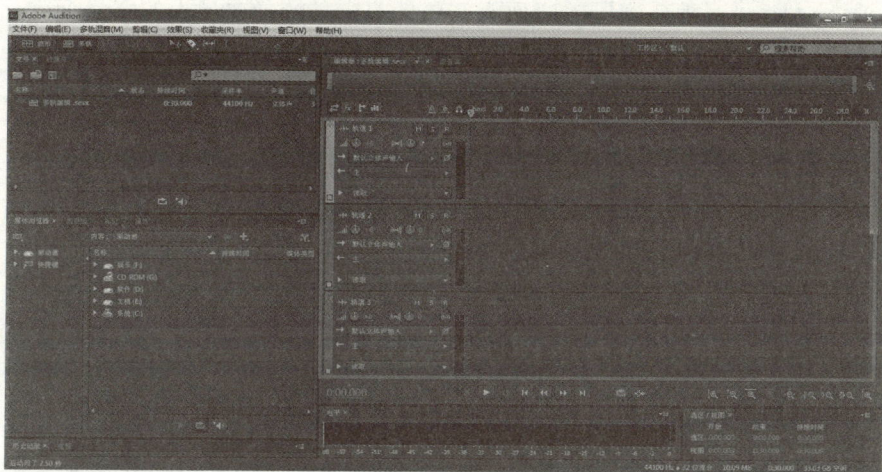

图 5-20　多轨工程界面

第二种：直接单击窗口上方的【多轨】按钮，如图 5-21 所示，即可弹出【新建多轨会话】对话框，其余几步操作跟以上相同，不再赘述。

图 5-21　【多轨】按钮

2. 录音和导入声音

①新建多轨文件。执行【文件】→【新建】→【多轨会话】，建立一个多轨工程。

②多轨录音。在轨道 1 上单击【R】按钮，在轨道 1 上进行录音，如图 5-22 所示。调整录音，将多余或者不需要的部分剪掉。

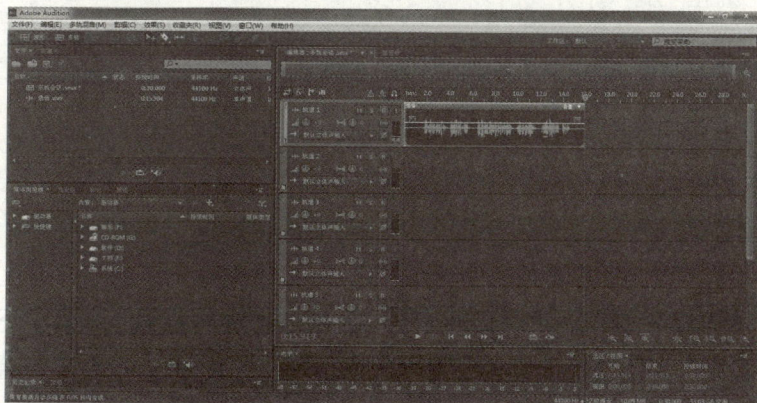

图 5-22　多轨录音

149

③导入背景音效。在【文件】面板空白处双击，选择要导入的背景音效，然后选择【打开】。将导入的背景音效拖到轨道 2 上，并进行播放，如图 5-23 所示。

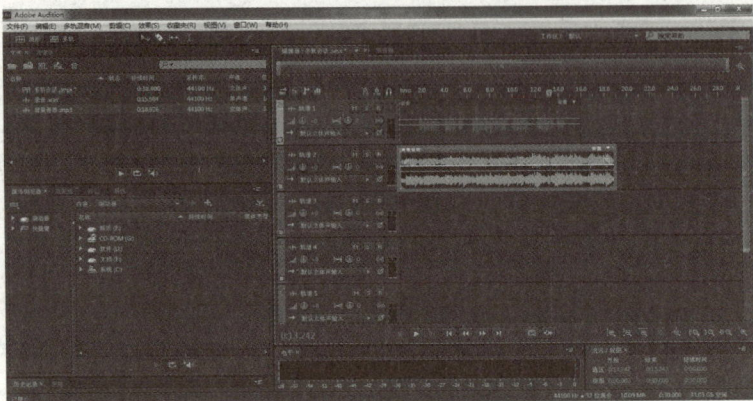

图 5-23 添加背景音效

④调整背景音效音量。选中轨道 2，调节轨道 2 上的音量调节按钮，减小背景音效的音量，如图 5-24 所示。

图 5-24 调整背景音量

⑤添加淡入/淡出效果。单击选中轨道 1，向右拖动波形文件开头处的小方块，为轨道 1 添加淡入效果，向左拖动波形文件末尾处的小方块，为轨道 1 添加淡出效果。用同样的方法为轨道 2 添加淡入/淡出效果，如图 5-25 所示。

图 5-25 添加【淡入/淡出】效果

⑥导出多轨工程。执行【文件】→【导出】→【多轨混音】→【整个会话】命令，弹出【导出多轨混音】对话框，如图 5-26 所示。设置文件名、文件位置、文件格式等参数后选择【确定】按钮，即可导出多轨文件。

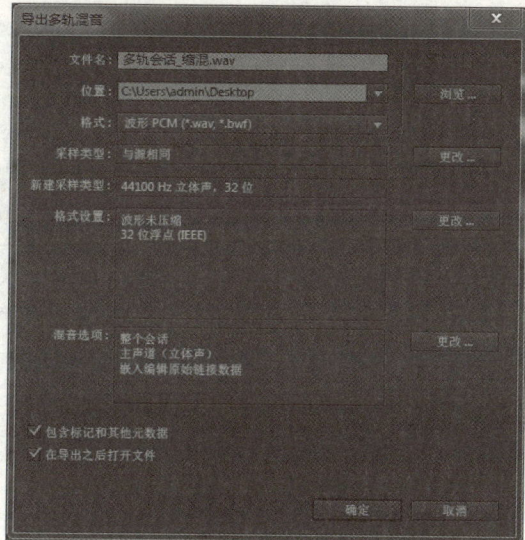

图 5-26　【导出多轨混音】对话框

3. 视频文件的音频处理

Audition 不仅可以处理音频文件，它还可以与 Adobe Premiere Pro 进行完美结合，为视频工程处理音频，比如调整电影的对话或者去除访谈中的噪声，给视频添加背景音效等，下面介绍一些常用的操作。

（1）为视频文件添加背景音效

①导入视频文件。在【文件】面板空白处双击，选择要导入的视频文件。将视频文件导入 Audition 后会自动分离成一个视频文件和一个音频文件，如图 5-27 所示。Audition 并没有视频编辑的功能，其中的视频只是为了在编辑音频的时候作为参考。

图 5-27　导入视频文件

②创建视频多轨。单击【多轨】按钮，创建一个多轨工程，采样率设置为48000Hz，然后将视频文件拖到任意轨道上，Audition 会自动生成一个【视频引用】轨道，然后将音频文件拖到轨道 1 上，如图 5-28 所示。

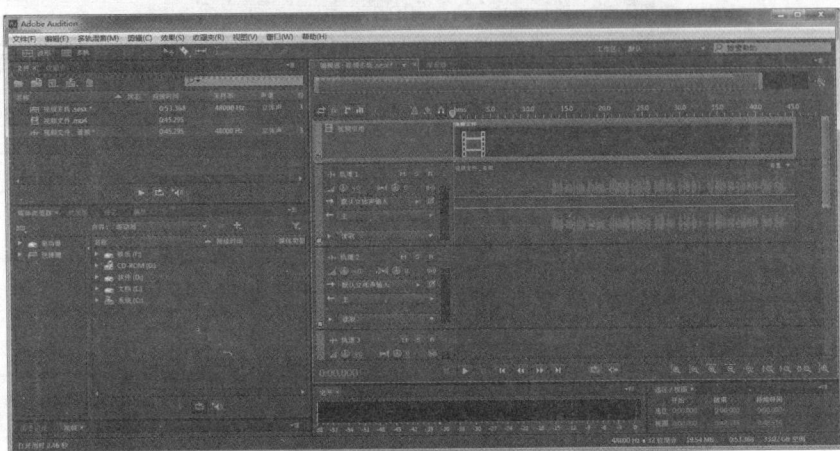

图 5-28　创建视频多轨

③切换视频工作区。执行【窗口】→【工作区】→【编辑音频到视频】命令，切换到视频工作区，如图 5-29 所示。

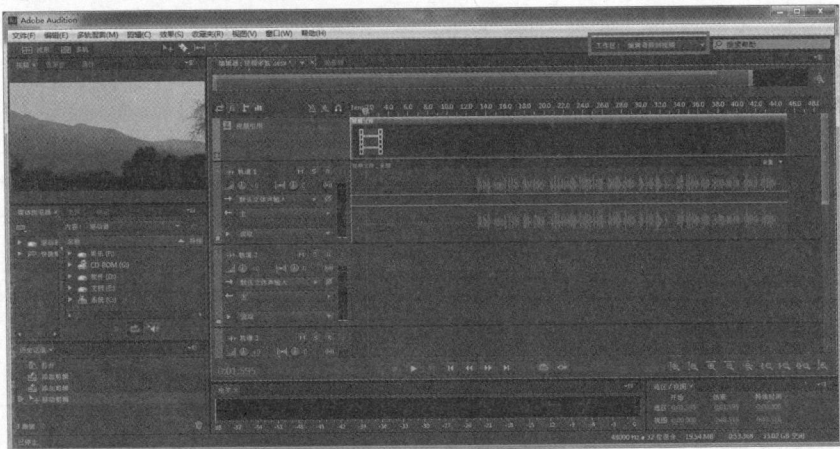

图 5-29　视频工作区

④为音频文件添加压缩。单击【编辑器】面板上方的【效果】按钮⇄ fx ├ ▥，然后选中轨道 1，单击轨道 1 处的白色小三角，选择【振幅与压限】→【单频段

压缩器】，弹出【单段压限器】对话框，如图 5-30 所示。调节输出增益按钮，直到效果满意为止。

图 5-30　【单段压限器】对话框

⑤添加环境音效。选择要添加的环境音，将其拖到轨道 2 上，如图 5-31 所示。

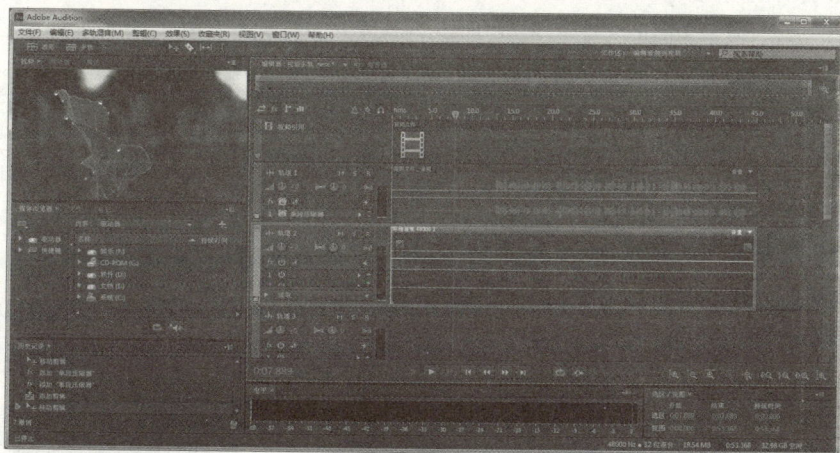

图 5-31　添加环境音

⑥调整音频轨道。将鼠标放在轨道 1 音频文件的开头处，待鼠标变成红色之后向右拖动音频文件，隐藏开头的空白处音效，然后为轨道 1 添加淡入效果，如图 5-32 所示。

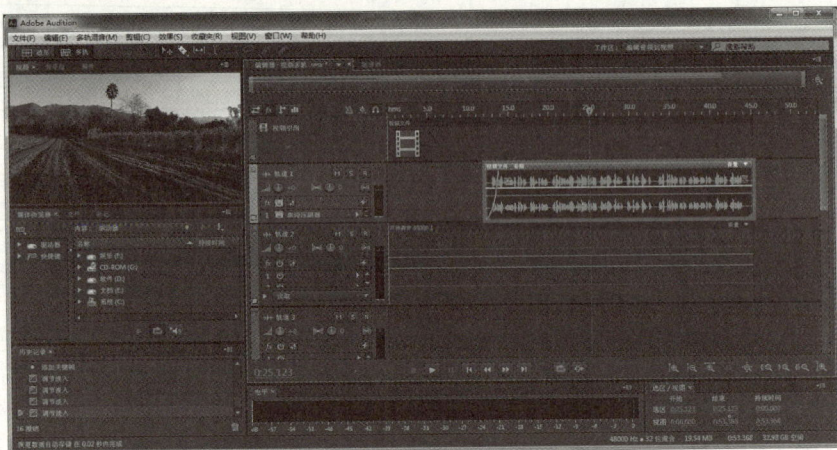

图 5-32　调整音频

⑦导出工程文件。执行【文件】→【导出】→【多轨混音】→【整个会话】命令，设定相应的参数，然后导出音频。

导出的音频要与原视频再次同步，需要在之前的视频编辑软件中打开，然后替换掉原来的音频即可。

（2）Adobe Audition 与 Adobe Premiere Pro 的结合应用

①从 Premiere Pro 导入视频序列。在 Premiere Pro 中打开需要编辑的视频项目，执行【剪辑】→【在 Adobe Audition 中编辑】→【序列】，如图 5-33 所示。弹出【在 Adobe Audition 中编辑】对话框，设置相应选项，如图 5-34 所示，然后单击【确定】按钮。

图 5-33　从 Premiere Pro 导入视频序列

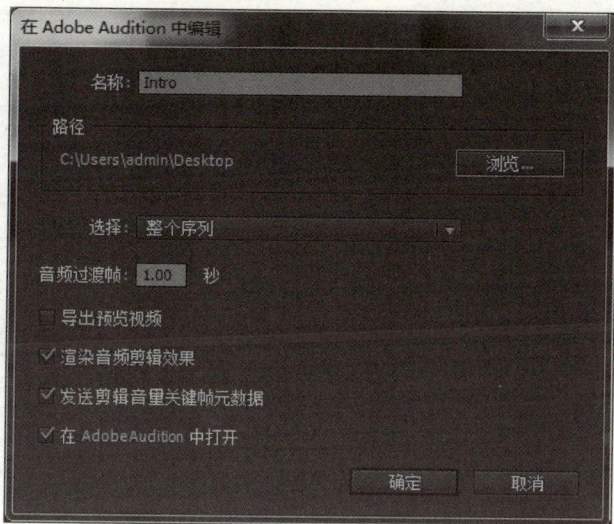

图 5-34　【在 Adobe Audition 中编辑】对话框

　　②给视频添加音频轨道。从 Premiere Pro 导入的视频序列如图 5-35 所示，选择要导入的音频将其拖到音频 3 轨道上，此时 Audition 有 3 个音频轨道，两个是从 Premiere Pro 中导入的，另外一个是在 Audition 中新添加的，如图 5-36 所示。

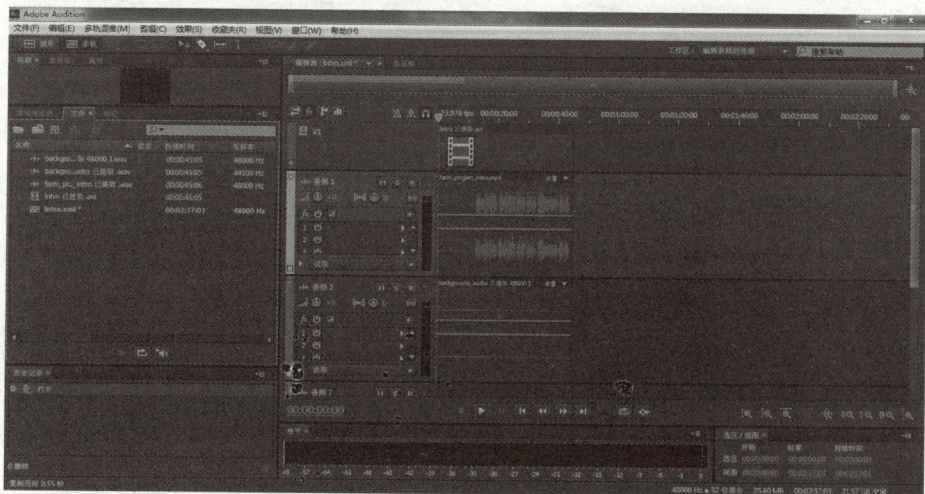

图 5-35　从 Premiere Pro 中导入的视频序列

155

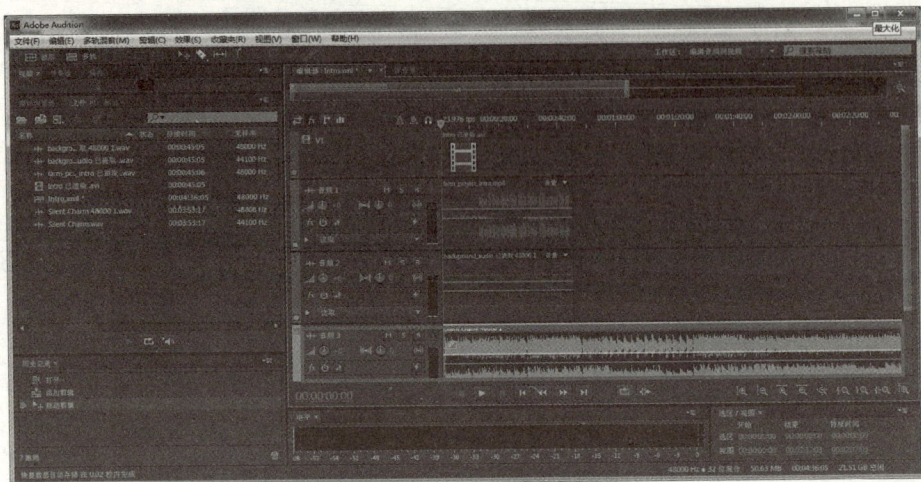

图 5-36　给视频添加音频轨道

（3）为音频轨道添加效果

首先为音频 3 添加淡入效果，然后在波形文件 12s 附近的黄色线条上单击，打下两个关键帧，向下拖拽第二个关键帧降低后半部分的音量，然后调节文件末尾处，将多余的音频部分隐藏，并添加淡出效果，如图 5-37 所示。

图 5-37　为音频轨道添加效果

（4）将工程导回到 Premiere Pro。执行【多轨混音】→【导出到 Adobe Premiere Pro】命令，弹出【导出到 Adobe Premiere Pro】对话框，对选项进行设置后单击导出，如图 5-38 所示。然后弹出 Premiere Pro 工作窗口，选择复制到活动序列：新建音频轨道。然后在 Premiere Pro 中导出视频文件即可，如图 5-39 所示。

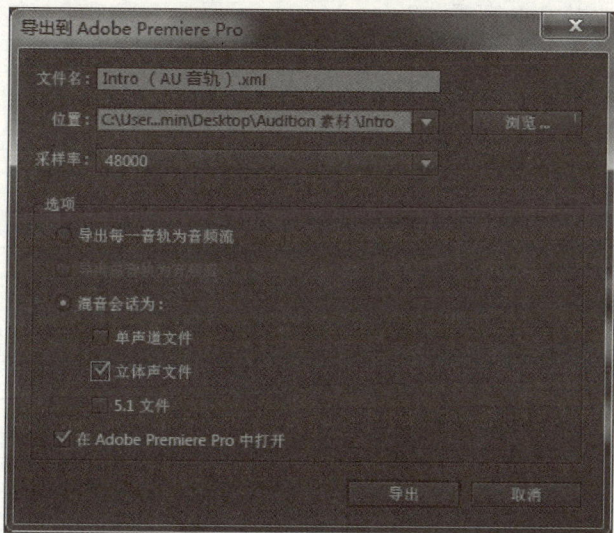

图 5-38 【导出到 Adobe Premiere Pro】对话框

图 5-39 导回到 Premiere Pro

思考题

1. 简述什么是声波的振幅、周期和频率。

2. 常见的音频参数有哪些?

3. 常见的声音文件格式有哪些? 并简要说说各格式的特点。

4. 什么是采样? 音频采样频率确定的依据是什么?

5. 什么是量化? 音频量化数位确定的依据是什么?

6. 简述 PCM 编码原理。

7. 常见的声音数字化压缩标准有哪些?

第6章　图形图像处理技术

内容结构

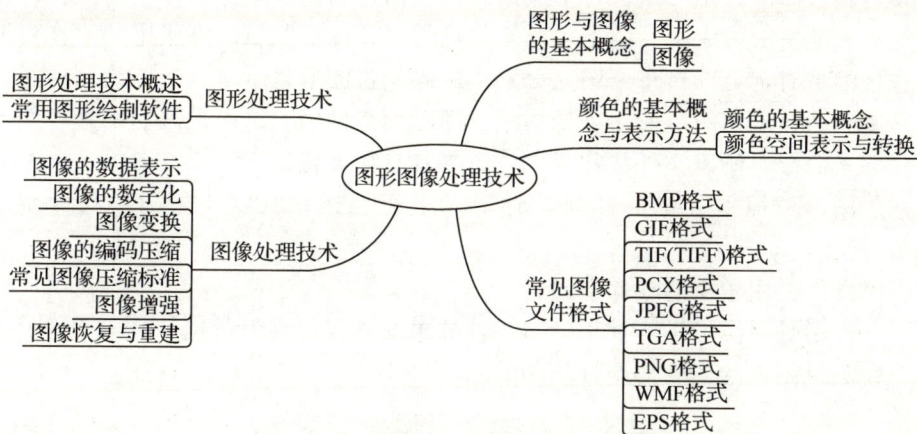

学习目标

1. 理解图形、图像的基本概念。
2. 了解颜色的基本概念与表示方法。
3. 了解常见的图像文件格式。
4. 了解图形、图像的相关处理技术。

　　图像是一种信息量丰富，且人类最容易接收的信息媒体。一幅图像可以形象、生动、直观地表现出大量的信息，与图像相比，声音和文字所载的信息量要小得多。有人做过统计，在人类通过感官收集到的各种信息中，视觉占65％，听觉占20％，其他感知仅占15％。因此在多媒体中，图像媒体是不可缺少的。

6.1 图形与图像的基本概念

6.1.1 图形

图形又称矢量图，是由称作矢量的数学对象所定义的直线和曲线组成，经过计算机运算而形成的抽象化结果。其内容由基本图元组成，这些图元有点、直线、圆、椭圆、矩形、弧、多边形、任意曲线和图表等。图形一般分为二维图形和三维图形两大类。图形主要是通过绘图软件绘制在计算机中的。在对图形进行编辑时，可以对每个图元分别实施操作；图形显示时，按照绘制的过程逐一图元的显示。图形使用矢量格式，即图形文件中记录的是绘制图形中图元的一条条命令，所以文件往往很小。图形具有如下特征：

①图形是根据矢量的几何特性对其进行描述，所以矢量图形与分辨率无关。

②图形占用较小的存储空间。

③图形是对图像进行抽象的结果，抽象的过程称为矢量化。

④矢量图形的产生需要计算的时间。

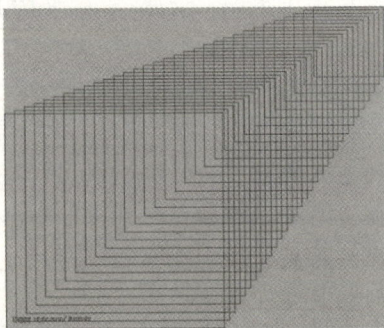

图 6-1　图形举例

6.1.2 图像

图像是一种信息量丰富并且人类最容易接收的信息媒体。一幅图像可以形象、生动、直观地表现出大量的信息。

图像在计算机领域一般称为位图图像，是由称作像素（图片元素）的单个点组成的，就是视觉景物的某种形式的表示和记录。我们都熟悉彩色或黑白照片。黑白照片记录了景物中每点的亮度，而彩色照片不仅记录亮度还要记录颜色。图像是通过扫描仪、数码相机、摄像机等输入设备导入到计算机的。将原始图像分成许许多多的点阵，我们将其称为像素，每个像素用若干个二进制位记录色彩、亮度等反映该像素属性的信息。在对位图图像编辑处理时，以像素为单位，可以实施调整亮度、对比度等操作，并可以进行特殊效果的处理。图像的显示通常按像素点从上到下，从左到右顺序显示。图像文件在有足够存储量的前提下，能真实细腻地反映图片的层次、色彩，缺点是文件体积较大。

图 6-2　图像举例

图像主要包含分辨率、颜色深度两个主要属性。

（1）分辨率。我们平时遇到的分辨率主要有两种：显示分辨率和图像分辨率。

显示分辨率是指屏幕上能够显示的像素数目。比如，800×600 表示显示屏幕可以显示 600 行、800 列，即 480000 个像素。屏幕显示的像素数目越多，显示出来的图像越细腻。目前，显示系统提供的分辨率都可以达到 1920×1080 个像素。

图像分辨率表示组成一幅图像所拥有的像素数目。比如，320×240 表示一幅图像有 240 行，320 列，即由 240×320 个像素组成。它既反映了图像的精细程度又反映了图像在屏幕中显示的大小。当一张照片用扫描仪进行扫描时，需要制定图像分辨率，即每英寸长度的实物扫描后所拥有的点数（dpi）。如果用 300dpi 扫描一幅 8×10 英寸的彩色照片，就会得到 2400×3000 个像素。

在屏幕分辨率一定的条件下，图像分辨率越高，图像越大，越能反映真实图像的原始风貌。

（2）颜色深度。颜色深度是指记录每个像素所使用的二进制位数。对于彩色图像来说，颜色深度决定了该图像可以使用的最多颜色数目；对于灰度图像来说，颜色深度决定了该图像可以使用的亮度级别数目。颜色深度越高，显示的图像色彩越丰富，画面越自然、逼真，但数据量也随之猛增。

常见的颜色深度种类有：

4 位：这是 VGA 支持的颜色深度，共 16 种颜色。在 Windows 3. x 中的画笔就只支持 16 种颜色。

8 位：这是多媒体应用中的最低颜色深度，共 256 种颜色。目前，网络上传输的有些图像文件是 256 色，比如 gif 格式。

16 位：在 16 位中，用其中的 15 位表示 RGB 三种颜色，每种颜色 5 位，用剩余的一位表示图像的其他属性，比如透明度。所以，16 位的颜色深度实际可以表示 $32 \times 32 \times 32$ 共 32768 种颜色。

24 位：用三个 8 位分别表示 RGB，约 16M 种颜色，这已经超出了人眼所能识别的颜色范围，所以，人们常将它称为真彩色。

32 位：同 24 位颜色深度一样，也是用三个 8 位分别表示 RGB 三种颜色，剩余的 8 位用来表示图像的其他属性，比如透明度。

图形和图像既有区别又有联系：

①图形的基本元素是图元，也就是图形指令，而图像的基本元素是像素。

②图形能以图元为单位进行编辑、修改等操作，且局部处理不影响其他部分，而图像只能以像素为单位进行修改，与图像内容无关。

③图形缩放变换后不会发生变形失真，而图像变化则会发生失真。

④图形的实际上是对图像的抽象，而这种抽象可能会丢失原始图像的一些信息，因此，图形通常不如图像色彩丰富。

⑤图形的数据量相对于图像来说较小。

6.2　颜色的基本概念与表示方法

6.2.1　颜色的基本概念

颜色是人的视觉系统对可见光的感知结果，感知到的颜色由光波的波长决定。视觉系统能感觉的波长范围为 380～780 nm，感知到的颜色和波长之间的对应关系见图 6-3，纯颜色用光的波长定义，称为光谱色（spectral color）。用不同波长的光进行组合时可产生相同的颜色感觉区分颜色的三个特性，色调（hue）、饱和度（saturation）、明度（brightness）。

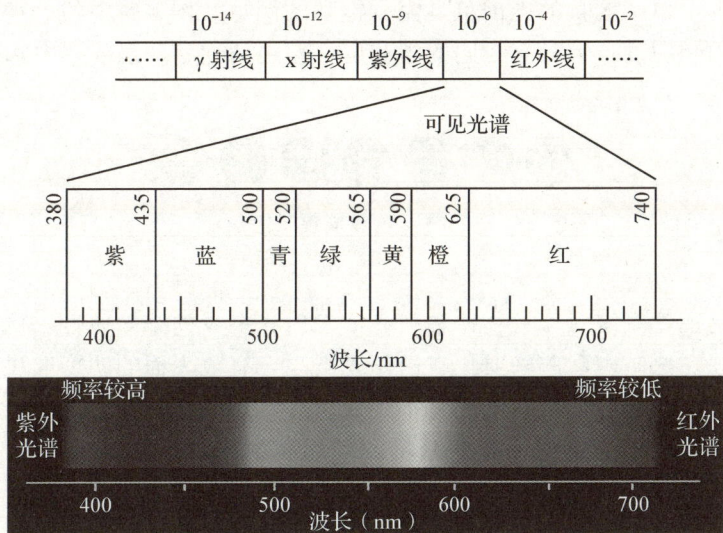

图 6-3　颜色和波长之间的对应关系

1. 色调

视觉系统对一个区域呈现的颜色的感觉，即对可见物体辐射或发射的光波波长的感觉。色调是最容易把颜色区分开的属性，用红（red ）、橙（orange）、黄（yellow）、绿（green）、青（cyan）、蓝（blue）、靛（indigo）、紫（violet）等术语来刻画，用于描述感知色调的术语是色彩（colorfulness），如浅蓝或深蓝的感觉，黑、灰、白为无色彩，色调在颜色圆上用圆周表示，圆周上的颜色具有相同的饱和度和明度，但它们的色调不同，见图 6-4。普通人可区分 200 种色调、50 种饱和度和 500 级灰度，颜色专业人士可辨认的色调数大约 300～400 种。

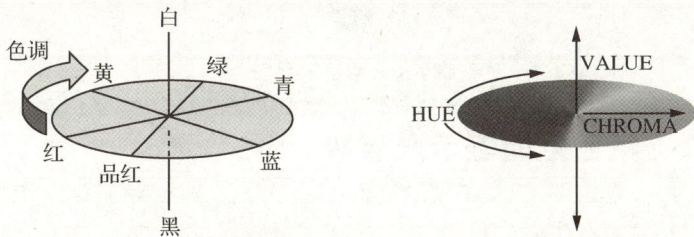

图 6-4　色调表示法

2. 饱和度

饱和度指颜色的纯洁性，可用来区别颜色明暗的程度，当一种颜色掺入其他光成分越多时，就说该颜色越不饱和，完全饱和的颜色是指没有渗入白光所呈现的颜色，单一波长的光谱色是完全饱和的颜色。图 6-5 中的七种颜色具有相同的色调和明度，但具有不同的饱和度，左边的饱和度最浅，右边的饱和度最深。

图 6-5　饱和度表示法

3. 明度

明度是视觉系统对可见物体辐射光或发射光多少的感知属性。例如，一根点燃的蜡烛在黑暗中看起来要比在白炽光下亮，有色表面的明度取决于亮度和表面的反射率，感知的明度与反射率不成正比，认为是一种对数关系。明度的主观感觉值目前无法用物理设备测量，可用亮度(luminance)即辐射的能量来度量，用一个数值范围表示，例如，0～10。图 6-6 中的七种颜色具有相同色调和饱和度，不同的明度，底部的明度最小，顶部的明度最大。

图 6-6　明度表示法

6.2.2　颜色空间表示与转换

1. 颜色空间

颜色空间是表示颜色的一种数学方法。对人，可以通过色调、饱和度和明度来定义颜色；对显示设备，用红、绿和蓝磷光体的发光量来描述颜色；对打印或印刷设备，使用青色、品红色、黄色和黑色的反射和吸收来产生指定的颜色。颜色感知的角度可考虑分成如下 3 类：

（1）混合（mixture）型颜色空间：按三种基色的比例合成颜色，如 RGB、CMY(K)和 XYZ；

（2）非线性亮度/色度（luma/chroma）型颜色空间：用一个分量表示非色彩的感知，用两个独立的分量表示色彩的感知，如 L^*a^*b、L^*u^*v、YUV 和 YIQ。当需要黑白图像时，使用这样的系统就非常方便；

（3）强度/饱和度/色调（intensity/saturation/hue）型颜色空间：用饱和度和色调描述色彩的感知，可使颜色的解释更直观，而且对消除光亮度的影响很有用，如 HSI、HSL、HSV 和 LCh。"颜色空间（color space）"和"颜色模型（color model）"互为同义词。

2. 颜色空间的表示

颜色空间通常用三维模型表示，常用代表三个参数的三维坐标来指定，这些参数描述颜色在颜色空间中的位置，但并没有告诉人们是什么颜色，其颜色要取决于使用的坐标。如图 6-7 表示用色调、饱和度和明度构造的 HSB(Hue，Saturation，and Brightness)颜色空间，色调用角度标定，红色标为 0°，青色标为 180°，饱和度的深浅用半径大小表示，明度用垂直轴表示。

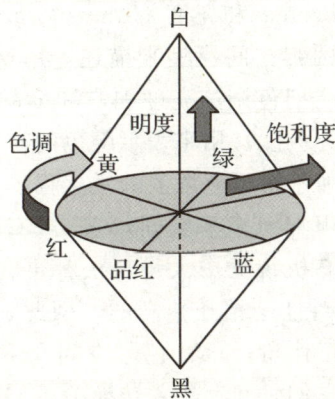

图 6-7　色调—饱和度—明度颜色空间

3. 颜色空间的转换

为满足不同的应用需求，需要在各种不同的颜色空间之间进行转换。如为艺术家选择颜色的方便、减少图像的数据量或满足显示系统的要求，几乎所有的颜色空间都是从 RGB 颜色空间导出的，因对视觉感知特性还不十分清楚，故对变换的计算模型产生不同程度的怀疑。

（1）CMY/CMYK 颜色空间。青、品红、黄（CMY，即 Cyan、Magenta、Yellow）彩色模型是彩色图像印刷行业使用的彩色空间，在彩色立方体中它们是红、绿、蓝的补色，称为减色基，而红、绿、蓝称为加色基。在 CMY 模型中，颜色是从白光中减去一定成分得到的。CMY 坐标可以从 RGB 模型中得到：

$$C= 1-R$$
$$M= 1-G$$
$$Y= 1-B$$

由于在印刷时 CMY 模型不可能产生真正的黑色，因此在印刷业中实际上使用的是 CMYK 彩色空间，K 为第四种颜色，表示黑色（black）。从 CMY 到 CMYK 的转换：

$$K= min(C，M，Y)$$
$$C= C-K$$
$$M= M-K$$
$$Y= Y-K$$

（2）HSI 颜色空间。HSI 色彩空间是从人的视觉系统出发，用色调（Hue）、色饱和度（Saturation 或 Chroma）和亮度（Intensity 或 Brightness）来描述色彩。HSI 色彩空间可以用一个圆锥空间模型来描述。用这种描述 HIS 色彩空间的圆锥模型相当复杂，但却能把色调、亮度和饱和度的变化情形表现得很清楚。通常把色调和饱和度通称为色度，用来表示颜色的类别与深浅程度。由于人的视觉对亮度的敏感程度远强于对颜色浓淡的敏感程度，为了便于色彩处理和识别，人的视觉系统经常采用 HSI 色彩空间，它比 RGB 色彩空间更符合人的视觉特性。在图像处理和计算机视觉中大量算法都可在 HSI 色彩空间中方便地使用，它们可以分开处理而且是相互独立的。因此，在 HSI 色彩空间可以大大简化图像分析和处理的工作量。HSI 色彩空间和 RGB 色彩空间只是同一物理量的不同表示法，因而它们之间存在着转换关系。

HSI 色彩模型是从人的视觉系统出发，用 H 代表色相（Hue）、S 代表饱和度（Saturation）和 I 代表亮度（Intensity）来描述色彩。饱和度与颜色的白光光量刚好成反比，它可以说是一个颜色鲜明与否的指标。因此如果我们在显示器上使用 HIS 模型来处理图像，将能得到较为逼真的效果。色相（Hue）指物体传导或反射的波长，常见的是以颜色如红色，橘色或绿色来辨识，取 0°~360°的数值来衡量。饱和度（Saturation）又称色度，是指色彩的强度或纯度，饱和度代表灰色与色调的比例，并以 0％（灰色）到 100％（完全饱和）来衡量。亮度（Intensity）是指颜色的相对明暗度，通常以 0％（黑色）到 100％（白色）的百分比来衡量。

（3）YUV 颜色空间。在现代彩色电视系统中，通常采用三管彩色摄像机或彩色 CCD(点耦合器件)摄像机，它把摄得的彩色图像信号，经分色、分别放大校正得到 RGB，再经过矩阵变换电路得到亮度信号 Y 和两个色差信号 R－Y、B－Y，最后发送端将亮度和色差三个信号分别进行编码，用同一信道发送出去。这就是我们常用的 YUV 色彩空间。采用 YUV 色彩空间的重要性是它的亮度信号 Y 和色度信号 U、V 是分离的。如果只有 Y 信号分量而没有 U、V 分量，那么这样表示的图就是黑白灰度图。彩色电视采用 YUV 空间正是为了用亮度信号 Y 解决彩色电视机与黑白电视机的兼容问题，使黑白电视机也能接收彩色信号。根据美国国家电视制式委员会 NTSC 制式的标准，当白光的亮度用 Y 来表示时，它和红、绿、蓝三色光的关系为：$Y＝0.3R＋0.59G＋0.11B$，这就是常用的亮度公式。色差 U、V 是由 B－Y、R－Y 按不同比例压缩而成的。如果要由 YUV 空间转化成 RGB 空间，只要进行相反的逆运算即可。与 YUV 色彩空间类似的还有 Lab 色彩空间，它也是用亮度和色差来描述色彩分量，其中 L 为亮度、a 和 b 分别为各色差分量。

YUV 与 RGB 相互转换的公式如下(RGB 取值范围均为 0-255)：

$$Y = 0.299R + 0.587G + 0.114B$$
$$U = -0.147R - 0.289G + 0.436B$$
$$V = 0.615R - 0.515G - 0.100B$$
$$R = Y + 1.14V$$
$$G = Y - 0.39U - 0.58V$$
$$B = Y + 2.03U$$

6.3　常见图像文件格式

6.3.1　BMP 格式

BMP 图像文件格式是微软公司为其 Windows 环境设置的标准图像格式，而且 Windows 系统软件中还同时内含了一系列支持 BMP 图像处理的 API 函数，随着 Windows 的不断普及，BMP 文件格式无疑也已经成为 PC 上的流行图像文件格式。它的主要特点是，文件结构与 PCX 文件格式类似，每个文件只能存放一幅图像，图像数据是否采用压缩方式存储取决于文件的大小与格式，用户可以根据需要进行选择。其中，非压缩格式是 BMP 图像文件所采用的一种通用格式，故此数据量比较大。

6.3.2　GIF 格式

GIF 格式，称为图像交换格式，由 CompuServe 公司设计开发。其最初的目的是为了方便网络用户传送图像数据而设计的一种文件格式。目前有两个版本：87a 和 89a。主要特点有：一个文件可以存放多幅图像，若选择适当的 Web 浏览器可以播放 GIF 动画，另外，GIF 只支持 256 种颜色，文件压缩比较高，是现在网上图像文件普遍使用的一种格式。

6.3.3　TIF(TIFF)格式

TIF 格式由 Aldus 和微软公司合作开发，最初用于扫描仪和桌面出版业，是工业标准格式，支持所有的图形类型，同时被许多图形应用软件支持。TIF 格式分为压缩和非压缩两类。非压缩的 TIF 独立于软、硬件环境。

6.3.4　PCX 格式

PCX 格式最初是由 Z-Soft 公司为其图像处理软件 PC Paintbrush 设计的文件格式。它是目前使用最广泛的图像文件格式之一。该格式简单，使用行程编码方法进行压缩，压缩比适中，适合于一般的软件使用，压缩和解压缩的速度都比较快。另外，由各种扫描仪扫描得到的图像几乎都能存成 PCX 格式。

6.3.5　JPEG 格式

JPEG(Joint Photographics Experts Group，联合图像专家组)利用基于 DCT 变换压缩技术来存储静态图像的文件格式，属于有损压缩。JPEG 格式图像是目前所有格式中压缩率最高的一种，广泛应用于网络图像的传输上。其特点是文件小，可以调整压缩比，失真率较小。

6.3.6　TGA 格式

TGA 文件格式是 Truevision 公司为支持图像的捕获而设计的一种图像文件格式，其全称为 Targa 文件格式。由于 Truevision 公司的 Targa 图形板可以直接显示 16M 种不同的彩色，而不必借助于调色板，因此它是一流的微机显示设备，而 TGA 图像文件格式则是一种适合于 Targa 板的图像显示文件格式。它支持任意大小的图像，而且图像的彩色可以从 1 位到 32 位，因此这种图像文件格式具有很强的颜色映像表达能力。另外，虽然 TGA 文件格式是针对特定显示卡而设计的，但现在已经广泛地应用于动画设计、真彩色扫描等领域，成为一种国际上通用的图像文件格式。

6.3.7　PNG 格式

PNG 格式是为了适应网络数据传输而设计的一种图像文件格式，用于取代 GIF 图像文件格式，其至还有望取代 TIF 图像文件格式。其主要特点有：在绝大多数情况下，压缩比高于 GIF 文件（一般可以提高 5%～20%）；利用 alpha 通道可以调节透明度；提供 48 位真彩色或者 16 位灰度图像；一个 PNG 文件只能存放一幅图像。

6.3.8　WMF 格式

WMF（Windows Metafile Format）是 Windows 中常见的一种图元文件格式，目前，其他操作系统尚不支持这种格式，如 Unix、Linux 等，其图像完全由 Win32 API 所拥有的 GDI 函数来完成。WMF 属于矢量文件格式，它具有文件短小（所占的磁盘空间比其他任何格式的图形文件都要小得多）、图案造型化的特点，整个图形常由各个独立的组成部分拼接而成，但是其图形往往较粗糙，显示图元文件的速度要比显示其他格式的图像文件慢，但是它形成图元文件的速度要远大于其他格式。

6.3.9　EPS 格式

EPS 文件是目前桌面印刷系统普遍使用的通用交换格式当中的一种综合格式。EPS 文件格式又被称为带有预视图像的 PS 格式，它是由一个 PostScript 语言的文本文件和一个（可选）低分辨率的由 PICT 或 TIFF 格式描述的图像组成。EPS 文件就是包括文件头信息的 PostScript 文件，利用文件头信息可使其他应用程序将此文件嵌入文档。EPS 文件虽然采用矢量描述的方法，但亦可容纳点阵图像，只是它并非将点阵图像转换为矢量描述，而是将所有像素数据整体以像素文件的描述方式保存。EPS 文件有多种形式，如按颜色空间有 CMYK EPS（含有对四色分色图像的 PostScript 描述部分和一个可选的低分辨率的图像）、RGB EPS、L* a* b EPS。另外不同软件生成的各种 EPS 文件也有一定区别，如 Photoshop EPS、Generic EPS、AI（EPS 格式的 Illustrator 软件版本）等。在交叉使用时应注意其兼容性。EPS 文件格式可用于像素图像、文本以及矢量图形的编码。

6.4　图形处理技术

∷∷

6.4.1　图形处理技术概述

在本章的第一节已经讲到了图形的概念以及图形的特点，本节将对图形的相关知识作进一步的介绍，包括图形处理的内容、图形系统的组成与基本功能、常用的图形输入输出设备以及图形系统的选择等内容。

1. 图形处理的内容

图形处理研究的内容如何通过计算机生成、处理和显示图形，其广泛用于计算机辅助设计与制造、计算机艺术、计算机动画、虚拟现实等领域。

(1)图形的输入。图形的输入是指利用图形输入设备及软件将图形输入到计算机中，以便用计算机进行各种变换处理。

(2)图形的变换处理。图形的变换处理包括对图形进行变换(如几何变换、投影变换、建模与造型)和运算(如图形的并、交、差运算)处理。

图形的变换包括两种基本变换，即图形的几何变换与参照坐标系变换。几何变换是指图形的几何属性(如位置、尺寸及形状等)产生变化而进行的变换。参照坐标系变换是指图形本身的几何属性不变，而其所在的参照坐标系发生变化而进行的变换。参照坐标系变换也可以说是指观察物体图形的参照坐标系的变换，相对于观察者而言就是指其观察物体图形的视角及位置的变换。

(3)图形的生成和输出。图形的生成和输出是研究图和将图形特定的表现形式转换成图形输出系统便于接受的表现形式，并将图形在显示屏、绘图仪或打印机等输出设备上显示输出。

2. 图形系统的组成与基本功能

计算机图形系统是计算机图形硬件和图形软件的集合。图形硬件包括具有图形处理能力的计算机、图形显示器以及鼠标和键盘等基本交互工具，还有图形输入板、绘图仪、图形打印机等输入输出设备，以及硬盘、光盘等存储设备。图形软件包括计算机系统软件、高级语言、图形处理应用软件。

图形系统的基本功能包括。

(1)计算功能。图形系统应能实现设计过程中所需要的计算、变换和分析功能，如直线、曲线、曲面等几何因素的生成，坐标的几何变换，线段和形体间的求交、裁剪计算以及光、色模型的建立等，都需要快速的计算能力。

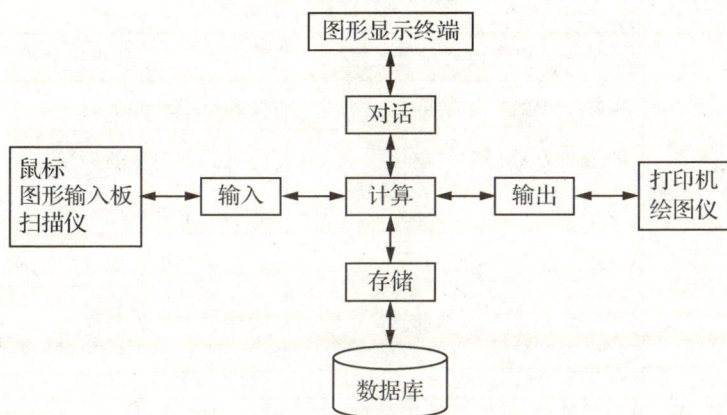

```
                    ┌──────────┐
                    │ 图形显示终端 │
                    └──────────┘
                         ↕
                    ┌──────┐
                    │ 对话 │
                    └──────┘
                         ↕
┌──────────┐  ┌──────┐  ┌──────┐  ┌──────┐  ┌──────────┐
│ 鼠标     │  │ 输入 │  │ 计算 │  │ 输出 │  │ 打印机   │
│ 图形输入板├──┤      ├──┤      ├──┤      ├──┤ 绘图仪   │
│ 扫描仪   │  └──────┘  └──────┘  └──────┘  └──────────┘
└──────────┘                ↕
                    ┌──────┐
                    │ 存储 │
                    └──────┘
                         ↕
                    ┌──────────┐
                    │  数据库  │
                    └──────────┘
```

图 6-8　图形系统的基本结构

(2)存储功能。在计算机的内存、外存中存放图形数据，尤其是存放形体几何元素(点、线、面)之间的连接关系以及各种属性信息，并且可基于设计人员的要求对有关信息进行实时检索、修改、增加、删除等操作。

(3)对话功能。图形系统应能通过图形显示器及其他人—机交互设备直接进行通信。利用定位、拾取等手段，输入或获取各种参数，同时应能领会人的意图，接受各种命令，实现增、删、改等操作，并能观察设计结果。

(4)输入功能。把图形设计和绘图过程中的有关定位、定位尺寸及必要的参数和命令输入到计算机中。

(5)输出功能。图形系统应能在屏幕上显示出设计过程当前的状态，经过增、删、改后的结果，在得到满意的设计结果或其他输出要求时，应能通过绘图仪、打印机等设备实现硬拷贝输出，以便长期保存。

3. 常用的图形输入输出设备

在一个基本的计算机图形系统中，图形输入设备是将用户的图形数据、各种命令转换成电信号传送给计算机，图形输出设备是将计算机处理好的结果转换成图形呈现在用户面前，如图形的显示、绘制和打印。

图形输出设备包括图形显示设备以及各种绘图仪和打印机。

图形输入设备从逻辑上分为 6 种，如表 6-1。实际的图形输入设备往往是某些逻辑输入功能的组合。

表 6-1   图形输入设备的逻辑分类

名称	相应典型设备	基本功能
定位	鼠标、键盘、触摸屏	键入一个点的坐标
笔画	图形输入板、数字化仪	键入一系列点的坐标
数值	键盘	输入一个整数或实数
选择	鼠标、光笔、键盘	在可选动作或选项中选择
拾取	鼠标、光笔等定位设备	选择一个显示对象
字符串	键盘	输入字符串

4. 图形系统的选择

在选择一个图形系统时，首先要对图形硬件和软件的组成做出合理的选择，其次还要考虑以下因素。

①系统如何与其他工作过程相互配合，如生产、设计以及人们的使用经验和习惯。

②经济因素，以最少的投资获得最大的收益，避免浪费。

③系统安装、运行、维护、管理的条件，选择要求硬件配置低、易于使用和维护的图形系统。

④用户界面，选择界面友好、操作方便的图形。

不少用户对图形系统了解不全面，他们只愿意出钱买硬件，不愿意花钱买软件，这往往也使图形硬件得不到充分的发挥。

目前采用的图形系统最流行的是个人计算机图形系统和工作站，再配上相应的图形输入输出设备和图形软件。

6.4.2   常用图形绘制软件

常见的矢量图形绘制软件有 Micromedia Fireworks、Adobe Illustrator、CorelDRAW、Macromedia FreeHand、AutoCAD 等，其中 Adobe Illustrator、CorelDRAW 是多媒体计算机领域中最常用的图形绘制软件。

1. CorelDRAW 及其特点

CorelDRAW 是加拿大 Corel 公司出品的运行于 Windows 平台的矢量图形制作工具软件，1989 年首次发布，它引入了全色矢量插图和版面设计程序，填补了图形图像处理在该领域的空白。目前该软件是国内外最流行的平面设计软件之一，它是把平面设计和计算机绘画功能融为一体的专业设计软件。为设计师提供了矢量动画、页面设计、网站制作、位图编辑和网页动画等多种功能，广泛地应用于商标设计、标识制作、模型绘制、插图描画、排版及分色输出等诸多领域。CorelDRAW 软件提供了各种图像处理功能，从矢量图像、位图到剪切图的连接修剪、图层处理等各种功能，同时支持图片扫描、数码相机、照片处理等多种时下流行且实用的功能。

CorelDRAW 是矢量图形处理软件中的佼佼者，是目前国内外最流行、功能最完善的图形设计工具之一。图 6-9 为目前最新版本 CorelDRAW 6X 的工作界面，其主要特点如下。

(1)CorelDRAW 采用矢量化的方法来表示绘制的对象。由于矢量化的方法仅保存图形的各种属性，因此可以大大减少保存绘制结果所使用的存储空间。

(2)面向对象的图形管理方法。CorelDRAW 中把一次性不间断绘制完成的矢量图形或一次性插入的文本等统称为一个"对象(Object)"。对象是构成 CorelDRAW 图形的基本单位。利用 CorelDRAW 面向对象的管理功能，可以方便地实现对象的选取、移动、复制、删除、改变大小等各种操作。

(3)丰富的绘图功能。CorelDRAW 提供了一整套的绘图工具，包括圆形、矩形、多边形、方格、螺旋线等，同时也提供了特殊笔刷，如压力笔、书写笔、喷洒器等，并配合塑性工具，对各种基本图形做出更多的变化，还有功能强大的特殊效果处理功能和填充功能，可以对封闭的对象进行标准填充和渐变填充、底纹填充、图样填充等特殊填充。

(4)强大的文本处理功能。CorelDRAW 的文本工具可以在绘图页面上添加"美术字"文本和"段落"文本，可以方便地对文本进行各种编辑操作、Corel-DRAW 提供了文本分栏、选择字体并设置其大小和属性，设置制表符和缩进、创建项目符号列表，调整字符、词、行和段落间隔，自动给文本加连字符等文本格式化功能；使用国际校对器对文本进行校对的文本校对功能；使用特殊文本特性实现如将文本环绕其他对象、按路径塑性文本等特殊的文本处理功能。在处理少量文本时，其功能之丰富远远超过其他文字处理软件。

(5)位图处理功能。允许用户导入位图并在用户的绘图中包含它们。用户可以使用移动、裁剪位图，也可以缩放、旋转或者倾斜一个位图。Corel-DRAW 还能对位图应用多种特殊效果，并增加了与 Photoshop 兼容的特效滤镜。

CorelDRAW 设计好的图形还可以输出为多种格式的图像保存。

(6)精确的操作方式。CorelDRAW 提供了一整套的图形精确定位和变形控制方案，这给商标、标志灯需要准确尺寸的设计带来极大的便利。

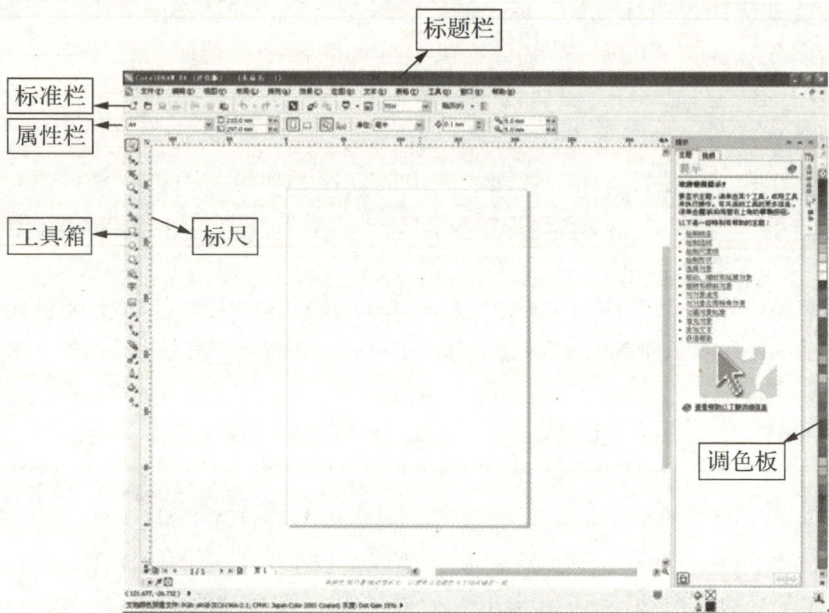

图 6-9　CorelDRAW 6X 的工作界面

2．Adobe Illustrator 及其功能特点

Adobe Illustrator 是美国 Adobe 公司推出的专业矢量绘图工具，是出版、多媒体和在线图像的工业标准矢量插画软件，与 CorelDRAW 属于竞争关系。Illustrator 的工作界面如图 6-10 所示，Adobe Illustrator 的功能特点如下。

（1）使用"即时色彩"探索、套用和控制颜色变化。"即时色彩"可用于选取任何图片，并以互动的方式编辑颜色，而能立即看到结果，使用"色彩参与"面板以快速选择色调、色相或调和色彩组合。

（2）与 Adobe Flash 整合。将原生 Illustrator 档案汇入 Flash CS3 Professional，或复制 Illustrator 的图稿并贴在 Flash 上，其路径、锚点、渐层、剪裁、遮色片和符号均保持不变。此外也会保留图层、群组和对象名称。

（3）绘图工具和控制项。比以往更快速、更流畅地在 Illustrator 中绘图。以便更容易、更有弹性的方式选取锚点，加上作业效能的提升以及全新的橡皮擦工具，均可帮助操作者有效地以直觉化方式建立图稿。

（4）操作效率高。快速的屏幕重绘、对象移动、移动检视、移位、缩放和变形功能，让操作者享受更迅速的绘图和编辑操作。

（5）控制面板。使用区分内容的控制面板中的锚点控制项、剪裁遮色片、封套扭曲等功能，让用户以更快的方式了解更多的选项，并释放屏幕空间。

（6）橡皮擦工具。使用橡皮擦工具可以快速移出图片中的区域，就像在 Photoshop 中擦除像素一样简单，而且可以完全控制擦除的宽度、形状和平滑度。

（7）新增文件描述档。选取所有类型媒体预先编译的描述档，让用户轻松地建立图稿，此外储存可指定设定参数的自定描述档，例如画板尺寸、样式和颜色空间。

（8）裁剪工具。以互动的方式定义要打印或输出的裁剪区域。选择含安全区域的预设网页比例或视频格式，并以直观方式设定裁剪标记。视需要定义多个裁剪区域，并轻松地在这些区域间移动。

（9）分离模式。将对象分成一组进行编辑，不干扰图稿的其他部分。轻松选取难以寻找的对象。

（10）Flash 符号。使用 Flash 符号让重复的对象成为动画，并同时维持文档大小不致过大。定义并命名符号对象属性，并将图稿导入 Flash CS3 Professional 进行进一步的编辑时保留这些属性。

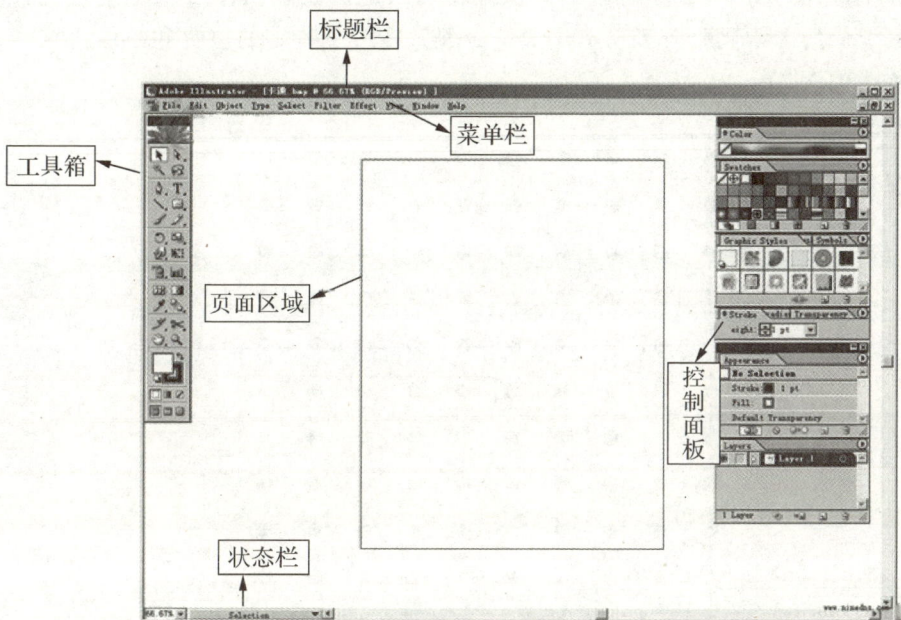

图 6-10　Illustrator 的工作界面

（11）与 Adobe Photoshop 的整合。Adobe Illustrator 和 Adobe Photoshop 配合使用，可创造出让人叹为观止的图形效果。

6.5　图像处理技术

21 世纪是一个充满信息的时代，图像作为人类感知世界的视觉基础，是人类获取信息、表达信息和传递信息的重要手段。

6.5.1　图像的数据表示

人眼识别的自然景象或图像源是一种模拟信号，为了使计算机能够记录和处理图像，必须先将其数字化，数字化后的图像称为数字图像。数字图像又称数码图像或数位图像，其数据表达形式是一组二维阵列数据，可以定义为一个二维函数 $f(x, y)$，其中 x 和 y 是二维平面坐标，用于描述点的位置，取值为非负整数，分别表示行、列坐标，如图 6-11。在 (x, y) 位置的函数值 $f(x, y)$ 称为图像在该点坐标的强度或灰度值，该值的大小由图像本身决定。在数字图像中，x、y 和 f 都是有限的离散数值。因此，数字图像可以看作是由有限元素组成的二维网格阵列，其中每一个元素有一个特定的位置和数值，这些元素称为像素。

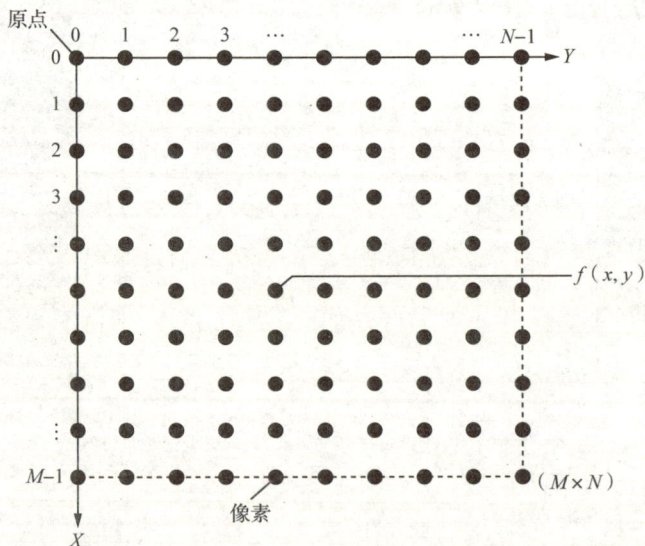

图 6-11　数字图像的表示

1. 二值图像

二值图像的二维矩阵仅由 0、1 两个值构成，"0"代表黑色，"1"代白色，因此图像中只有黑点与白点两种，没有中间的灰点。由于每一像素（矩阵中每一元素）取值仅有 0、1 两种可能，所以计算机中二值图像的数据类型通常为 1 个二进制位。二值图像通常用于文字、线条图的扫描识别（OCR）和掩膜图像的存储。二值图像如图 6-12 所示。

图 6-12　二值图像

2. 灰度图像

灰度图像矩阵元素的取值范围通常为[0，255]。因此其数据类型一般为 8 位无符号整数的（int8），就是人们经常提到的 256 灰度图像。在二维矩阵中，"0"表示纯黑色，"255"表示纯白色，中间的数字从小到大表示由黑到白的过渡色。在某些软件中，灰度图像也可以用双精度数据类型（double）表示，像素的值域为[0，1]，0 代表黑色，1 代表白色，0 到 1 之间的小数表示不同的灰度等级。二值图像可以看成是灰度图像的一个特例。

3. 索引图像

索引模式和灰度模式比较类似，它的每个像素点也可以有 256 种颜色容量，但它可以负载彩色。灰度模式的图像最多只能有 256 种颜色。当图像转换成索引模式时，系统会自动根据图像上的颜色归纳出能代表大多数的 256 种颜色，就像一张颜色表，然后用这 256 种来代替整个图像上所有的颜色信息。索引图像一般用于存放色彩要求比较简单的图像，如 Windows 中色彩构成比较简单的壁纸多采用索引图像存放，如果图像的色彩比较复杂，就要用到 RGB 真彩色图像。

4. RGB 彩色图像

计算机中一般用 RGB 颜色模型来表示彩色图像。RGB 图像分别用红(R)、绿(G)、蓝(B)三原色组合来表示每个像素的颜色,因此一个像素点有三个数据要表示,一幅彩色图相当于需要三个二维数组表示。RGB 图像的数据类型一般为 8 位无符号整数,因此每个点的像素值需要 3×8 位 $=3$ 字节。如红色分量的取值是 $0 \sim 255$ 范围的整数,若红色分量的取值是 0,则表示不含红色成分;若红色分量取值是 255,则表示含有 100% 的红色成分。绿色与蓝色分量的取值和含义类似于红色分量。由于每种颜色分量的取值有 256 种,那么三种颜色的组合有 $256 \times 256 \times 256 = 16\ 777\ 216$ 种,所以 RGB 真彩色图像可以表示 16 777 216 种颜色。

表 6-2 为常见颜色的 RGB 组合值。

表 6-2　常见颜色的 RGB 组合值

颜　色	R	G	B
红	255	0	0
绿	0	255	0
蓝	0	0	255
黄	255	255	0
紫	255	0	255
青	0	255	255
白	255	255	255
黑	0	0	0
灰	128	128	128

真彩色图的颜色高达 $256 \times 256 \times 256$ 种,即包含了上述提到的 R、G、B 颜色表示方法中所有的颜色,所以这种图叫作真彩色图。但是,真彩色图并不是说一幅图包含了所有的颜色,而是说它具有显示所有颜色的能力。

6.5.2　图像的数字化

1. 图像数字化的意义

计算机中的图像是以数字的方式存储与工作的,它把图像按行与列分割成 $m \times n$ 个网格,每个网格的图像表示为该网格的颜色平均值的一个像素,即用

一个 $m \times n$ 的像素矩阵来表达。那么，一幅图像图像数字化的过程中就包含了两个概念：模拟图像和数字图像。

模拟图像是指空间上连续/不分割、信号值不分等级的图像（如自然界的各种景物图、传统的照片等）。

数字图像是指空间上被分割成离散像素，信号值分为有限个等级、用数码 0 和 1 表示的图像。

图像数字化就是将连续色调的模拟图像经采样、量化后转换成数字图像的过程。图像数字化是进行数字图像处理的前提。图像数字化必须以图像的电子化作为基础，把模拟图像转变成电子信号，随后才将其转换成数字图像信号。如图 6-13 所示。

图像（模拟量）──→ 采样 ──→ 量化 ──→ 编码 ──→ 图像数字化

图 6-13　图像数字化过程

（1）采样。就是指要用多少点来描述一幅图像，采样结果质量的高低就是用前面所说的图像分辨率来衡量。一幅图像就是被采样成有限个像素点构成的集合，像素是计算机系统生成和再现图像的基本单位，像素的亮度、色彩等特征是通过特定的数值来表示的。例如：一幅 640×480 分辨率的图像，表示这幅图像是由 $640 \times 480 = 307200$ 个像素点组成。在图像分辨率一定时，总的点数越多图像越大，需要的存储空间也越大。采样需要考虑图像分辨率和图像的点数。

（2）采样后得到的亮度值（或色彩值）在取值空间上仍然是连续值。把采样后所得到的这些连续量表示的像素值离散化为整数值的操作叫量化。量化的结果是图像能够容纳的颜色总数，它反映了采样的质量。例如：如果以 4 位存储一个点，就表示图像只能有 16 种颜色；若采用 16 位存储一个点，则有 $2^{16} = 65536$ 种颜色。所以，量化位数越来越大，表示图像可以拥有更多的颜色，自然可以产生更为细致的图像效果。但是，也会占用更大的存储空间。两者的基本问题都是视觉效果和存储空间的取舍。

通常把图像的颜色（对于黑白图像为灰度）的取值范围分成 K 个子区间，在第 t 个子区间中选取某一个确定的色彩值 G_i，落在第 i 个子区间中的任何色彩值都以 G_i 代替，这样就有 K 个不同的色彩值，即颜色值的取值空间被离散化为有限个数值。

（3）编码压缩技术是实现图像传输与储存的关键。图像数字化后得到的图像数据量十分巨大，必须采用编码技术来压缩其信息量。图像的预测编码是将图像数据的空间变化规律和序列变化规律用一个预测公式表示，如果知道了某一像素的前面各相邻像素值之后，可以用公式预测该像素值。采用预测编码，一般只需传输图像数据的起始值和预测误差。

变换编码方法是将整幅图像分成一个个小的数据块，再将这些数据块经过变换、量化和编码，图像显示时再经过逆变换即可重构原来图像。

除了常见的压缩编码外，目前又出现了新的编码方法，如分形编码、小波变换图像压缩编码等，使图像的压缩率进一步提高。

2. 图像数字化的方法

图像信息的采集，主要运用已非常成熟的扫描技术，或者直接运用数字摄影技术。

(1)扫描仪。扫描技术使用的设备是经典的静态图像输入设备——扫描仪，其基本功能就是将反映图像特征的光信号转换成计算机可以识别的数字信号。扫描仪的核心部件是光学读取装置和模数(A/D)转换器。常用的光学读取装置有两种，即 CCD 和 CIS。

① CCD(Charge Coupled Device)。CCD 的中文名称是电荷耦合器件，与一般的半导体集成电路相似，它在一块硅单晶上集成了成千上万个光电三极管，这些光电三极管分成三列，分别被红、绿、蓝色的滤色镜罩住，从而实现彩色扫描。光电三极管在受到光线照射时可产生电流，经放大后输出。采用 CCD 的扫描仪技术经多年的发展已相当成熟，是市场上主流扫描仪主要采用的感光元件，其优势在于，经它扫描的图像质量较高，具有一定的景深，能扫描凹凸不平的物体；温度系数较低，对于一般的工作，周围环境温度的变化可以忽略不计。

②CIS(Contact Image Sensor)。CIS 的中文名称是接触式图像感应装置。它采用触点式感光元件(光敏传感器)进行感光，在扫描平台下 1mm～2mm 处，300～600 个红、绿、蓝三色 LED(发光二极管)传感器紧紧排列在一起，产生白色光源，取代了 CCD 扫描仪中的 CCD 阵列、透镜、荧光管和冷阴极射线管等复杂机构，把 CCD 扫描仪的光、机、电一体变成 CIS 扫描仪的机、电一体。用 CIS 技术制作的扫描仪具有体积小、重量轻、生产成本低等优点，但 CIS 技术也有不足之处，主要是用 CIS 不能做成高分辨率的扫描仪，扫描速度也比较慢。

衡量扫描仪质量的技术指标主要有分辨率、灰度等级、色彩深度、扫描速度、扫描幅面和缩放倍率等。

(2)数码相机。数字摄影技术所使用的设备是数码相机。数码相机用光电传感器和存储器取代了传统相机的感光胶片，通过相机上的液晶显示屏就可以看到实时拍摄的效果，并以图像文件的形式存储在存储器中。数码相机的主要技术指标有分辨率、色彩深度、存储器容量和拍摄速度等。这里的分辨率一般指像素点的总数量，用水平方向一行的点数与垂直方向一列的点数之积表示，如 640×480 的分辨率约相当于 30 万像素。

6.5.3　图像变换

在许多图像处理过程中，往往要采用各种图像变换方法对图像进行变换，这是因为图像阵列很大，如果直接在空间域中进行处理，涉及的计算量会很大。一般称原始图像为空间域图像，称变换后的图像为转换域图像，转换域图像可反变换为空间域图像。常见的图像变换方法有傅里叶变换、离散余弦变换、离散小波变换、K-L 变换等。

1. 傅里叶变换（Fourier Transform）

傅里叶变换是应用最广泛和最重要的变换，它源于傅里叶分析，傅里叶分析就是把一个任意函数展开成所谓的傅里叶级数，它的基本目的是要把一个信号分解为不同频率的分量之和。对于连续函数（模拟信号）进行傅里叶分析称为傅里叶变换，而对于离散的数字信号（如数字图像）做傅里叶变换则称作离散傅里叶变换。为了提高运算速度，计算机中多采用傅里叶快速算法。傅里叶变换公式如下。

$$F(\omega) = F[f(t)] = \int_{-\infty}^{\infty} f(t)e^{-iwt}dt$$

2. 离散余弦变换（Discrete Cosine Transform）

离散余弦变换经常为信号处理和图像处理所使用，用于对信号和图像（包括静止图像和运动图像）进行有损数据压缩。它是与傅里叶变换相关的一种变换，它类似于离散傅里叶变换，但是只使用实数。在傅里叶级数展开式中，如果被展开的函数是实偶函数，那么，其傅里叶级数中只包含余弦项，再将其离散化，由此可导出离散余弦变换。

离散余弦变换将在空间域中描述的图像信号变换到另一个正交向量空间（变换域）中。如果该正交向量空间的基向量与图像本身的特征向量很接近，那么经过正交变换后，系数间的相关性基本消除，能量主要集中在直流和少数低频的变换系数上。因此，对频率域变换系数编码的效率远远高于直接对空间域像素编码，从而达到图像压缩的目的。

3. 离散小波变换（Discrete Wavelet Transform）

离散小波变换在静态和动态图像压缩领域得到广泛的应用，并且已经成为某些图像压缩的国际标准(如 MPEG－4)的重要环节。利用小波变换技术可以实现对图像、视频和声音极好的压缩效果。小波变换的基本思想就是对信号进行细致的频率分离，即多分辨率分解，进行多级变换分解。

6.5.4 图像的编码压缩

由于图像数据之间存在着一定的冗余，所以使得数据的压缩成为可能。在满足一定保真度的要求下，对图像数据的变换、编码和压缩，去除多余数据减少表示数字图像时需要的数据量，以便于图像的存储和传输，因此压缩和编码是分不开的。

1. 编码压缩的原理

所谓图像数据间的冗余度，是由于一幅图像的各像素之间存在着很大的相关性，可利用一些编码的方法删去它们，从而达到减少冗余压缩数据的目的。为了去掉数据中的冗余，常常要考虑信号源的统计特性，或建立信号源的统计模型。图像的冗余包括以下几种：

(1)空间冗余。空间冗余是静态图像存在的最主要的一种数据冗余。一幅图像中，同一景物表面上各采样点的颜色之间往往存在着空间连贯性，从而产生了空间冗余。因此，可以通过改变物体表面颜色的像素存储方式来利用空间连贯性，达到减少数据量的目的。

(2)结构冗余。有些图像的纹理区中，图像的像素值存在着明显的分布模式，或者说存在着非常强的纹理结构，如草席图像，在结构上存在冗余，我们就称这种冗余为结构冗余。

(3)视觉冗余。人类的视觉系统对图像的任何变化，并不是都能感知的，即对图像场的敏感性是非均匀的和非线性的。但是在记录原始图像数据的时候，通常会假定视觉系统是线性的和均匀的，对视觉敏感和不敏感的部分同等对待，从而产生了更多的数据，这就是视觉冗余。

(4)时间冗余。图像序列中的两幅相邻的图像，后一幅与前一幅图像之间有较大的相关性，这表现为时间冗余。

(5)知识冗余。一些图像的理解与某些知识有相当大的相关性，如，人脸的图像具有固定的结构，这种规律性的结构可由先验知识和背景知识得到，我们把这种冗余称为知识冗余。根据已有知识，对某些图像中所包含的物体，可构造其基本模型，并创建对应各种特征的图像库，进而图像的存储只需要一些特征参数，从而减少数据量。

2. 编码压缩的方法

编码压缩的方法有许多种，从不同的角度出发有不同的分类方法，如从信息论角度出发可分为两大类。

（1）冗余度压缩方法。也称无损压缩，信息保持编码或熵编码。具体讲就是解码图像和压缩编码前的图像严格相同，没有失真，可以精确无误地从压缩数据中恢复出原始数据，从数学上讲是一种可逆运算。常见的无损压缩技术包括：

①哈夫曼编码；

②算数编码；

③行程编码；

④词典编码。

（2）信息量压缩方法。也称有损压缩、失真度编码或熵压缩编码。也就是解码图像和原始图像是有差别的，是以丢失部分信息为代价换取高压缩比，允许有一定的失真。常见的有损压缩技术包括：

①预测编码；

②变换编码；

③基于模型编码；

④分形编码；

⑤其他编码。

有损压缩技术主要应用于影像节目、可视化电话会议和多媒体网络等由音频、色彩图像和视频组成的多媒体应用中。

6.5.5　常见图像压缩标准

1. JPEG 标准

静像数据压缩标准 JPEG 是从 1986 年正式开始制定的。当时由两个国际组织联合支持，其一是国际标准组织 ISO，其二是国际电报电话咨询委员会 CCITT。到 1987 年 11 月，国际电工委员会 IEC 也参加合作，因此说 JPEG 是三个国际组织合作的成果。虽然从 1986 年开始，经过许多次国际会议讨论和修改后，于 1992 年 7 月 2 日表决通过标准的第一部分，但是还可能对有关测试标准草案（即标准的第二部分）作进一步的修改。JPEG 是 ISO 的标准，同时也是 CCITT 的推荐标准。

JPEG 是第一个国际图像压缩标准，用于连续色调静态图像（即包括灰度图像和彩色图像），包括了基于 DPCM（差分脉冲编码调制）、DCT（离散余弦变换）和哈夫曼编码的 3 个部分。JPEG 图像压缩算法能够在提供良好的压缩性能的同时，具有比较好的重建质量。这里仅介绍最常用的 DCT 压缩方法，即基线顺序编解码（Baseline Sequential Code）方法。

图 6-14 为基于 DCT 的编码器和解码器方框简图。图中输入端为源图像数据，分成 8×8 像素方块（Blocks）数据后才能输入正向离散余弦变换 FDCT（F 为 Forward 的缩写，即正向）。量化器所需的专用数据表由下方输入。熵编码器所需要的专用数据表也由下方输入。输出的压缩图像数据可以寄存，也可以直接送到解码器中。输入解码器的数据中，除了压缩图像数据外，还包含重建图像所必须的专用数据表等数据。经过熵解码器、去量化器和反向 DCT（即 IDCT）后，得到重建图像数据。

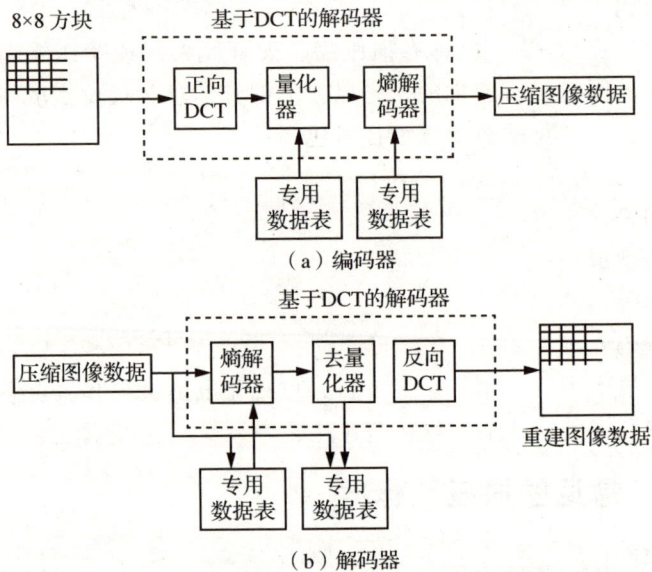

图 6-14　基于 DCT 的编码和解码器方框图

图 6-15 是较为详细的基于 DCT 的编码器和解码器方框图。由于解码过程只是编码的逆过程，故其方框图较简单。下面分段介绍各方框的作用。

JPEG 标准实际上有三个范畴：

①基本顺序过程（Baseline Sequential Process）实现有损图像压缩，重建图像质量达到人眼难以观察出来的要求。采用的是 8×8 像素自适应 DCT 算法、量化及哈夫曼型的熵编码器。

②基于 DCT 的扩展过程（Extended DCT Based Process）使用累进工作方式，采用自适应算术编码过程。

③无失真过程（Lossless Process）采用预测编码及哈夫曼编码（或算术编

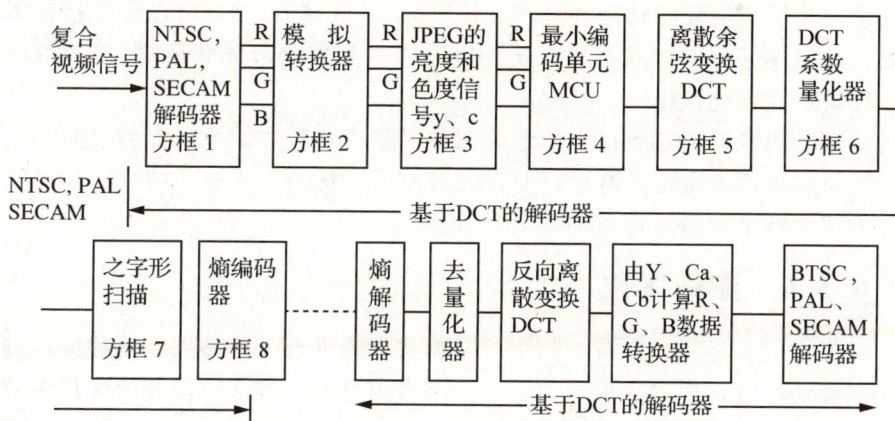

图 6-15　基于 DCT 的编解码方案

码），可保证重建图像数据与原始图像数据完全相同。

　　基本顺序过程是 JPEG 最基本的压缩过程，符合 JPEG 标准的软硬件/编码器都必须支持和实现这个过程。另外两个过程是可选扩展，对一些特定的应用项目有很大的实用价值。

　　2. JPEG 2000 标准

　　JPEG 2000 是基于小波变换的图像压缩标准，通常被认为是未来取代 JPEG（基于离散余弦变换）的下一代图像压缩标准，其压缩比更高，而且不会产生原先的基于离散余弦变换的 JPEG 标准产生的块状模糊瑕疵。JPEG 2000 文件的副档名通常为 . jp2，MIME 类型是 image. jp2。

　　JPEG 2000 标准具有如下的优点和缺点。

　　① 具有低码率下的超级压缩性能，这是它最重要的特点。

　　② 连续色调和二值压缩。对于连续色调图像和二值图像的压缩都具有比较好的效果。

　　③ 同时支持有损和无损压缩。

　　④ 能够实现按像素精度和图像分辨率的渐进传输，这也是 JPEG 2000 的一个极其重要的特征。它可以先传输图像的轮廓，然后逐步传输数据，不断提高图像质量，以满足用户的需要，这在网络传输中具有非常重大的意义。下载一个使用 JPEG 2000 压缩编码的图片时，用户可以先看到这个图片的轮廓或缩影，再决定是否下载。

　　⑤ 良好的抗误码特性。使用 JPEG 2000 的系统稳定性较好、运行平稳、抗干扰性较好，易于操作。

⑥对比特流的任意访问和处理支持"感兴趣区域"特性，可以任意指定图像上用户感兴趣区域的压缩质量，还可以选择指定的部分先解压缩，进行旋转、滤波、特征提取等操作。

⑦基于内容的描述允许在压缩的图像文件中含有对图像内容的说明。

⑧具有图像安全保护特性，允许通过水印、标签、冲压、指纹、加密和干扰等方式对数字图像进行保护。

6.5.6 图像增强

图像增强是将原来不清晰的图像变得清晰或强调某些感兴趣的特征，抑制不感兴趣的特征，使之改善图像质量、丰富信息量，加强图像判读和识别效果的图像处理方法。

图像增强处理是数字图像处理的一个重要分支。很多时候由于场景条件的影响图像拍摄的视觉效果不佳，这就需要图像增强技术来改善人的视觉效果，比如突出图像中目标物体的某些特点、从数字图像中提取目标物的特征参数等，这些都有利于对图像中目标的识别、跟踪和理解。图像增强处理主要内容是突出图像中感兴趣的部分，减弱或去除不需要的信息。这样使有用信息得到加强，从而得到一种更加实用的图像或者转换成一种更适合人或机器进行分析处理的图像。

图 6-16 图像的增强

根据增强处理所在的空间不同，图像增强技术可以分为基于空间域的增强方法和基于频率域的增强方法。基于空间域的增强方法直接在图像所在的二维空间里进行处理，即直接对每一像素的灰度值进行处理；基于频率域的增强方法是先将图像从空间域按照某种变换模型变换到频率域，然后在频率域空间对图像进行处理，最后将图像频率数据进行相应的反变换恢复出空间域数据。图像增强的方法主要有直方图均衡化法、灰度值调整法、空域滤波法、频域滤波法以及彩色增强法等。

图像增强的应用领域也十分广阔并涉及各种类型的图像。例如，在军事应用中，增强红外图像提取我方感兴趣的敌军目标；在医学应用中，增强 X 射线所拍摄的患者脑部、胸部图像确定病症的准确位置；在空间应用中，对用太空照相机传来的月球图片进行增强处理改善图像的质量；在农业应用中，增强遥感图像了解农作物的分布；在交通应用中，对大雾天气图像进行增强，加强对车牌、路标等重要信息进行识别；在数码相机中，增强彩色图像可以减少光线不均、颜色失真等造成的图像退化现象。

6.5.7　图像恢复与重建

图像恢复是通过计算机处理，对质量下降的图像加以重建或恢复的处理过程。在图像恢复中，需建立造成图像质量下降的退化模型，然后运用相反过程来恢复原来图像，并运用一定准则来判定是否得到图像的最佳恢复。图像重建是一个极其复杂的信号处理过程，采用某种滤波方法，去除噪声、干扰和模糊等，恢复或重建原来物体图像。常见的图像重建方法有投影重建方法、变换重建方法、级数展开重建方法和综合重建方法。

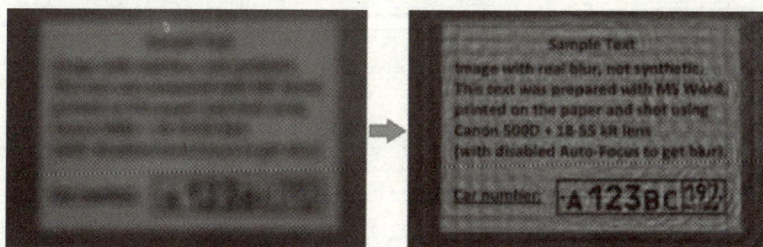

图 6-17　图像的恢复

图像重建不同于图像增强，图像增强不考虑图像是如何退化的，而是试图采用各种技术来增强图像的视觉效果。因此，图像增强可以不顾增强后的图像是否失真；而图像恢复与重建需知道图像退化的机制和过程等先验知识，据此找出一种相应的逆处理方法，从而得到重建的图像。

思考题

1. 图形与图像有什么区别？
2. 什么叫图像的分辨率？什么叫图像的颜色深度？
3. 图像的压缩编码方法有哪些？
4. JPEG 2000 与 JPEG 相比有什么特点？其压缩原理是什么？

第7章　视频处理技术

内容结构

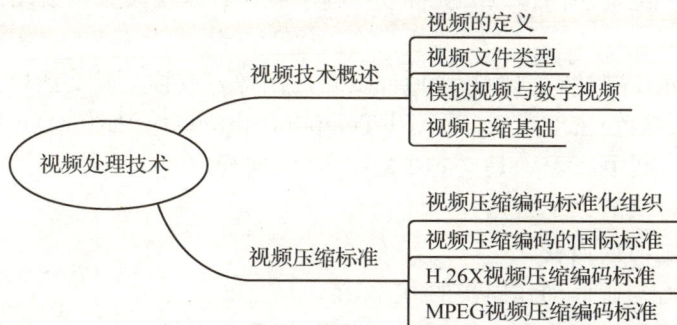

学习目标

1. 理解视频的定义、分类。
2. 了解视频压缩基础知识。
3. 了解视频压缩编码标准化组织。
4. 了解 MPEG、H.26X 视频压缩编码标准。

　　视觉是人类感知外部世界的一个最重要的途径，而计算机视频技术是把人们带到近于真实世界的最强大的工具。在多媒体技术中，视频信息的获取及处理无疑占有举足轻重的地位，视频处理技术在目前以至将来都是多媒体应用的一个核心技术，视频的应用不断向高清晰度、高帧率、高压缩率方向发展。

7.1 视频技术概述

7.1.1 视频的定义

人类接受的信息 70％来自视觉，其中活动图像是信息量最丰富、直观、生动、具体的一种承载信息的媒体。视频就其本质而言，实际上就是其内容随时间变化的一组动态图像(25 帧/s 或 30 帧/s)，所以视频又叫运动图像或活动图像。

从数学角度描述，视频指随时间变化的图像，或称为时变图像。时变图像是一种时空(颜色)密度模式(Spatial-Temporal Intensity Pattern)，可以表示为 $s(x, y, t)$，其中(x, y)是空间变量，t 是时间变量。

视频信号具有以下特点：

①内容随时间而变化；

②伴随有与画面动作同步的声音(伴音)。

图像与视频是两个既有联系又有区别的概念：静止的图片称为图像(Image)，运动的图像称为视频(Video)；两者的信源方式不同，图像的输入要靠扫描仪、数字照相机等设备，视频的输入只能是电视接收机、摄像机、录像机、影碟机以及可以输出连续图像信号的设备。

7.1.2 视频文件类型

随着科技的进步，人们使用多元化品牌的多样化设备进行拍摄视频文件，因此目前视频文件种类繁多。一般将视频的文件格式分为两大类：一是影像文件，一般用于本地高清电影欣赏；二是流式视频文件，一般用于网络传输或者在线视频欣赏。常见的视频格式主要有 AVI、MPEG、MP4、SWF、DAT、3GP、ASF、WMV、MOV、RA/RM/RAM/RMVB、FLV/F4V 等格式。常见的视频文件类型及其适合的播放视频文件的程序如表 7-1 所示。

表 7-1　常见视频文件类型表

序号	视频文件格式	扩展名	适合的播放器
1	AVI (Audio Video Inter-leaved)	avi	Windows 的媒体播放器
2	MPEG -1	mpg/mlv/mpe/mpeg/dat	RealPlayer/暴风影音/Windows Media Player 等
3	MPEG -2	mpg/mpe/mpeg/m2v/vob	RealPlayer/暴风影音/Windows Media Player 等
4	MPEG -4	asf/mov/DivX/avi	RealPlayer/暴风影音/Windows Media Player 等
5	MP4	mp4	MP4 播放
6	SWF	swf	Flash Player
7	DAT	dat	超级解霸
8	3GP	3gp/3g2	RealPlayer
9	ASF (Advanced Streaming Format)	asf	Windows Media Player
10	Windows Media Video	wmv	Windows Media Player
11	MOV(MOVIE)	mov/qt	QuickTime Player
12	RA/RM/RAM/RMVB	rm/rmvb	RealONE Player
13	FLV/F4V	flv	安装 FLASH ACTIVEX 插件便可在浏览器中观看

1. 影像文件

VCD、多媒体 CD 光盘中的视频都是影像文件，其文件较大，每分钟的视频信息达到几十兆字节。

(1)AVI 文件(＊. avi)。AVI 即音频视频交叉存取格式，1992 年微软公司推出了 AVI 技术及其应用软件 VFW(Video for Windows)。AVI 是一种 RIFF 文件格式，多用于音频视频捕捉、编辑、回放等应用程序中。AVI 是 Windows 操作系统上最基本、最常用的一种媒体文件格式，兼容性比较好，不过存在压缩比小、文件比较大的缺点。

(2)MPEG 文件(＊. mpeg/ ＊. mpg/ ＊. dat)。MPEG 不是简单的一种文件格式，MPEG 是个国际标准，即所谓 ISO11172，是基于 MPEG 方式压缩的数

字视频格式，是通过记录每帧间的差异信息（帧间压缩）来代替记录整幅画面内容，当画面只有小部分变动时，视频文件的数据量就会大幅度降低。MPEG标准包括 MPEG 视频、MPEG 音频和 MPEG 系统（视频、音频同步）三个部分。我们常见的 VCD 使用 MPEG-1 压缩方式，DVD 使用 MPEG-2 压缩方式。MPEG 的平均压缩比为 50：1，最高可达 200：1，压缩效率非常高，同时图像和音响的质量也非常好，并且在微机上有统一的标准格式，兼容性相当好。

2. 流式视频文件

（1）Real Video 文件（＊.ram/＊.ra/＊.rm/＊.rmvb）。RM 格式文件是 Real 公司的一大贡献，它可以实现即时播放，即先从服务器上下载一部分视频文件，形成视频流缓冲区后再实时播放，同时继续下载，为接下来的播放做好准备。这种方法特别适合在线观看影视节目。RM 格式文件主要用于在低速网上进行实时视频传输。经压缩后的 RM 文件具有体积小而图像清晰的特点，一部大小为 700MB 左右的 DVD 影片，如将其转录成同样品质的 RMVB 格式，最多也就 400MB 左右。

（2）Windows media 文件（＊.asf/＊.wmv）。WMV 是微软推出的可以直接在网上实时观看视频节目一种流媒体格式。它是由"同门"的 ASF（Advanced Streaming Format）格式升级延伸来的。它的压缩方式和 MPEG-4 基本相同，在同等视频质量下，WMV 格式的体积非常小，因此很适合在网上播放和传输，是一种很有潜力的压缩格式，具有良好的兼容性。

（3）ASF 文件（＊.asf）。ASF 是 Advanced Streaming format 的缩写，ASF 是微软为了和现在的 RealPlayer 竞争而发展出来的一种可以直接在网上观看视频节目的流媒体格式。由于它使用了 MPEG-4 的压缩算法，所以压缩率和图像的质量都很不错。

（4）Flash Video 文件（＊.flv）。Flash Video 格式的简称是 FLV，随着 Flash MX 的推出，Macromedia 公司开发了 FLV 流媒体格式。FLV 由于它形成的文件极小、加载速度也极快，这就使得网络观看视频文件成为可能，FLV 视频格式的出现有效地解决了视频文件导入 Flash 后，使导出的 SWF 格式文件体积庞大，不能在网络上很好的使用等缺点，因此目前国内外主流的视频网站都使用这种格式的视频在线观看。

（5）MOV 文件（＊.mov/＊.qt）。MOV 格式是美国苹果公司开发的一种视频格式。MOV 视频格式具有很高的压缩比率和较完美的视频清晰度，其最大的特点还是跨平台性，不仅能支持 Mac OS，同样也能支持 Windows 系列操作系统。MOV 格式的文件可通过 QuickTime 来播放。

(6)3GP 文件(＊.3gp/＊.3g2)。3GP 是一种 3G 流媒体的视频编码格式，主要是为了配合 3G 网络的高传输速度而开发的，也是目前手机中最为常见的一种视频格式。安装有 RealPlayer 播放器的智能手机可直接播放后缀为 rm 的文件。

7.1.3　模拟视频与数字视频

按照处理方式的不同，视频分为模拟视频和数字视频。

1. 模拟视频(Analog Video)

模拟视频是一种用于传输图像和声音的并且随时间连续变化的电信号。早期视频的记录、存储和传输都是采用模拟方式，例如人们在电视上所见到的视频图像是以一种模拟电信号的形式来记录的，它依靠模拟调幅的手段在空间传播，再用盒式磁带录像机将其作为模拟信号存放在磁带上。

模拟视频具有以下特点：

①以模拟电信号的形式来记录；

②依靠模拟调幅的手段在空间传播；

③使用盒式磁带录像机将视频作为模拟信号存放在磁带上。

传统的视频信号都是以模拟方式进行存储和传送的(图 7-1)，然而模拟视频不适合网络传输，在传输效率方面先天不足，而且图像随时间和频道的衰减较大，不便于分类、检索和编辑。

图 7-1　传统的模拟信号处理设备

2. 数字视频（Digital Video）

要使计算机能够对视频进行处理，必须把视频源，即来自于电视机、模拟摄像机、录像机、影碟机等设备的模拟视频信号，转换成计算机要求的数字视频形式，并存放在磁盘上，这个过程称为视频的数字化过程（包括采样、量化和编码）。

数字视频克服模拟视频的局限性，这是因为数字视频可以大大降低视频的传输和存贮费用，增加交互性（数字视频可通过光纤等介质高速随机读取），带来精确再现真实情景的稳定图像。

目前，数字视频的应用已经非常广泛，并带来一个全新的应用局面。首先，包括直接广播卫星（DBS）、有线电视、数字电视在内的各种通信应用均需要采用数字视频。其次，近年出现的一些产品，如 VCD、DVD、数字式便携摄像、直接广播卫星（OBS）机都是以 MPEG 视频压缩为基础的。

7.1.4　视频压缩基础

压缩是个动词，指把数据用更小的空间来存放的技术。视频压缩又称视频编码，是将体量巨大的视频数据进行大比例压缩从而实现高效传输和存储的技术。视频压缩的目标是在尽可能保证视觉效果的前提下减少视频数据率。如果不进行压缩，一秒钟"电视质量"的数字视频图像信号需要 27MB 的存储或传输容量。通过对视频的压缩，可以节省大量的存储空间。

图像和视频之所以能压缩，在于图像和视频中存在大量的数据冗余，如空间冗余、时间冗余度、结构冗余、知识冗余、视觉冗余、信息熵冗余、其他冗余等。

视频压缩就是将数据中的冗余信息去掉，保留相互独立的信息分量。目前常用的压缩编码方法分为两类：一类是冗余压缩法，也称无损压缩法，是可逆的；另外一类是有损压缩法，它减少了信息量，损失的信息是不能恢复，是不可逆的。

评价数据压缩的指标如下。

①压缩比：压缩编码后数据与原来的数据大小的比。

②失真度。

③算法的复杂性和运算速度。

1. 视频的数字化过程

要让计算机处理视频信息，首先要解决的是视频数字化的问题。视频数字化是将模拟视频信号经模数转换和彩色空间变换为计算机可处理的数字信号，与音频信号数字化类似，计算机也要对输入的模拟视频信息进行采样与量化，并经编码使其变成数字化图像。

(1)对视频采样的基本要求。对视频信号进行采样时必须满足 3 个方面的要求。

①要满足采样定理。对于 PAL 制电视信号，视频带宽为 6MHz，按照国标无线电咨询委员会 CCIR601 建议，亮度信号的采样频率为 13.5MHz，色度信号为 6.75MHz。

②采样频率必须是行频的整数倍。这样可以保证每行有整数个取样点，同时要使得每行取样点数目一样多，具有正交结构，便于数据处理。

③要满足两种扫描制式。数字视频信号的采样频率和格式在现行的扫描制式中主要有 625 行/50 场和 525 行/60 场两种，它们的行频分别为 15625Hz 和 15734.265Hz。国际电信联盟 ITU 建议的分量编码标准的亮度采样频率为 13.5MHz，这恰好是上述两种行频的整数倍。按照国际现行电视制式，亮度信号最大带宽是 6MHz。根据奈奎斯特采样定理，采样频率至少要大于 $2 \times 6 = 12$MHz，因此取 13.5MHz 也是合适的。

(2)数字视频的采样格式。根据电视信号的特征，亮度信号的带宽是色度信号带宽的两倍。因此其数字化时对信号的色差分量的采样率低于对亮度分量的采样率。如果用 Y∶U∶V 来表示 Y、U、V 三分量的采样比例，则数字视频的采样格式分别有 4∶1∶1、4∶2∶2 和 4∶4∶4 三种。

电视图像既是空间的函数，也是时间的函数，而且又是采用隔行扫描方式，所以其采样方式比扫描仪扫描图像的方式要复杂得多。分量采样时采到的是隔行样本点，要把隔行样本组合成逐行样本，然后进行样本点的量化，再将 YUV 转换到 RGB 色彩空间等，最后才能得到数字视频数据。

(3)4∶2∶2 采样格式。模拟视频的数字化包括不少技术问题，如电视信号具有不同的制式而且采用复合的 YUV 信号方式，而计算机工作在 RGB 模式；电视机是隔行扫描，计算机显示器大多逐行扫描；电视图像的分辨率与显示器的分辨率也不尽相同等等。因此，模拟视频的数字化主要包括色彩空间的转换、光栅扫描的转换以及分辨率的统一。

模拟视频一般采用分量数字化方式，先把复合视频信号中的亮度和色度分离，得到 YUV 或 YIQ 分量，然后用 3 个模数转换器对 3 个分量分别进行数字化，最后再转换成 RGB 模式。

为了在 PAL、NTSC 和 SECAM 电视制式之间确定共同的数字化参数，CCIR 制定了广播级质量的数字电视编码标准，称为 CCIR 601 标准(现在的

ITU-R 标准）。在该标准中，对采样频率、采样结构、色彩空间转换等都作了严格的规定。根据实验，人眼对颜色的敏感程度远不如对亮度信号那么灵敏，所以色度信号的采样频率可以比亮度信号的采样频率低，以减少数字视频的数据量。ITU-R 建议使用了 4∶2∶2 采样结构。所谓"4∶2∶2"是指色度信号取亮度信号采样频率的一半，即此时信号是用一个亮度分量、两个色度分量来表达的，其格式如图 7-2 所示。

根据 ITU 推荐的采样频率，可计算出在不同的采样格式下数字视频的数据量。

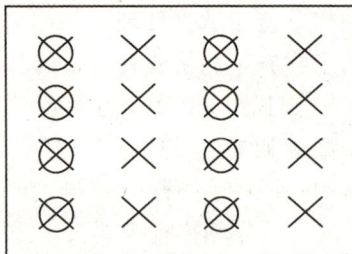

图 7-2　4∶2∶2 采样采用格式

表 7-2　视频数据量

采样格式（Y∶U∶V）	数据量（MB/s）
4∶2∶2	27
4∶4∶4	40

从表 7-2 中可看出，未压缩的数字视频数据量十分巨大，对于目前的计算机和网络存储或传输都是不现实的，因此在多媒体中应用数字视频的关键问题是数字视频的压缩技术。

2. 视频信号的量化

采样过程是把模拟信号变成了时间上离散的脉冲信号，量化过程则是进行幅度上的离散化处理。因此在时间轴的任意一点上量化后的信号电平与原模拟信号电平之间在大多数情况下总是有一定的误差，量化所引入的误差是不可避免的，同时也是不可逆的，由于信号的随机性，这种误差大小也是随机的。这种表现类似于随机噪声效果，具有相当宽度的频谱，因此通常又把量化误差称为量化噪声。但量化误差与噪声是有本质的区别的。

如果视频信号量化比特率为 8 位，信号就有 $2^8=256$ 个量化值。若最大信号正好用足 8 位的话，小于 17256 的信号就只能当 0 处理了，而且每两个相邻数字的差距也必需大于 1/256 才能分得开，当两个原来不同的数值用同一个二进制值来表示时，实际数值与记录数值之差就成为量化噪声，所以，比特率已决定了整个系统的理想状态下的最小噪声、动态范围和信噪比，模拟信号在理想状态是没有这种限制的。亮度信号用 8 位量化，灰度等级最多只有 256 个，如果 R、C、B 三个色度信号都用 8 位量化，就可以获得 $256 \times 256 \times 256 = 16777216$，即近 1700 万种色彩。不同的量化位数所获得的灰度等级不同，如

图 7-3 所示。

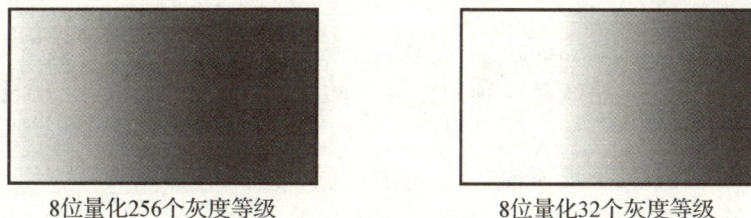

8位量化256个灰度等级   8位量化32个灰度等级

图 7-3　量化位数与灰度等级

量化位数率愈多，层次就分得愈细，但数据量也成倍上升。每增加一位，数据量就翻一番，例如 DVD 播放机视频量化位数多为 10 位，灰度等级达到 1024 级，然而数据量是 8 位量化的 4 倍。

量化的过程是不可逆的，这是因为量化本身给信号带来的损伤是不可弥补的。量化时位数选取过小则不足以反映出图像的细节，位数选取过大则会产生庞大的数码率，从而占用大量的频带，给传输带来困难。有一种方法可以用小量化位而获得大数量化位时的效果。

降低量化误差的方法最直接的就是增加量化级数减小最小量化间隔，但由此带来码率的增加从而要求更大的处理带宽，一般现在的视频信号均采用 8 位、10 位，在信号质量要求较高的情况下采用 12 位量化。

正如模拟音频信号传输过程中采用不均匀量化一样。在视频信号的量化过程中也可以采用不均匀量化方式，即将模拟信号先进行对数变换，其目的是让变化量大的地方变化小，让变化量小的地方变化大，然后，再进行普通的 8 位量化，经传输后再恢复出来的模拟信号可以通过指数变换予以还原，此时，信号传输的效果类似于 12 位量化的效果。

3. 视频信号的压缩与编码

抽样、量化后的信号转换成数字符号才能进行传输，这一过程称为编码。视频压缩编码的理论基础是信息论。信息压缩就是从时间域、空间域两方面去除冗余信息，将可推知的确定信息去掉。

在通信理论中，编码分为信源编码和信道编码两大类。所谓信源编码是指将信号源中多余的信息除去，形成一个适合用来传输的信号。为了抑制信道噪声对信号的干扰，往往还需要对信号进行再编码，使接收端能够检测或纠正数据在信道传输过程引起的错误，这称为信道编码。

视频编码技术主要包括 MPEG 与 H.26X 标准，编码技术主要分成帧内编码和帧间编码。前者用于去掉图像的空间冗余信息，后者用于去除图像的时间冗余信息。

4. 数字视频 DV 格式

数字视频(Digital Video，简称 DV)是定义压缩图像和声音数据记录及回放过程的标准。DV 格式是一种国际通用的数字视频标准，是由 10 余家公司共同制定的标准。

DV 格式具有如下视频特点：

①高清晰度，水平分辨率可达 500 线；

②宽色度带宽，还原色彩绚丽的图像。

当前有三种常用 DV 格式：miniDV、DVCPro 和 DVCam。miniDV 最常见，通常是家用摄像机使用的格式，DVCPro 和 DVCam 为专业格式。

DV 格式数字摄像机对视频采用 4∶1∶1 数字分量采样标准，8bit 量化，基于离散余弦变换 DCT 的 5∶1 帧内压缩，数据传输率为 24.948Mb/s。对音频信号采用两种 PCM 脉冲调制编码方式，一是采样频率 48kHz、16 位量化的双声道立体声方式，另一种是采样频率为 32kHz、12 位量化的四声道方式，这种方式可方便后期编辑中的配音配乐。

目前 DV 格式数字摄录机，其记录图像的水平分辨率为 500 线。在记录过程中，亮度信号 Y 与两个色差信号 U 和 V，三者不在同一频带传输，且分别记录，避免了相互串扰和影响。此外，视频和音频信号在输出时先要进入数字存储器，然后以新的时间码标准输出，这样就消除了使用模拟机常见的图像抖动、扭曲等时间码误差，使图像和声音更加稳定。使用数字存储器还能有效地进行信号补偿，消除模拟机播放录像时常见的"雪花"现象。同时，由于对声音的处理采用了与音乐 CD 和数字录音带相同的编码方式，所以图像清晰度高、色彩还原逼真、音响效果好。

7.2 视频压缩标准

7.2.1 视频压缩编码标准化组织

有关国际组织经过多年大量的工作制定相关视频压缩编码标准，ITU-T 和 ISO/IEC 是制定视频编码标准的两大组织。视频压缩编码系列标准的颁布对信息产业产生了深刻的影响。

1. ISO/IEC

ISO 和 IEC 负责制定了 MPEG 系列视频压缩编码标准，主要应用于视频存储（DVD）、广播电视、互联网或无线网上的流媒体等。

ISO 已公布并产业化的 MPEG 系列标准有 MPEG-1，MPEG-2 和 MPEG-4。

2. ITU-T

国际电信同盟远程通信标准化组织（ITU Telecommunication Standardization Sector International Telecommunications Association）成立于 1993 年，其前身为国际电报电话咨询委员会 CCITT。ITU-T 制定出了 H.26X（包括 H.261、H.263、H.264、H.265）系列电信行业的国际标准，主要应用于实时视频通信领域，如会议电视等。这两个组织也共同制定了一些标准，H.262 标准等同于 MPEG-2 的视频编码标准，H.264 标准则被纳入 MPEG-4 的第 10 部分，2010 年，共同立项了联合项目高效视频编码 HEVC（High Efficiency Video Coding），也就是 H.265 标准，2013 年，ITU 正式批准通过了 HEVCH.265 标准。图 7-4 是两大组织制定的系列标准示意图。

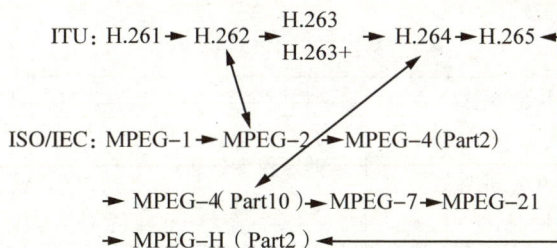

图 7-4　视频压缩编码国际组织制定的系列标准图

7.2.2　视频压缩编码的国际标准

数字视频技术广泛应用于通信、计算机、广播电视等领域，带来了会议电视、可视电话及数字电视、媒体存储等一系列应用，促使了许多视频压缩编码标准的产生。视频压缩技术标准化有着非常重要的意义，不同的视频压缩技术，不同的视频格式，以及在计算机、电信及家用电器行业中有着不同视频应用设备。只有实现标准化，才能带动集成电路的大量生产，大幅度降低视频压缩产品成本，解决不同厂家设备的通用性。

1. MPEG 压缩编码标准

视频压缩系列标准 MPEG-X 主要用于视频存储播放应用中，例如，VCD 中的视频压缩标准是 MPEG-1，DVD 中的视频压缩标准是 MPEG-2。MPEG-4 和 H.264 则可以广泛应用于多领域中，MPEG-4 已在无线视频通信和流媒体应用中得到采用。

MPEG 运动图像专家组其实质上的名称为国际标准化组织和国际电工委员会联合技术委员会（JTC）的第 29 分委员会的第 11 工作组，即 ISO/IEC JTC1/SC29/WG11，成立于 1988 年，其任务是制定世界通用的视音频编码标准。因为广播电视数字化所产生的海量数据对存储容量、传输带宽、处理能力及频谱资源利用率提出了不切合实际的要求，使数字化难以实现，为此，该专家组基于帧内图像相邻像素间及相邻行间的空间相关性和相邻帧间运动图像的时间相关性，采用压缩编码技术，将那些对人眼视觉图像和人耳听觉声音不太重要的东西及冗余成分抛弃，从而缩减了存储、传输和处理的数据量，提高了频谱资源利用率，制定了如表 7-3 所示的一系列 MPEG 标准，使数字化正在变为现实。其中，MPEG 是一组用于视音频压缩编码及其数据流格式的国际标准。它定义了编解码技术及数据流的传输协议；制定了 MPEG-2 解码器之间的共同标准（MPEG-2 编码器之间尚无共同标准）。

表 7-3　MPEG 标准

标准简称	标准全称	制定专家组	批准时间
MPEG-1	最高约 1.5Mb/s 数字存储媒体的运动图像及伴音编码	运动图像专家组（第一阶段）	1988 年开始制定，1992 年通过，作为 ISO/IEC11172 号文件
MPEG-2	运动图像及伴音编码标准，视频码率：4～10Mb/s	运动图像专家组（第二阶段）	1990 年 7 月开始制定，1994 年 11 月通过，作为 ISO/IEC13818 号文件
MPEG-4	视音频对象的编码标准视频码率：5Kb/s～5Mb/s	运动图像专家组	1993 年 7 月开始制定，1999 年 5 月通过，作为 ISO/IEC14496 号文件
MPEG-7	多媒体内容描述接口标准	运动图像专家组	1997 年 7 月开始制定，2001 年 12 月产生标准草案，作为 ISO/IEC14496 号文件
MPEG-21	多媒体框架标准	运动图像专家组	1991 年 10 月形成多媒体框架理念，2000 年 5 月开始制定，原计划 2002 年 2 月完成

MPEG-1 用于多媒体和 VHS 质量的广播电视，它的出现掀起了 VCD 发展的高潮。

MPEG-2 用于常规数字电视和高清晰度电视，它的出现使人们进入了由模拟电视向数字或高清晰度电视过渡的时代。

MPEG-4 用于无线窄带可视通信以及可视电话，它的出现对以下各方面产生了较大的影响：数字电视、动态图像、实时多媒体监控、低比特率下的移动多媒体通信、内容存储和检索多媒体系统、互联网/内联网上的视频流与可视游戏、基于面部表情模拟的虚拟会议、DVD 上的交互多媒体应用、基于计算机网络的可视化合作实验室场景应用、点播电视等。

MPEG-7 与上述标准相对独立，其宗旨是为人们的社会生活提供便利的多媒体服务。实现关键在于建立多媒体数据库和相应搜索引擎之间的接口，这是 MPEG-7 讨论的范畴。

MPEG-7 预见到由文本信息时代向多媒体信息时代过渡的必然，其构想的基于内容和语义的多媒体搜索引擎将使人们面对浩如烟海的多媒体信息库不再茫然，而是"所想即所得"，真正置身于随心所欲的多媒体世界。

MPEG-1、MPEG-2 和 MPEG-4 着重研究音频视频的高效压缩编码问题，MPEG-7 对多媒体对象的存储、编码不作专门讨论，而是将研究重点放在多媒体对象的特征提取、数据库的类层次划分、不同数据类型(如人物动作、背景、配音、主题思想)之间有机联系等方面，它所处理的数据信号甚至包括模拟信号。

在与 MPEG 其他标准的联系方面，MPEG-4 中提出的基于对象编码的思想与 MPEG-7 的构想非常一致，将成为多媒体数据库中的音频视频对象进行处理(包括特征提取、压缩编码)的基本手段；反之，MPEG-7 的多媒体内容描述模块将对 MPEG-1、MPEG-2 起到性能提高和功能扩展的作用。简言之，MPEG-1、MPEG-2 和 MPEG-4 既是 MPEG-7 的工具和手段，又是 MPEG-7 的应用对象。

2. H.26X 压缩编码标准

视频压缩系列标准 H.26X 主要用于视频通信应用中，例如，基于 ISDN 网络的 H.320 框架的视频标准为 H.261、H.263 和 H.264，基于 LAN 网络的 H.323 和基于 PSTN 网络的 H.324 框架的视频标准为 H2.61 和 H.263。2003 年 3 月，ITU-T 和 ISO/IEC 正式公布了 H.264 视频压缩标准。H.264 与 H.263 或 MPEG-4 相比，在同样质量下，其数码率能降低一半左右，或者说在同样码率下，其信噪比明显提高。这样一来，H.264 标准在国际上受到了广泛地重视和欢迎。H.264/AVC 标准应用领域非常广泛，包括低码率的无线应用、标准清晰度和高清晰度的电视广播应用、互联网上的视频流应用、传输高清晰度的 DVD 视频以及数码相机的高质量视频应用。H.265 作为新一代的视频压缩技术，其核心的优势在于相比之前的历代标准，可以在同样的图像质量下，大幅降低压缩码率。例如，在相同的图像质量下，相比于 H.264，通过 H.265 编码的视频大小将减少大约 39%~44%。

3. 其他视频编码标准

AVS 视频编码标准是由我国自主制定的音/视频编码技术标准，已由国际电子信息领域影响最大的学术组织 IEEE(Institute of Electrical and Electronics Engineers)颁布出版，标准号为 IEEE 1857，主要面向高清晰度电视、高密度光存储媒体等应用。2012 年增强版 AVS＋由国家广播电影电视总局颁布为行业标准，中央电视台已经进行了试播。AVS 标准以当前国际上最先进的 MPEG-4 AVC/H.264 框架为基础，强调自主知识产权，同时充分考虑了实现的复杂度。相对于 H.264，AVS 的主要特点有：

①8×8 的整数变换与 64 级量化；

②亮度和色度帧内预测都是以 8×8 块为单位，亮度块采用 5 种预测模式，色度块采用 4 种预测模式；

③采用 16×16、16×8、8×16 和 8×8 四种块模式进行运动补偿；

④在 1/4 像素运动估计方面，采用不同的四抽头滤波器进行半像素插值和 1/4 像插值；(5)P 帧可以利用最多 2 帧的前向参考帧，而 B 帧采用前后各一个参考帧。

Windows Meida 9(WM9)是微软公司开发的新一代数字媒体技术。一些测试表明，WM9 的视频压缩效率比 MPEG-2、MPEG-4 SP 及 H.263 高很多，而与 H.264 的压缩效率相当。

7.2.3　H.26X 视频压缩编码标准

1. H.261 视频压缩编码标准

(1)H.261 视频压缩编码标准。1990 年 12 月，ITU-T 正式公布 H.261 标准，又称为 P＊64，P 是一个可变参数，取值范围为 1~30。设计目的是能够在带宽为 64Kb/s 的多重数据率的综合业务数字网 ISDN 上传输质量可接受的视频信号，主要是针对视频电话和可视会议而制定的标准。

H.261 标准是最早的运动图像压缩标准，属于视频编解码器。它详细制定了视频编码的各个部分，包括运动补偿的帧间预测、DCT 变换、量化、熵编码，以及与固定速率的信道相适配的速率控制等部分。H.261 使用混合编码框架，包括基于运动补偿的帧间预测，基于离散余弦变换的空域变换编码、量化、zig-zag 扫描和熵编码。H.261 编码时基本的操作单位称为宏块。

H.261 使用 YCbCr 颜色空间，并采用 4∶2∶0 色度抽样，每个宏块包括 16×16 的亮度抽样值和两个相应的 8×8 的色度抽样值。H.261 标准仅仅规定了如何进行视频的解码，并没有定义编解码器的实现。编码器可以按照自己的需要对输入的视频进行任何预处理，解码器也有自由对输出的视频在显示之前进行任何后处理。H.261 只对 CIF 和 QCIF 两种图像格式进行处理，每帧图像分成图像层、宏块组(GOB)层、宏块(MB)层、块(Block)层来处理，但它适应了有限的硬件和软件处理器性能，获得了里程碑式的成功。

(2)H.261 视频压缩编码算法。H.261 视频压缩编码算法主要有变换编码、帧间预测和运动补偿。帧内编码采用 JPEG，帧间采用预测编码和运动补偿。编码算法的数据率主要设置于 40Kbs/s～2Mb/s 之间。H.261 标准的关键技术与 MPEG-1 的基本原理十分相似，H.261 标准的编码算法只是传输速率 P×64Kb/s 覆盖较宽的信道频带，而 MPEG-1 是基于较窄的频带上传输。在 H.261 的编码序列中，只有帧内图(I 图)和预测图(P 图)但没有插补图(B 图)，其解码图像序列如图 7-5 所示。

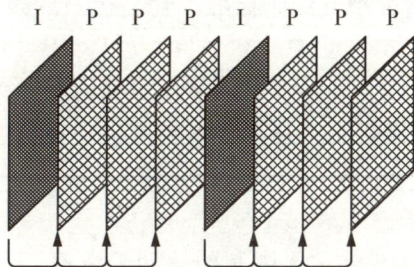

I　P　P　P　I　P　P　P

图 7-5　H.261 解码图像序列图

H.261 的压缩编码过程要经过转换、前处理、源编码、视频复合和传送编码等多个过程。H.261 视频压缩编码方案包括信源编码和统计(熵)编码两部分。信源编码采用失真的编码方法，又分为帧内编码和帧间编码。图 7-6 是 H.261 标准编码器的结构图。

帧内编码算法一般采用基于 DCT 8×8 块的变换编码方法。8×8 块的 DCT 系数经线性量化，经视频多路编码器进入缓冲器，通过掌握缓冲器空满度，改变量化器的步长来调节视频信息比特流，与信道传输速率匹配。帧内编码的结果送到视频多路解码器，经解码后重建图像存入缓冲区以备帧间编码使用。

帧间编码采用混合编码方法可减少时域的冗余信息。DPCM 编码对当前

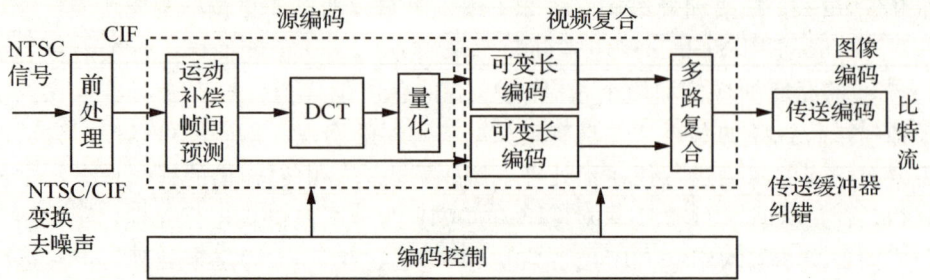

图 7-6　H.261 标准编码器的结构图

宏块与该宏块的预测值的误差进行编码，当误差大于某阈值时，对误差进行DCT 变换，量化处理，然后和运动向量信息一起送到视频多路编码器，必要时可使用循环滤波器，滤掉高频噪声，改善图像质量，熵编码利用信号统计特性来减少比特率。

2.H.263 视频压缩编码标准

(1)H.263 简介。H.263 是 ITU-T 在 1996 年 3 月制定的第一个专为低于64kb/s 的窄带通信信道的视频编码标准。它是在 H.261 基础上扩展而形成的，支持的图像格式包括 Sub-QCIF（128×96）、QCIF、CIF、4CIF 和 16CIF（1408×1152）的彩色 4：2：0 取样。该标准对帧内压缩采用变换编码，对帧间压缩采用预测编码进行改进，包括半像素精度运动补偿、无限制运动矢量、基于句法的算术编码（Syntax-based arithmetic coding）、先进的预测算法和PB 帧。

(2)H.263 新的编码模式。无限制的运动矢量模式允许运动矢量指向图像以外的区域。当某一运动矢量所指的参考宏块位于编码图像之外时，就用其边缘的图像像素值来代替。当存在跨边界的运动时，这种模式能取得很大的编码增益，特别是对小图像而言。

另外，这种模式包括了运动矢量范围的扩展，允许使用更大的运动矢量，这有利于摄像机运动方式的编码。

基于句法的算术编码模式使用算术编码代替哈夫曼编码，可在信噪比和重建图像质量相同的情况下降低码率。

先进的预测模式允许一个宏块中 4 个 8×8 亮度块各对应一个运动矢量，从而提高了预测精度；两个色度块的运动矢量则取这 4 个亮度块运动矢量的平均值。补偿时，使用重叠的块运动补偿，8×8 亮度块的每个像素的补偿值由 3个预测值加权平均得到。使用该模式可以产生显著的编码增益，特别是采用重叠的块运动补偿，会减少块效应，提高主观质量。

PB－帧模式规定一个 PB－帧包含作为一个单元进行编码的两帧图像。PB－帧模式可在码率增加不多的情况下，使帧率加倍。

(3)H.263 的码流结构。H.263 定义的码流结构是分级结构，共四层。自上而下分别为：图像层(picture layer)、块组层(GOB layer)、宏块层(macro block layer)和块层(block layer)。

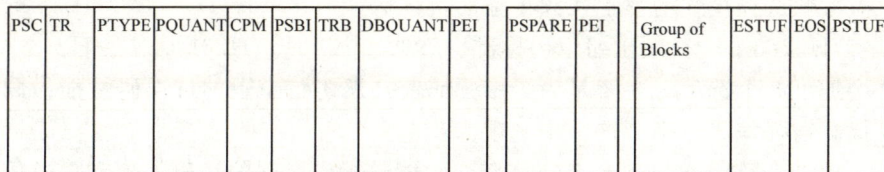

PSC	TR	PTYPE	PQUANT	CPM	PSBI	TRB	DBQUANT	PEI		PSPARE	PEI		Group of Blocks		ESTUF	EOS	PSTUF

图 7-7　H.263 图像层

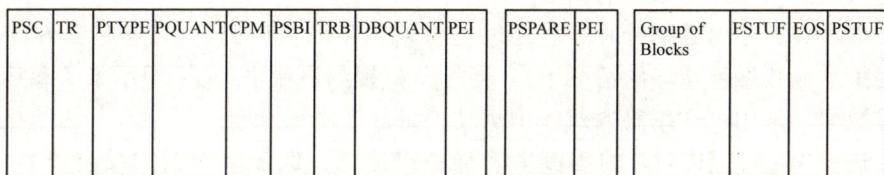

PSC	TR	PTYPE	PQUANT	CPM	PSBI	TRB	DBQUANT	PEI		PSPARE	PEI		Group of Blocks		ESTUF	EOS	PSTUF

图 7-8　H.263 块组层

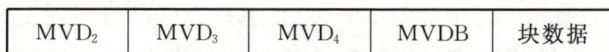

COD	MCBPC	MODB	CBPB	CBPY	DQUANT	MVD

MVD_2	MVD_3	MVD_4	MVDB	块数据

图 7-9　H.263 宏块层

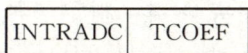

INTRADC	TCOEF

图 7-10　块层

(4)H.263＋视频压缩编码标准。ITU-T 在 H.263 发布后又在 1998 年修订发布了 H.263 标准的版本 2，非正式地命名为 H.263＋标准，或者叫 H.263v2。它在保证原 H.263 标准核心句法和语义不变的基础上，增加了若干选项以提高压缩效率或改善某方面的功能。原 H.263 标准限制了其应用的图像输入格式，仅允许 5 种视频源格式。H.263＋标准允许更大范围的图像输入格式，自定义图像的尺寸，从而拓宽了标准使用的范围，使之可以处理基于视窗的计算机图像、更高帧频的图像序列及宽屏图像。

为提高压缩效率,H.263+采用先进的帧内编码模式;增强的 PB-帧模式改进了 H.263 的不足,增强了帧间预测的效果;去块效应滤波器不仅提高了压缩效率,而且提供重建图像的主观质量。

为适应网络传输,H.263+增加了时间分级、信噪比和空间分级,对在噪声信道和存在大量包丢失的网络中传送视频信号很有意义;另外,片结构模式、参考帧选择模式增强了视频传输的抗误码能力。

(5)H.263++视频压缩编码标准。2000 年 11 月,H263++在 H263+基础上增加了 3 个选项,主要是为了增强码流在恶劣信道上的抗误码性能,同时为了提高增强编码效率。这 3 个选项为:

选项 U:称为增强型参考帧选择,它能够提供增强的编码效率和信道传输错误的再生能力(特别是在包丢失的情形下),需要设计多个缓冲区用于存贮多参考帧图像以便进行错误的恢复。

选项 V:称为数据分片,它能够提供增强型的抗误码能力(特别是在传输过程中本地数据被破坏的情况下),通过分离视频码流中 DCT 的系数头和运动矢量数据,采用可逆编码方式保护运动矢量。

选项 W:在 H263+的码流中增加补充信息,保证增强型的反向兼容性,附加信息包括:指示采用的定点 IDCT、图像信息和信息类型、任意的二进制数据、文本、重复的图像头、交替的场指示、稀疏的参考帧识别。

3. H.264 视频压缩编码标准

(1)H.264 标准的发展历史。H.264 标准同时也是 MPEG-4 第十部分,被称为 MPEG-4 AVC。事实上,H.264 标准的开展可以追溯到 1996 年。ITU-T的视频编码专家组 VCEG 在 1996 年制定 H.263 标准后开始了两个方面的研究:一个是短期研究计划,在 H.263 基础上增加选项(之后产生了 H.263+与 H.263++);另一个是长期研究计划,制定一种新标准以支持低码率的视频通信。长期研究计划在 1998 年产生了 H.26L 标准草案,在压缩效率方面与先期的 ITU-T 视频压缩标准相比,具有明显的优越性。2001 年,ISO 的 MPEG组织认识到 H.26L 潜在的优势,随后 ISO 与 ITU 开始组建包括来自 ISO/IEC MPEG 与 ITU-T VCEG 的联合视频组 JVT,JVT 的主要任务就是将 H.26L草案发展为一个国际性标准。于是,在 ISO/IEC 中该标准命名为 AVC(Advanced Video Coding),作为 MPEG-4 标准的第 10 个选项,在 ITU-T 中正式命名为 H.264 标准。

（2）H.264 标准的优点。主要优点如下。

低码率：在相同的重建图像质量下，H.264 比 H.263＋和 MPEG-4（SP）减小 50%码率。与 MPEG-2 和 MPEG-4 ASP 等压缩技术相比，在同等图像质量下，采用 H.264 技术压缩后的数据量只有 MPEG-2 的 1/8，MPEG-4 的 1/3。

高质量的图像：H.264 拥有高质量流畅的图像。H.264 能提供连续、流畅的高质量图像（DVD 质量）。

网络适应性强：H.264 提供了网络抽象层（Network Abstraction Layer），使得 H.264 的文件能容易地在不同网络上传输（例如互联网、CDMA、GPRS、WCDMA、CDMA2000 等），既可工作于低时延模式以满足实时业务，如会议电视等；又可工作于无时延限制的场合，如视频存储等。H.264 提高了网络适应性。

容错能力强：H.264 提供了解决在不稳定网络环境下容易发生的丢包等错误的必要工具。采用"网络友好"的结构和语法，加强对误码和丢包的处理，提高解码器的差错恢复能力。在编/解码器中采用复杂度可分级设计，在图像质量和编码处理之间可分级，以适应不同复杂度的应用。

高压缩比率：H.264 最大的优势是具有很高的数据压缩比率，在同等图像质量的条件下，H.264 的压缩比是 MPEG-2 的 2 倍以上，是 MPEG-4 的 1.5～2 倍。举个例子，原始文件的大小如果为 88GB，采用 MPEG-2 压缩标准压缩后变成 3.5GB，压缩比为 25∶1，而采用 H.264 压缩标准压缩后变为 879MB，从 88GB 到 879MB，H.264 的压缩比达到惊人的 102∶1。低码率（Low Bit Rate）对 H.264 的高压缩比起到了重要的作用，与 MPEG-2 和 MPEG-4 ASP 等压缩技术相比，H.264 压缩技术将大大节省用户的下载时间和数据流量收费。

正因为以上优点，经过 H.264 压缩的视频数据，在网络传输过程中所需要的带宽更少，也更加经济。

（3）H.264 标准的技术。相对于先期的视频压缩标准，H.264 引入了很多先进的技术，包括 4×4 整数变换、空域内的帧内预测、1/4 像素精度的运动估计、多参考帧和多种大小块的帧间预测技术等。新技术带来了较高的压缩比，同时大大提高了算法的复杂度。

4×4 整数变换：以前的标准，如 H.263 或 MPEG-4，都是采用 8×8 的 DCT 变换。H.26L 中建议的整数变换采用基于 4×4 的 DCT 变换，这大大降低了算法的复杂度，也避免了反变换的失配问题，新的变换对编码的性能几乎没有影响，而且实际编码略好一些。

基于空域的帧内预测技术：视频编码是通过去除图像的空间与时间冗余度来达到压缩的目的。空间冗余度通过有效的变换来去除，如 DCT 变换、H.264 的整数变换；时间冗余度则通过帧间预测来去除。这里所说的变换去除空间冗余度，仅仅局限在所变换的块内，如 8×8 或者 4×4，并没有块与块之间的处理。H.263＋与 MPEG-4 引入了帧内预测技术，在变换域中根据相邻块对当前块的某些系数做预测。H.264 则是在空域中，利用当前块的相邻像素直接对每个系数做预测，更有效地去除相邻块之间的相关性，极大地提高了帧内编码的效率。

H.264 基本部分的帧内预测包括 9 种 4×4 亮度块的预测、4 种 16×16 亮度块的预测和 4 种色度块的预测。

运动估计：H.264 的运动估计中具有的 3 个新特点是 1/4 像素精度的运动估计；7 种大小不同的块进行匹配；前向与后向多参考帧。H.264 在帧间编码中，一个宏块（16×16）可以被分为 16×8、8×16、8×8 的块，而 8×8 的块被称为子宏块，又可以分为 8×4、4×8、4×4 的块。总体而言，共有 7 种大小不同的块做运动估计，以找出最匹配的类型。

与以往标准的 P 帧、B 帧不同，H.264 采用了前向与后向多个参考帧的预测。半像素精度的运动估计比整像素运动估计有效地提高了压缩比，而 1/4 像素精度的运动估计可带来更好的压缩效果。

编码器中运用多种大小不同的块进行运动估计，可节省 15％以上的比特率（相对于 16×16 的块）。运用 1/4 像素精度的运动估计，可以节省 20％的码率（相对于整像素预测）。

多参考帧预测方面，假设为 5 个参考帧预测，相对于一个参考帧，大约可降低 5％～10％的码率。

熵编码：H.264 标准采用的熵编码有两种，一种是基于内容的自适应变长编码 CAVLC 与统一的变长编码 UVLC 结合；另一种是基于内容的自适应二进制算术编码 CABAC。

CAVLC 与 CABAC 根据相邻块的情况进行当前块的编码，以达到更好的编码效率。CABAC 是可选项，其编码性能比 UVLC 稍好。CAVLC 与 CABAC 根据相邻块的情况进行当前块的编码，以达到更好的编码效率。CABAC 比 CAVLC 压缩效率高，但要复杂一些。

UVLC 使用一个长度无限的码字集，设计结构非常有规则，用相同的码表可以对不同的对象进行编码。这种方法很容易产生一个码字，而解码器也很容易地识别码字的前缀，UVLC 在发生比特错误时能快速获得重同步。

去块效应滤波器：H. 264 标准引入了去块效应滤波器，对块的边界进行滤波，滤波强度与块的编码模式、运动矢量及块的系数有关。去块效应滤波器在提高压缩效率的同时，改善了图像的主观效果。

分层设计：H. 264 的算法在概念上可以分为两层，一是视频编码层 VCL（Video Coding Layer）负责高效的视频内容表示；另一层是网络提取层 NAL（Network Abstraction Layer）负责以网络所要求的恰当的方式对数据进行打包和传送。在 VCL 和 NAL 之间定义了一个基于分组方式的接口，打包和相应的信令属于 NAL 的一部 分。这样，高编码效率和网络友好性的任务分别由 VCL 和 NAL 来完成。

VCL 层包括基于块的运动补偿混合编码和一些新特性。与前面的视频编码标准一样，H. 264 没有把前处理和后处理等功能包括在草案中，这样可以增加标准的灵活性。NAL 负责使用下层网络的分段格式来封装数据，包括组帧、逻辑信道的信令、定时信息的利用或序列结束信号等。例如，NAL 支持视频在电路交换信道上的传输格式，支持视频在因特网上利用 RTP/UDP/IP 传输的格式。NAL 包括自己的头部信息、段结构信息和实际载荷信息，即上层的 VCL 数据（如果采用数据分割技术，数据可能由几个部分组成）。

视频编码层负责对视频数据传输中所承载的视频内容进行描述和定义，H. 264 编码标准与其他已发布的视频编码标准在编解码框架层面基本一致，同样采用混合编码方式利用运动矢量来表示图像序列中各帧的运动内容，并对先前已编码帧进行运动估计和运动补偿，或者使用帧内预测技术，提升整体性能与算法效率。

面向 IP 和无线环境：H. 264 草案中包含了用于差错消除的工具，便于压缩视频在误码、丢包多发环境中传输，如移动信道或 IP 信道中传输的健壮性。为了抵御传输差错，H. 264 视频流中的时间同步可以通过采用帧内图像刷新来完成，空间同步由条结构编码（slice structured coding）来支持。同时为了便于误码以后的再同步，在一幅图像的视频数据中还提供了一定的重同步点。另外，帧内宏块刷新和多参考宏块允许编码器在决定宏块模式的时候不仅可以考虑编码效率，还可以考虑传输信道的特性。

除了利用量化步长的改变来适应信道码率外，在 H. 264 中，还常利用数据分割的方法来应对信道码率的变化。从总体上说，数据分割的概念就是在编码器中生成具有不同优先级的视频数据以支持网络中的服务质量 QoS（Quality of Service）。例如采用基于语法的数据分割（syntax-based data partitioning）方法，将每帧数据的按其重要性分为几部分，这样允许在缓冲区溢出时丢弃不太重要的信息，还可以采用类似的时间数据分割（temporal data partitioning）方法，通过在 P 帧和 B 帧中使用多个参考帧来完成。在无线通信的应用中，我们可以通过改变每一帧的量化精度或空间/时间分辨率来支持无线信道的大比特率变化。可是，在多播的情况下，要求编码器对变化的各种比特率进行响应是不可能的。

因此，不同于 MPEG-4 中采用的精细分级编码 FGS（Fine Granular Scalability）的方法，H.264 采用流切换的 SP 帧来代替分级编码。

4. H.265 视频压缩编码标准

（1）H.265 视频压缩编码标准。高效视频编码 HEVC，也被称为 H.265 视频压缩编码标准。2010 年，ITU-T VCEG 和 ISO/IEC MPEG 联合成立 JCT-VC（Joint Collaborative Team on Video Coding）联合组织，计划统一制定 HEVC 协议标准。截至 2012 年 4 月，JCT-VC 联合工作组已经召开了第八次会议，并于 2012 年 2 月 17 日发布了第一版内部草稿《High efficiency video coding (HEVC) text specification draft 6》，该标准于 2013 年 1 月 25 日由国际电信联盟 ITU 正式宣布，最高分辨率可达 8192×4320。H.265 标准将作为 H.264 标准的接班人，在相同的视频质量前提下，H.265 标准比 H.264 标准的数据传输效率提升近一倍。在 H.264 标准 2～4 倍的复杂度基础上，将压缩效率提升一倍以上。H.264 标准是苹果 iOS 和 OSx 平台主要支持的视频标准之一，国内两个视频网站——迅雷和 PPS 就已经推出 H.265 高清视频专区栏目了。很多电信运营商使用 H.264 标准作为其媒体格式，也有很多厂商推出了基于 H.264 标准的机顶盒以及基于 H.264 标准的视频会议解决方案。

（2）技术亮点。作为新一代视频编码标准，它仍然属于预测加变换的混合编码框架。然而，相对于 H.264，H.265 标准在很多方面有了革命性的变化。其技术亮点如下。

①灵活的编码结构。在 H.265 中，将宏块的大小从 H.264 的 16×16 扩展到了 64×64，以便于高分辨率视频的压缩。同时，采用了更加灵活的编码结构来提高编码效率，包括编码单元（Coding Unit）、预测单元（Predict Unit）和变换单元（Transform Unit），如图 7-11 所示。

其中编码单元类似于 H.264/AVC 中的宏块的概念，用于编码的过程，预测单元是进行预测的基本单元，变换单元是进行变换和量化的基本单元。这三个单元的分离，使得变换、预测和编码各个处理环节更加灵活，也有利于各环节的划分更加符合视频图像的纹理特征，有利于各个单元更优化的完成各自的

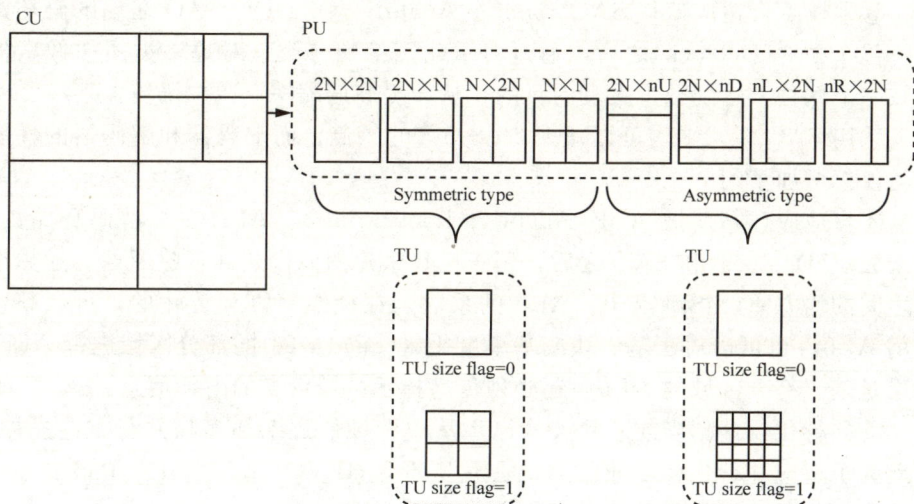

图 7-11　编码单元(CU)、预测单元(PU)、变换单元(TU)

功能。

②灵活的块结构 RQT(Residual Quad-tree Transform)。RQT 是一种自适应的变换技术,这种思想是对 H.264/AVC 中 ABT(Adaptive Block-size Transform)技术的延伸和扩展。对于帧间编码来说,它允许变换块的大小根据运动补偿块的大小进行自适应的调整;对于帧内编码来说,它允许变换块的大小根据帧内预测残差的特性进行自适应的调整。大块的变换相对于小块的变换,一方面能够提供更好的能量集中效果,并能在量化后保存更多的图像细节,但是另一方面在量化后却会带来更多的振铃效应。因此,根据当前块信号的特性,自适应地选择变换块大小,如图 7-12 所示,可以得到能量集中、细节保留程度以及图像的振铃效应三者最优的折中。

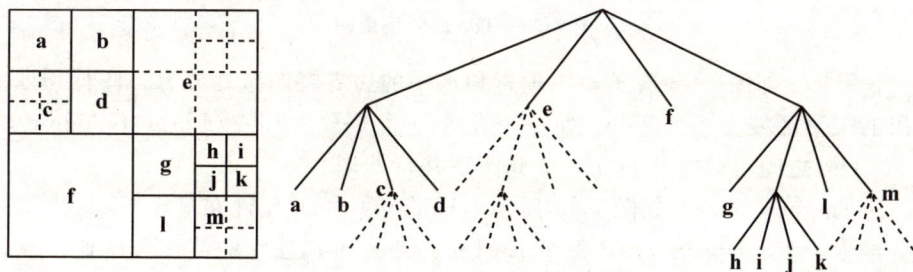

图 7-12　灵活的块结构示意图

211

③采样点自适应偏移 SAO(Sample Adaptive Offset)。SAO 在编解码环路内，位于去块(Deblock)之后，通过对重建图像的分类，对每一类图像像素值加减一个偏移，达到减少失真的目的，从而提高压缩率，减少码流。

采用 SAO 后，平均可以减少 2%~6% 的码流，而编码器和解码器的性能消耗仅仅增加了约 2%。

④自适应环路滤波 ALF(Adaptive Loop Filter)。ALF 在编解码环路内，位于去块(Deblock)和 SAO 之后，用于恢复重建图像以达到重建图像与原始图像之间的均方差(MSE)最小。ALF 的系数是在帧级计算和传输的，可以整帧应用 ALF，也可以对于基于块或基于量化树(quad tree)的部分区域进行 ALF，如果是基于部分区域的 ALF，还必须传递指示区域信息的附加信息。

⑤并行化设计。当前芯片架构已经从单核性能逐渐往多核并行方向发展，因此为了适应并行化程度非常高的芯片实现，HEVC/H. 265 引入了很多并行运算的优化思路，主要包括以下几个方面。

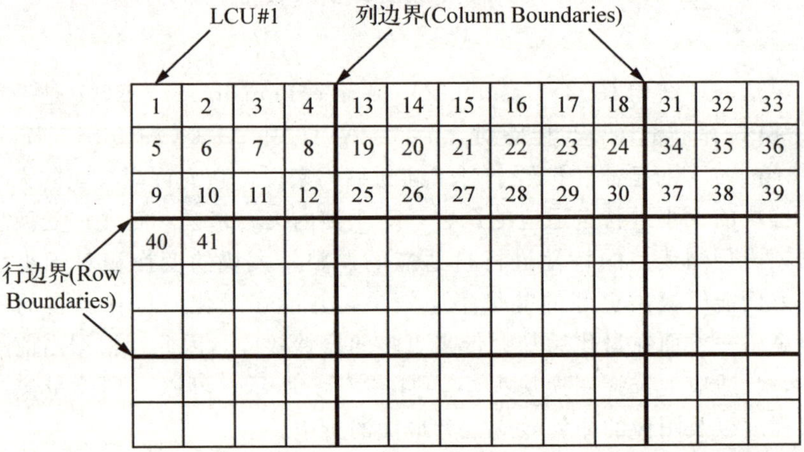

LCU#1　列边界(Column Boundaries)

1	2	3	4	13	14	15	16	17	18	31	32	33
5	6	7	8	19	20	21	22	23	24	34	35	36
9	10	11	12	25	26	27	28	29	30	37	38	39
40	41											

行边界(Row Boundaries)

图 7-13　Tile 划分示意图

＊Tile。如图 7-13 所示，用垂直和水平的边界将图像划分为一些行和列划分出的矩形区域为一个 Tile，每一个 Tile 包含整数个 LCU(Largest Coding Unit)，Tile 之间可以互相独立，以此实现并行处理。

＊Entropy Slice。如图 7-14 所示，Entropy Slice 允许在一个 Slice 内部再切分成多个 Entropy Slices，每个 Entropy Slice 可以独立的编码和解码，从而提高了编解码器的并行处理能力。

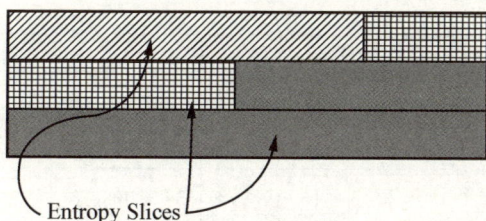

Entropy Slices

图 7-14　每一个 Slice 可以划分为多个 Entropy Slices

＊WPP（Wavefront Parallel Processing）。上一行的第二个 LCU 处理完毕，即对当前行的第一个 LCU 的熵编码 CABAC 概率状态参数进行初始化，如图 7-15 所示。因此，只需要上一行的第二个 LCU 编解码完毕，即可以开始当前行的编解码，以此提高编解码器的并行处理能力。

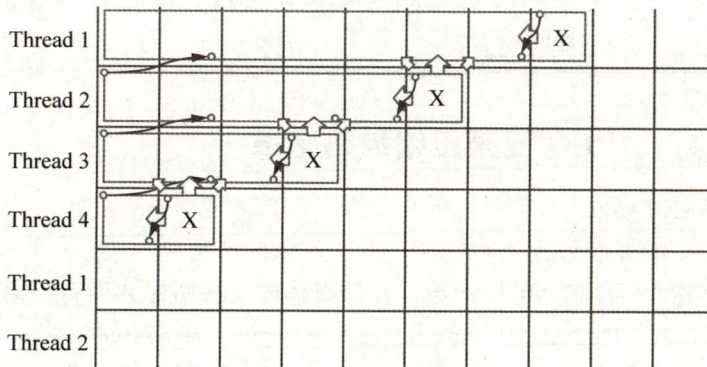

图 7-15　WPP 示意图

相对于 H.264，H.265 标准的算法复杂性有了大幅提升，以此获得较好的压缩性能。H.265 在很多特性上都做了较大的改进，如表 7-4 所示。

表 7-4　H.264 和 H.265 关键特性对比

	H.264	H.265
MB/CU 大小	4×4～16×16	4×4 ～ 64×64
亮度插值	Luma-1/2 像素 {1，－5，20，20，－5，1} Luma-1/4 像素{1，1}	Luma-1/2 像素{－1,4,－11,40,40,－11,4,－1} Luma-1/4 像素{－1,4,－10,57,19,－7,3,－1} Luma-1/4 像素{－1,3,－7,19,57,－10,4,－1}

续表

	H. 264	H. 265
MVP 预测方法	空域 MVP 预测	空域＋时域 MVP 预测 AMVP＼Merge
亮度 Intra 预测	4×4 / 8×8 / 16×16：9/9/4 模式	34 种角度预测 ＋ Planar 预测，DC 预测
色度 Intra 预测	DC，横向，纵向，Plane	DM，LM， planar，纵向，横向，DC，斜向
变换	DCT4×4/8×8	DCT4×4/8×8/16×16/32×32 DST4×4
去块滤波器	4×4 和 8×8 边界去块（De-block)滤波	较大的 CU 尺寸，4×4 的边界不进行滤波

7.2.4 MPEG 视频压缩编码标准

1. MPEG-1 标准

MPEG-1 的标准号为 ISO/IEC 11172，标准名称为"信息技术——用于数据传输率高达大约 1.5 Mb/s 的数字存储媒体的电视图像和伴音编码(Information-tion technology—Coding of moving pictures and associated audio for digital storage media at up to about l.5Mb/s)"。MPEG-1 标准 1992 年公布，用于传输 1.5 Mb/s 数据传输率的数字存储媒体运动图像及其伴音的编码。其任务是在一种可接受的质量下，把视频和伴音信号压缩到速率大约为 1.5 Mb/s或更高的单一的 MPEG 数据流。MPEG-1 标准是一个通用标准，既考虑了应用要求，又独立于应用之上。

(1) MPEG-1 视频压缩的特点

为满足应用需要，MPEG 视频压缩技术需具有以下特点。

①随机存取。随机存取是存储媒介上视频信息必不可少的特性。随机存取要求能在被压缩的视频比特流中间进行存取，并且能在限定的时间内对视频的任一帧进行解码。随机存取意味着存在可随机存取的单元，即某段信息编码的结果仅与该段自身的信息有关。在质量不下降的前提下，随机存取时间大约 0.5s。

②快速正向/逆向搜索。根据存储媒介的特点，对压缩数据流可进行扫描

（可借助于应用规定的目录结构），也可以利用合适的存取点来显示所选择的图像，以实现正向快速搜索和逆向快速搜索。

③逆向重播。交互式的应用有时需要视频信号能够逆向重播，但并非所有的应用都需要在逆向重播时保持完好的画面质量。

④视听同步。视频信号应该准确地与相关的音频信号相同步。如果音频和视频信号分别由两个稍有差别的时钟产生，那么应该提供一个机制使这两个信号能持久地重新同步。同步特性是由 MPEG 小组提出的，MPEG 小组定义一个用于多音频、视频信号同步和合成的工具或手段。

⑤容错性。大多数数字存储介质和通信并不是不产生错误的，所以希望有一个合适的信道编码方案能适用于多种应用，并且要求这种编码方案对残存的未被校正的误差有强的鲁棒性（Robustness），这样即使是在有误差的情况下，也能避免编码失败。

⑥编码/解码延迟。在视频电话的应用中，必须能够保证系统的延迟时间低于 150ms，以便保证这种面对面进行对话的应用质量要求。出版应用中，可以允许一个较长的延时，这种情况要求编、解码延时不超过 1s。传输质量和延迟在一个相当的范围内是可以折中考虑的，因此，压缩算法应在可接受的延迟范围内可充分地被执行。延迟时间被看作为一个阈值参数设定。

除以上所述的特点之外，还要求视频压缩技术具有可编辑性和灵活格式，运用计算机视频窗口技术以支持各种格式，允许各种光栅尺寸（视频屏幕的宽、高）和帧速率等。同时要求编码方案的实时完成，解码器尽可能用少量的芯片实现，以控制成本不致过高。

（2）MPEG-1 视频的分层结构

MPEG-1 视频图像数据流是一个分层结构，目的是把比特流中逻辑上独立的实体分开，防止语意模糊，并减轻解码过程的负担。对分层的要求是支持通用性、灵活性和有效性。MPEG 标准的通用性可以用 MPEG 比特流来更好地说明。通用性的含义是使 MPEG 标准的语法规定可满足不同的应用要求。对于有噪声信道上的传送，在信道上残留未校正的误差，为提高鲁棒性，预测器经常复位，帧内和预测图像被分割成许多片段，另外为了支持在比特流中间的"调准"，要经常对视频序列的编码内容进行重复。MPEG 标准的灵活性可通过视频序列头上所定义的许多参数来说明。虽然 MPEG 标准是针对比特率约为 1.5Mbit/s，分辨率约为 360 像素/行，但更高的分辨率和更高的比特率也是可行的。MPEG 标准的有效性是 MPEG 压缩算法需要对附加信息，如位移域、量化器步长、预测器或插值类型等提供有效的管理。

MPEG 视频比特流分层结构如表 7-5 所示。它共包括六层，每一层支持一个确定的函数，或者是一个信号处理函数（DCT，运动补偿），或者是一个逻辑函数（同步，随机存取点）等。MPEG 语法把 MPEG 比特流定义为一个符合语法的二进制数字序列。另外，比特流必须满足用一个合适大小的缓冲区来进行解码的要求。在解码器的输入端设置一个尺寸适当的缓冲区，不能要求缓冲区的尺寸过分庞大，使比特率和缓冲大小匹配（既不溢出，又不浪费）便可，保证给出了在视频缓冲区校验器环境内对比特流进行解码必须的最小缓冲区的尺寸。

表 7-5　MPEG 视频比特流语法的层次

图像序列层（随机存取单元：上下文）
图像组层（随机存取单元：视频编码）
图像层（基本编码）
宏块片层（重同步单元）
宏块层（运动补偿单元）
块层（DCT 单元）

2. MPEG-2 标准

（1）MPEG-2 标准要点。与 MPEG-1 标准相同，MPEG-2 标准分为 3 部分，即系统部分（1SO13818-1）、视频部分（1SO13818-2）和音频部分（1SO13818-3）。系统标准（1SO13818-1）是关于多路视频、音频与数据复用与同步的标准，其系统功能可将一个或多个音频、视频及其他数据流合成单个或多个数据码流，用于存储与传输。系统没有像 MPEG-1 那样指定系统数据传输率，而是给定了一个 4Mb/s～10Mb/s 的范围。另外系统编码规定了两种方式，即程序码流和传输码流。

视频标准（ISO13818-2）规定了向下兼容性，它的视频分辨率分为 4 个级别，即兼容 MPEG-1 的低级（Low）分辨率 352×288（PAL 制），主类（Main）的中分辨率 720×576（PAL 制），次高级（High-1440）分辨率 1440×1080 和高级（High）分辨率 1920×1080。为了增强通用性，MPEG-2 共分为 5 类，即简单类（Simple）、主类（Main）、信噪比可分级类（SNR Scalable）、空间分辨率可分级类（Spatial Scalable）和增强类（High）。MPEG-2 的视频编码既支持帧预测也支持场预测。其宏块结构支持两种格式，即 4：2：2 格式和 4：2：1 格式。其视频数据码流结构与 MPEG-1 相同，采用 6 层结构。

（2）MPEG-2 视频流层结构。为了便利于误码处理、随机搜索及编辑，MPEG-2 用句法定义了 1 个层次性结构，用于表示视频编码数据。MPEG-2 具体的视频流层结构如图 7-16 所示：将 MPEG-2 视频流分为图像序列层 VSL（Video Sequence Layer）、图像组层 GOPL（Group of Pictures Layer）、图像层 PL（Picture Layer）、宏块条层 SL（Slice Layer）、宏块层 ML（Macro block Layer）、块层 BL（Block Layer）共 6 个部分，每层都有确定的功能与其对应。

①图像序列层 VSL。VSL 是由数据头及一系列图像组组成的视频数据包，具体是指整个要处理的连续图像。用于定义整个视频序列结构，可采用逐行或隔行两种扫描方式。其中，数据头给出了有关图像水平大小、垂直大小、宽高比、帧速率、码率、视频缓存校验器的大小、量化矩阵、层号（Layer-id）、分级法（Scalable mode）等，为解码提供了重要依据。

②图像组层 GOPL。GOPL 是图像序列层中若干图像组的 1 组图像，由数据头和若干幅图像组成，用于支持解码过程中的随机存取功能。图像分组是从有利于随机存取及编辑出发的，不是 MPEG-2 结构组成的必要条件，可在分组与否之间灵活选择。其中，数据头给出了图像编码类型、码表选择、图像组头部开始码、视频磁带记录时间及控制码、涉及 B 帧处理的 closed GOP、broken link。为了给编辑数据流提供接入点，第 1 个总是 1 帧。

③图像层 PL。PL 由数据头和 I 帧图像数据组成，是图像组层若干幅图像中的 1 幅，包含了 1 幅图像的全部编码信息。MPEG-2 图像扫描可有逐行或隔行两种方式：当为逐行时，图像为逐帧压缩；当为隔行时，图像为逐场或逐帧压缩，即在运动多的场景采用逐场压缩，在运动少的场景采用逐帧压缩。

从整个帧中去除的空间冗余度比从个别场中去除得多，其中，数据头提供的基本部分有头起始码、图像编号的时间基准、图像（I、B、P）帧类型、视频缓存检验器延迟时间等，扩展部分有图像编码扩展、图像显示扩展、图像空间分级扩展、图像时间分级扩展等。其中，基本部分由 MPEG-1 及 MPEG-2 共用，扩展部分由 MPEG-2 专用。

一幅视频图像是由亮度取样值和色度取样值组成的，而亮度与色度样值比例的大小是由取样频率之比决定的。在 MPEG-2 中，亮度与色度之间的比例格式有 4：2：0（或 4：0：2）、4：2：2、4：4：4 三种。

④宏块条层 SL。SL 由附加数据和一系列宏块组成，其最小长度等于 1 个宏块，当长度等于图像宽度时，就成了 MPEG-2 层面中最大宏块条长度。为了隐匿误差，提高图像质量，将图像数据分成由若干个宏块或宏块条组成的一条条位串。一旦某宏块条发生误差，解码器可跳过此宏块条至下一宏块条的位

图像序
列层：
（Video
Sequence
Layer）

| 数据头：图像大小，帧速率，量化矩阵，层号（Layer-id），分级法（Scalable mode），码率 | GOP-1 | GOP-2 | ... | GOP-N |

视频数据包-1

图像组层：
（Group of
Pictures
Layer）

| 数据头：图像头部开始码，视频磁带记录时间及控制码，图像编码类型，码表选择，B帧处理 | Picture-1 | Picture-2 | ... | Picture-N |

解码输出帧顺序

| I_1 | B_2 | B_3 | P_4 | B_5 | B_6 | P_7 | B_8 | B_9 | I_{10} |

编码输出帧顺序

| I_1 | P_4 | B_2 | B_3 | P_7 | B_5 | B_6 | I_{10} | B_8 | B_9 |

为了给编辑
数据流提供
接入点，第
1个总是I帧

图像层：
（Picture
Layer）

| 数据头：
基本部分：图像起始码等
扩展部分：图像编码扩展等 | 宏块条层 |

宏块条层：
（Slice Layer）

| 附加数据：
宏块条在整个图像中的位置，全局量化参数，变量优先切换点，以保证解码完整无误 | 宏块-1 | 宏块-2 | ... | 宏块-N |

宏块层：
（Macro
block Layer）

| 附加数据：
宏块编号，宏块编码类型，量化参数，运动矢量 | 4个亮度块 1 2 3 4 | 若干色差信号块 |

块层：
（Block
Layer）

| 本块编码所需全部 DCT 系数 |

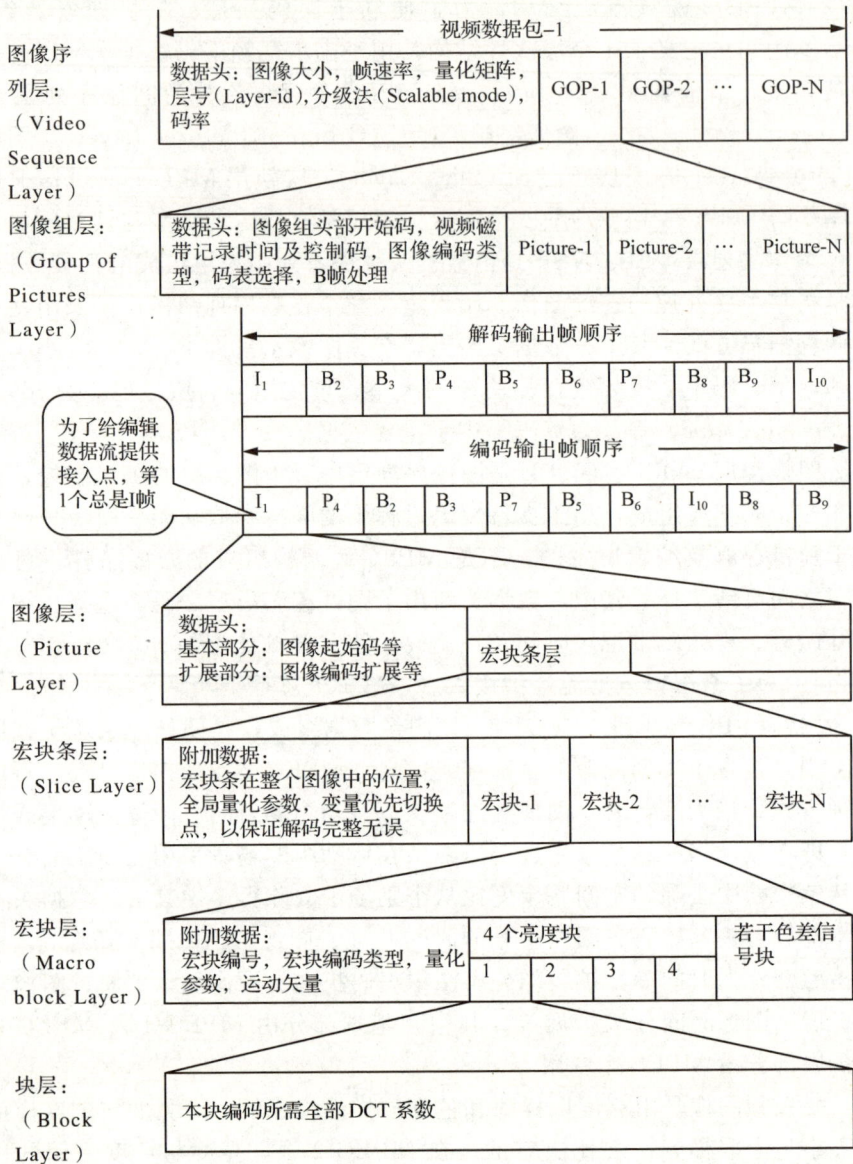

*GOP-Group of Pictures（图像组）

*DCT-Discrete Cosine Transform（离散余弦变换）

图 7-16　MPEG-2 视频流层结构

置，使下一宏块条不受有误差而无法纠正的宏块条的影响，一个位串中的宏块条越多，隐匿误差性能就越好。为此，附加数据部分定义了宏块条在整个图像中的位置、默认的全局量化参数、变量优先切换点 PBP（Priority Break Point）。其中，PBP 用于指明数据流在何处分开，解码器要在两个数据流的恰当点处切换，以保证读取完整、正确的解码信息，确保解码完整无误。注意，在离散余弦反变换 IDCT 时，SL 可提供重新同步功能。

⑤宏块层 ML。ML 是宏块条层中一系列宏块中的 1 块，由附加数据、亮度块和色度块共同组成。其中，亮度为 16×16 像素块，称为宏块。宏块是码率压缩中运动补偿的基本单元，由 4 个 8×8 像素块构成，用于消除 P 图像与 B 图像之间的时间冗余度。色度块由多少个 8×8 像素块构成，取决于亮度与色度之间取样频率的比例格式。如 MPEG-2 有 4：2：0、4：2：2、4：4：4 三种宏块结构，取样结构如图 7-17 所示。图中 4：2：0 是由 4 个 8×8 亮度（Y）像素块、2 个 8×8 红色（Cr）像素块及 0 个 8×8 蓝色（Cb）像素块构成的，或 4：0：2 是由 4 个 8×8 亮度（Y）像素块、0 个 8×8 红色（Cr）像素块及 2 个 8×8 蓝色（Cb）像素块构成的，4：2：0 与 4：0：2 是交替进行的，使垂直分解力降低（类似 4：1：1 使水平分解力降低），只含有 1/4 的色度信息。4：2：2 是由 4 个 8×8 亮度（Y）像素块、2 个 8×8 红色（Cr）像素块及 2 个 8×8 蓝色（Cb）像素块构成的，只含有 1/2 的色度信息。4：4：4 是由 4 个 8×8 亮度（Y）像素块、4 个 8×8 红色（Cr）像素块及 4 个 8×8 蓝色（Cb）像素块构成的，是全频宽 YCrCb 视频。宏块层 ML 包含 P 帧及 B 帧的运动矢量（MV：Motion Vectors）。附加数据包含的信息有：表明宏块在宏块条层中位置的宏块地址、说明宏块编码方法及内容的宏块类型、宏块量化参数、区别运动矢量类型及大小、表明以场离散余弦变换 DCT 还是以帧 DCT 进行编码的 DCT 类型。

⑥块层 BL。BL 是只包含 1 种类型像素的 8×8 像素块，即是单一的 8×8 亮度（Y）像素块，或是单一的 8×8 红色（Cr）像素块，或是单一的 8×8 蓝色（Cb）像素块。它是提供 DCT 系数的最小单元，即其功能是传送直流分量系数和交流分量系数。若需要对宏块进行 DCT，也要先将宏块分成像素块后再进行。

3. MPEG-4 标准

（1）MPEG-4 标准要点。如果想把当前万维网技术扩展到音频和视频，那么必须走出今日 MPEG-1 和 MPEG-2 正在做的范围以外。在这两个标准中，图像是矩形像素阵列的序列。例如，通过不同分层的处理，某个图像可以包含一个站着的女士、一个桌子、一个地球仪、一个在其上有多媒体演示的"电子白板"等，但是对于编码算法而言，活动图像除了是一个像素的矩形矩阵序列

取样频率比（MHz）	宏块结构（取样结构）	编码信号形式	取样值排列顺序 1 2 3 4 5 6 7 8 9 10 11 12	说明
13.5 : 6.75 : 0	4:2:0 Y [1 2 / 3 4] C_r [5 7] C_b	Y C_r C_b	Y: * * * * * * * * * * * * C_r: * × * × * × * × * × * × C_b: × × × × × × × × × × × ×	"*" 样值
13.5 : 0 : 6.75	4:0:2 Y [1 2 / 3 4] C_r C_b [6 8]	Y C_r C_b	Y: * * * * * * * * * * * * C_r: × × × × × × × × × × × × C_b: * × * × * × * × * × * ×	
13.5 : 6.75 : 6.75	4:2:2 Y [1 2 / 3 4] C_r [5 7] C_b [6 8]	Y C_r C_b	Y: * * * * * * * * * * * * C_r: * × * × * × * × * × * × C_b: * × * × * × * × * × * ×	"×" 非样值
13.5 : 6.75 : 6.75	4:4:4 Y [1 2 / 3 4] C_r [5 9 / 7 11] C_b [6 10 / 8 12]	Y C_r C_b	Y: * * * * * * * * * * * * C_r: * * * * * * * * * * * * C_b: * * * * * * * * * * * *	

图 7-17 宏块结构图

外，并不是什么别的东西。与此相似，音频分量可以看成是一个单声道或多声道的声音。然而，仅仅由于高层次的处理，人们能够从背景音乐中或者从"电子白板"上展示的与多媒体演示的伴音中，分辨出女士的说话声。换句话说，编码算法必须进入各种不同对象(组合成一个情景的音频和视频)的语义含义。

站着的女士、桌子、地球仪、"电子白板"、女士的说话声、背景音乐、多媒体
演示的伴音等，这些对象都必须独立编码。除此以外，与今天的电视不同，对
每个对象进行编码是不充分的，还必须对这些对象如何组合成一个完整的情景
进行编码。MPEG-4 提供了对音频对象、视频对象、情景描述以及与发送系统
的接口进行编码的标准方法。由于音频和视频对象不得不在解码器一端进行组
合，它们不限于自然的来源，也可以是人工合成的来源。一般情况下，一个或
几个发送系统可以携带不同的数据流，而每种数据流可以包含一个或几个对
象。因此，必须首先对它们进行解复用，然后把它们移交给相应的解码器。组
合信息用于把音频/ 可视的对象放到三维空间中的适当位置，然后把可视的信
息投影到一个平面，并对音频信息设置一组接入点。一般说来，用户的交互作
用将产生一个上行链路的数据比特流。

(2)发送的多媒体综合框架。DMIF 发送的多媒体综合框架 DMIF(Delivery Multi-media Integration Framework) 的结构，使各种应用摆脱了与其下方所
示的通信方法的各种关系(图 7-18) 。在应用上，DMIF 提出一种标准接口，
不管各种 MPEG-4 数据流究竟是由一个遥控的交互式 DMIF 搜索各种网络进
行交互而接收到的，还是通过与广播或本地存储媒体进行交互而接收到的。
MPEG-4 的应用可以从 DMIF 请求而建立具有特定服务质量 QoS 的频道，以
及用于每个基本数据流的带宽。DMIF 可以保证适时地建立具有各种特定带宽
的频道，并同时保证 QoS。DMIF 允许每次搜索维持其自己的网络领域，这样
就能降低每个终端处的堆栈数。

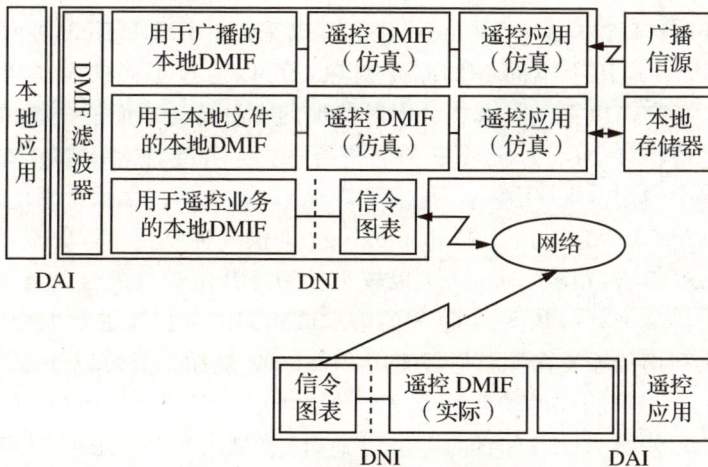

图 7-18　多媒体综合框架结构图

(3)数据平面。MPEG-4 中的数据平面可以划分为两部分：与传送有关和与媒体有关两部分(图 7-19)。

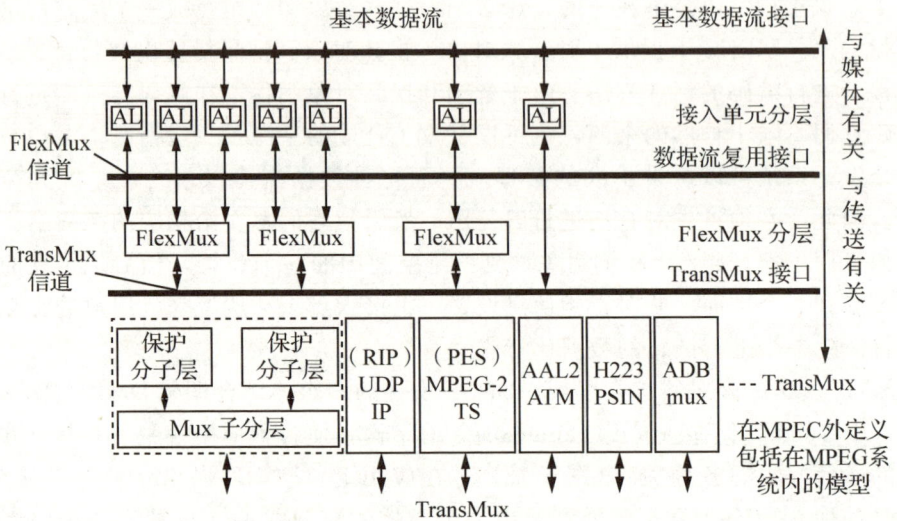

图 7-19　MPEG-4 中的数据平面图

图 7-19 中的下部传送复用 TransMux Transport Multiplexing 从信息实际传送的方式并不由 MPEG-4 叙述这个意义来说，已经超出 MPEG-4 标准的管辖范围，仅仅是这个分层的接口是由 MPEG-4 所规定。在适当的链接层中，任何适当的现存的传送协议堆栈，例如，RTP/ UDP/ IP、MPEG-2 TS、AAL5/ ATM、H223 或 DAB mux 等都可以采用。DMIF 用于协商所请求的 QoS，属于同一应用中不同 MPEG-4 对象，可以通过不同的发送机制到达终端，音频和视频可以采用具有各种实时特性的一种传送，而静止图像采用另一种传送。这留给终端用户/ 业务提供者进行选择，并允许 MPEG-4 在较宽的运行环境范围中使用。

灵活复用 FlexMux(Flex Multiplexing) 提供一种复用过程的工具，允许基本数据流 ES(Elementary Stream) 以较小的额外开销进行汇合。例如，它可以用于以低比特率把具有相同的 QoS 的需求或相同的数据流进行汇合(有可能不是很有效地利用传输资源)。是否使用 FlexMux 复用工具可以任选，如果下部的 TransMux 提供相同的功能时，这个分层可以旁路掉。

接入单元分层 AUL(Access Unit Layer)总是出现的，它可以识别基本数据流中的接入单元(即视频和音频的数据帧、各种情景描述命令)，恢复 AV 对象或情景描述的时间基准，以实现它们之间的同步。接入单元的信头能够以极大量的方式来设置，以便在各种系统的广泛频谱中使用。

为了在一个情景中把基本数据流与音频／可视的对象 AVO（Audio-visual objects）相联系，使用各种对象描述符和各种数据流映射表。对象描述符传递与各种特定 AVO 伴随的基本数据流的数目和特性的信息。数据流映射表把每个数据流链接到一个信道联系标记，用于管理携带此数据流的信道。把各种信道联系标记分解到实际的传送信道，以及各种对话和各信道的管理，都是由 MPEG-4 标准的 DMIF 部分来提出的。

（4）缓存器的管理和定时信息的识别。MPEG-4 定义一个系统解码器模型，描述一个理想解码设备的性能，还有数据流的语法和定义。这就给出了终端运行的准确定义，不需要对设施的各种细节作不必要的各种假定，目的是使实施者可以自由地以各种方式设计各种 MPEG-4 终端和解码设备。缓存器和各种定时信息模型的技术规范，对编码设备极为重要，因为事先可能不知道终端设备是什么，或者它们怎样来接收该编码的数据流。当解码器对构成一次 MPEG-4 对话的各类基本数据流进行解码时，预报解码器将如何工作，系统解码器模型使得编码器可以设定和监视对一次性对话所需的最小缓存器资源。所需的缓存器资源是当建立 MPEG-4 对话时，将在各种对象描述符内传递到解码器，因而解码器可以决定是否能够处理这次对话。通过管理有限数量的缓存器的空间，该模型允许一个发送器事先转移非实时的数据，只要在接收机端具有足够的空间来存储它们。然后这些预先存储的数据在需要时就可以接入，使得实时信息可以使用更大量的信道容量（图 7-20）。

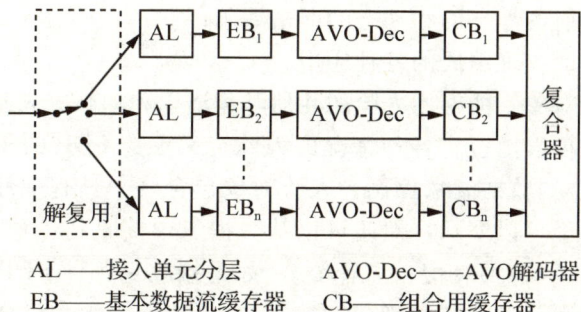

AL——接入单元分层 AVO-Dec——AVO解码器
EB——基本数据流缓存器 CB——组合用缓存器

图 7-20 系统解码器的缓存器体系结构

MPEG-4 为实时运行设定的一个终端到终端的定时模型，其从编码器输出的信号到解码器输入的信号之间的时延为常数。而且，传输的数据流必须包含隐式或显式的定时信息。定时信息共有两类：第一类用于把编码器时钟或时间基准的速率传递到解码器。而由依附于各部分的编码 AV 数据之时间标记组成第二类，其中包含用于各个"接入单元"所需的解码时间，或者用于各个组合单元的组合时间和截止时间。这些信息是在接入单元分层中生成的各种协议数据单元（AL-PDU）信头中传递。依靠这些定时信息，图像帧之间的间隔和音频取样率为了同步操作的目的，可以在解码器中进行调节，以匹配编码器的图像帧之间的间隔和音频取样率。

（5）可视信息的编码。MPEG-4 标准的可视信息部分提供一个包含各种工具和算法的工具箱，对于下述各项提供解决方案：

·各种图片和视频的高效率压缩；
·在 2D 和 3D 网格上进行纹理映射的各种纹理的高效率压缩；
·各种隐式 2D 网格的高效率压缩；
·各种网格动画的时变几何学的各种数据流的高效率压缩；
·到所有类型的可视对象之高效随机接入；
·扩充各种图片和视频序列的操纵功能；
·各种图片和视频的信息内容基编码；
·各种纹理、图片和视频的信息之内容基的可分级性（scalability）；
·空间域的、时间域的和质量的可分级性；
·在易于产生误码的各种环境中之误码健壮性和修复能力。

合成节目源的可视信息之编码包括：

·人脸及相应的各种动画数据流之参数描述；
·对纹理映射的静态的和动态的网格编码；
·依赖观看的纹理编码的各种应用。

人脸是一个对象，能够用人脸的几何学作演示和动画。人脸的形状、纹理和各种表情通常可以由包含各种情况的人脸定义参数 FDP 的集合和人脸动画参数 FAP 的集合的数据流来控制。人脸对象包含一个具有中性表情的通用人脸。这种人脸已经可以演示，但还可以从数据流中接收到各种 FAP，而后者将生成人脸的动画（各种表情、语音等）。如果接收到各种 FDP，它们将把通用的人脸变换为由其形状和纹理（任选）确定的特定人脸。可任选的是一个完整的人脸模型可以下载 FDP 集合，作为一个情景图解而插入人脸的结点。2D 网格是在一个 2D 区域内分割成许多多边形小片。多边形的顶点即网格的结点。MPEG-4 只考虑三角形结点，其中每个小片都是三角形。2D 动态网格涉及在时间间隔内所有网格结点的 2D 网格几何学和运动信息（图 7-21）。

在 2D 网格的纹理映射中，当前图像帧中的三角形小片由各个结点的运动，形变为参考图像帧中的三角形小片，而参考图像帧中的每个小片都采用一个参数映射（定义为各个结点运动矢量的某个函数）扭曲（warp）到当前图像帧。对三角形网格，通常采用仿射映射。仿射映射可以对平移、旋转、缩放和剪切提供模型，并且保存直线。由一个三角形的顶点之 3 个运动矢量给出的自由度，与仿射映射的 6 个参数相匹配。这表明原来的 2D 运动场可以紧凑地用各个结点的运动来表示，由此可以构造一个连续的按小片方式的仿射运动场。同时，网格结构还约束了邻近各种图像小片的运动。所以各种网格非常适合轻度形变的但空间域连续的各种运动场。

图 7-21　2D 网格几何

通用的 3D 网格支持用于把各种自然纹理、图片和视频等映射到各种网格的种种特性，例如色彩，用于阴影的法线及各种纹理坐标。MPEG-4 提供一个工具盒，用于：

- 各种通用网格的有效压缩；
- （细节的等级）3D 网格的可分级性；
- 空间域的可分级性；

依赖于观看的可分级性可以对各种纹理图案编码为数据流，它们用于可实现的各种虚拟环境。这包括考虑到在 3D 虚拟世界中的观看位置，目的是只传输可视信息。这些信息中只有小部分进行发送，它们取决于对象的几何学和观看点的位移。这部分信息既在编码器中计算，也在解码器中计算。该方法只要反向信道可以使用，将显著降低一个遥远的数据库与用户间所传输的信息量。

自然图片和视频的编码是由很多编码工具来完成，由此给出任意形状的各种可视对象的高效率表达式。它也支持 MPEG-1 和 MPEG-2 提供的多数功能，其中包括按照不同等级的输入图像格式、帧频、像素灰度值和比特率，以及按照不同等级的空间域、时间域和质量的可分级性，高效压缩各种标准矩形尺寸的图像序列的有关规定。

MPEG-4 可视方面标准目前提供了应用于自然图片和视频各种比特率和功能的基本分类（图 7-22），其企图是为把各种比特率的等级对比各种功能的集合聚集到一起。

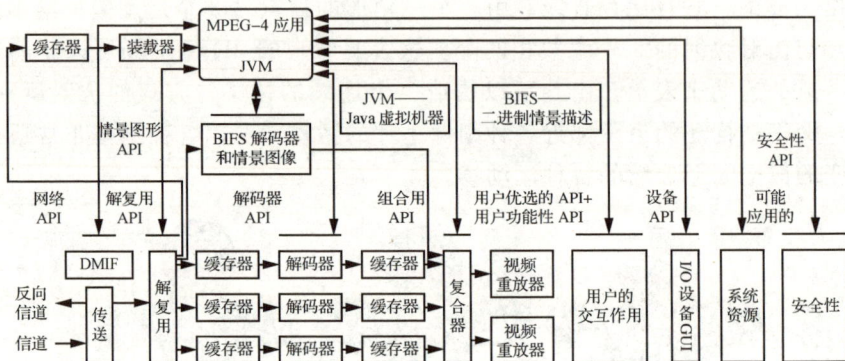

图 7-22　MPEG-4 编码方框图

MPEG-4 图片和视频的编码工具分类左下方的低比特率视频（VLBV 核）提供运行在典型值为 5～64 Kb/s 之间的各种应用工具，它们支持具有低空间分辨率（典型值最高为 CIF 分辨率）和低帧频（典型值最高为 15Hz）的图像序列。相同的各种基本功能在较高的比特率及更宽范围的空间域和时间域的输入参数（最高为 ITU-R 601 的各种分辨率）也都得到支持，采用 VLBV 相似的各种算法和工具。比特率涉及的范围典型值从 64Kb/s～4 Mb/s，而涉及的范围包括各种信号的广播或交互式的重放，其质量可与数字电视相比拟。对这些较高的比特率在 MPEG-4 中已经对隔行扫描信号进行编码的各种工具制定了技术规范。

MPEG-4 支持各种图片和视频对象编码的具有空间域和时间域可分级性，既对常规的矩形，也对任意形状。可分级性是指对某个数据流中的一部分矩形解码，而重建各种图片或各种图像序列的能力，并且能够降低解码器的复杂性，因而降低质量；降低空间域分辨率；降低时间域分辨率；具有相同的时间域和空间域分辨率，但降低质量。

MPEG-4 提供传输误码的健壮性和修复能力，以便在很宽范围存储和传输媒体内接入图片或视频信息。特别是由于各种移动通信业务的迅速增长，能够通过各种无线网络接入音频和视频信息，是极为重要的。这就是指在各种误码严重的环境中以低比特率（例如小于 64 Kb/s）能够有效运行各种音频和视频算法的需求。

（6)情景描述。MPEG-4 提供把一组对象组合为一个情景的各种工具，必需的组合信息构成情景描述。它采用二进制情景描述 BIFS 以二进制的形式表示，而且它已被编码，并与各种 AV 对象一起传输。

为了方便各种创作过程、控制和交互工具的开发，各种情景描述都是独立于有关原始 AV 对象而进行编码。对情景描述的各种参数的识别，采取了特殊措施。这是通过下述方式来完成的：把改善一个对象的编码效率所采用的各种参数(例如各种视频编码算法中的运动矢量)与用作一个对象的各种修饰语的各种参数(例如该对象在情景中的位置)区别开来。

下面给出了在一个情景描述中描述的信息的一些例子。

各种对象如何聚集到一起：一个 MPEG-情景遵从某种分层结构，它可以用一个单向的非循环的图解来表达。其中的每个结点是一个 AV 对象(图 7-23)。该树形结构不一定是静态的，各结点的属性(例如定位的各种参数)可以更改，而且各种结点可以增加、替代或挪走。

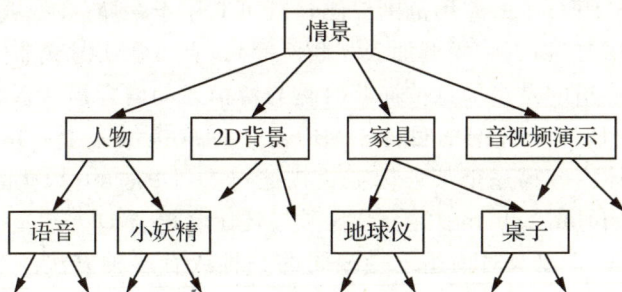

图 7-23　情景的逻辑结构

各种对象在空间域和时间域中进行定位：在 MPEG-4 模型中，各种音频/可视的对象都具有空间域和时间域的范围，每个 AV 对象都有一个本地坐标系统，在该坐标系统中，对象有一个固定的空间域/时间域的位置和尺度。

本地坐标系统可作为一种工具，用于在空间域和时间域中操纵 AV 对象。通过指定一个坐标变换，把对象的本地坐标变换到一个整体的坐标系统(由情景描述树形结构中的一个以上的上级结点来定义)，各 AV 对象可以在某个情景中定位。

属性数值的选取：每个 AV 对象和情景描述结点对组合分层提出一组参数，通过它们可以控制其部分行为。如声音的音调，一个合成对象的色彩，可分级编码的增强信息的激活和反激活等。作用于 AVO 的其他变换是情景描述的结构以及结点的各种语义受到虚拟现实建模语言(VRML)(还包括其事件模型）的深刻影响。这向 MPEG-4 提供一组非常丰富的情景构造运算符，其中还包括可以构造各种复杂情景的各种图形基元。

4. MPEG-7 标准概要

继 MPEG-4 之后，要解决的矛盾就是对日渐庞大的图像、声音信息的管理和迅速搜索。针对这个矛盾，MPEG 提出了解决方案——MPEG-7。MPEG-7 力求能快速有效地搜索出用户所需的不同类型的多媒体资料。该工作提案于 1998 年 10 月提出，于 2001 年初最终完成并公布。MPEG-7 对各种不同类型的多媒体信息进行标准化描述，并将该描述与所描述的内容相联系，以实现快速有效地搜索。该标准不包括对描述特征的自动提取，它也没有规定利用描述进行搜索的工具或任何程序，其正式的名称是"多媒体内容描述接口（Multimedia Content Description Interface）"。MPEG-7 可独立于其他 MPEG 标准使用，但 MPEG-4 中所定义的音频、视频对象的描述适用于 MPEG-7，这种描述是分类的基础。另外，可以利用 MPEG-7 的描述来增强其他 MPEG 标准的功能。MPEG-7 的应用范围广泛，既可应用于存储（在线或离线），也可用于流式应用（如广播、将模型加入互联网等）。它可在实时或非实时的环境下应用，实时环境指的是当信息被捕获时是与所描述的内容相联系的。

（1）制定 MPEG-7 标准的目标。MPEG-7 标准提供一个通用的、灵活的、可扩展的多媒体内容描述框架，标准化描述符 D（Descriptor）集合、两个描述方案 DS（Description Scheme）集合、一种描述定义语言 DDL（Description Definition Language），以及对描述进行编码的一种或者多种方法。描述符表示了多媒体对象的某种特征，并定义了特征表示的句法和语义，与相应的多媒体对象紧密联系，从而为实现基于内容和语义的搜索提供接口。

描述方案规定了在某个描述中可用的描述符、描述符的生成、以及描述符与描述符、描述符与描述方案、描述方案与描述方案之间的关系，规定了它们的结构和语义。

描述定义语言用来生成描述方案或描述符，也可以扩展或修改已有的描述方案。

描述定义语言、描述方案和描述符之间的关系如图 7-24 所示。

从图 7-25 可以看出描述定义语言提供了建立描述方案和描述符的机制，而描述方案和描述符则是描述生成的基础。MPEG-7 可以描述的多媒体对象包括静止图像、图形、三维模型、音频、语音、视频等，以及如何组合这些资料的信息（例如 MPEG-4 中的场景描述信息）。

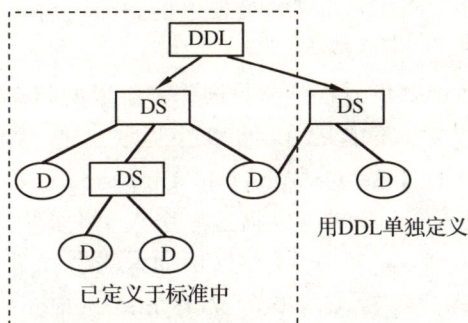

图 7-24　DDL、DS 和 D 之间的关系　　　图 7-25　DDL、DS 和 D 与描述生成的关系

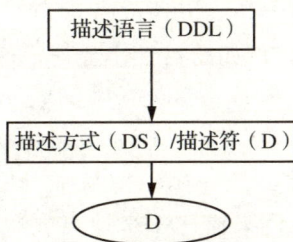

（2）MPEG-7 标准的内容。从图 7-26 可以看出，MPEG-7 的研究范围仅限于如何生成多媒体对象的描述，而具体采用什么样的特征提取算法，以及搜索引擎如何实现都不在 MPEG-7 标准的范围内，这样使得 MPEG-7 具有很强的通用性和可扩展性，不仅可以充分利用现有的技术，还给未来的发展提供了足够的空间。

图 7-26　　MPEG-7 的研究范围

MPEG-7 标准包括以下几个组成部分：系统、描述定义语言、音频、视频、通用实体及多媒体描述方案、参考软件和一致性检验。

（3）MPEG-7 多媒体描述方案 MMDS（Multimedia Description Schemes）。这部分的主要目标是定义一系列的描述符和描述方案以描述单个多媒体文档的内容，并定义了各种基本的描述工具和数据类型。这部分的描述方案和描述符分为以下六类：

①Segment DS。用来指定图像或者视音频节目的物理结构和信号特征，例如区域、颜色、纹理、运动等。Segment DS 是一个抽象的描述方案，定义了子类的共同特征。Segment DS 的子类包括 Still Region DS、Audio DS、Video Segment DS 和 Moving Segment DS。

②Semantic DS。用来指定图像或者视音频节目的语义特征，可以看作一系列的语义索引。Semantic DS 包括三个子类：Object DS、Event DS 和 E-vent/object Graph DS。例如，在一场足球比赛的录像中，足球、运动员、球

门都是 Object，而进球则是一个 Event。Semantic DS 就像书的目录一样，可以通过它迅速找到需要的内容。

③Meta information DS。用来描述由图像或视频节目的作者生成的相关的信息，例如题目、作者等，这部分信息通常不能从内容本身中提取出来。Meta information DS 包括 Person DS、Place DS、Creation Meta information DS 和 Usage Meta information DS。其中 Person DS 可以描述一个人（例如导演、角色等）、一个团体（例如合唱队、球队等）或者一个组织（例如电影公司等）。Place 用来描述一个地点（例如球场、剧院等）。Creation Meta information DS 可以描述作品是何时何地由何人创作，创作的目的以及相关的资料等。Usage Meta information DS 用来描述版权等信息。

④Media information DS。用来指定和存储媒体有关的信息。一个 Media information DS 可以包含一个或者多个 Media Profile DS，每个 Media Profile DS 描述一种特定格式的存储媒体。例如一场音乐会可以将音频信息存储在 CD 中，而视音频信息的编码方式可以是 MPEG-1、MPEG-2 和 MPEG-4，它们分别与一个 Media Profile DS 对应。

⑤Summarization DS。用于实现快速浏览的功能。Summarization DS 提取出多媒体节目中的主要信息，类似于一篇论文的摘要。

⑥Model DS 用来描述对多媒体节目的分析和分类以及与其他材料之间的关系，包括 Probability 和 Analytic 两类模型，Probability 模型定义了各种统计函数和概率函数，而 Analytic 模型用于对多媒体节目的分类和分析。

5. MPEC-21 多媒体框架标准

MPEG-21 是由 MPEG-7 发展而来的，它将提供一个多媒体框架，供不同用户之间进行以数字信息为目标的交互作用，交互作用所涉及的各方均为 MPEG-21 的用户。MPEG-21 中的"用户"是一个广义的概念，其可以指世界各地的个人、团体、组织，公司、政府，也可以指其他标准化组织和主体。从技术上讲，用户指任何与 MPEG-21 标准环境交互或使用 MPEG-21 数字项的实体，而用户的界定只依赖于交互中与其他用户之间的关系。用户与用户交互的对象称为数据项或内容，用户可以用各种方式"提供"或"使用"内容，这些方式包括内容创建、内容提供、内容存档、内容定级、内容增强和递送、内容聚集、内容传输、内容发布、内容零售、内容消费、内容提交、内容管制以及对以上各项交易的简化和管制等。

通常，MPEG-21 的用户需求可以归结为以下两大类：一类是 MPEG-21 的应用发展所需的新标准，另一类是为其他已经存在的或将来的标准和服务提供标准接口，例如 MPEG-21 就即将为诸如 XML（Extensible Markup Language）、MPEG-1、MPEG-2 和 TCP/IP 等业已存在的标准提供应用于 MPEG-21 框架中的标准接口，并为未来标准和服务的发展提供应用于 MPEG-21 框架中的扩展接口。最终，MPEG 将在制定标准的同时实现统一的多媒体框架。

（1）MPEG-21 的技术构成

MPEG-21 是一个结构化的多媒体框架，其主要规定数字节目的网上实时交换协议，它其实可以描述成一些关键技术的集成。从结构上看，其基本框架包括数字项说明、多媒体内容表示、数字项标识和描述、内容管理与使用、知识产权管理和保护、终端和网络，事件报告等 7 大技术要素。

①数字项说明。数字项是数字资源及其相关内容（图像、数据文件、音频、视频等）的集合，是一种按标准进行表达、标记、带有描述性的、结构化的数字对象，也是 MPEG-21 框架中传送和交易的最基本单元。数字项说明是用于声明数字项的一种统一而灵活的抽象及在数字项之间进行互操作的机制。由于数字项的概念是建立在明确描述媒体数据与描述数据之间的关系上，所以当前还没有符合 MPEG-21 要求的数字项描述模型，为此，MPEG-21 将充分吸收 MPEG-4 与 MPEG-7 标准，同时涵盖其他多媒体资源描述方法，以建立 SLM-PEG-21 的数字项描述模型。

②多媒体内容表示。MPEG-21 标准要求提供对任何数据类型的内容表示，包括自然的、合成的、自然与合成组合等，由于其不仅可以实现对多媒体场景不同元素的单独访问，也可实现同步、复用和各种各样的交互式访问，从而可解决多媒体资源表示问题，并使得内容可以被无"缝"地传送和消费。MPEG-21 提供的内容表示可以通过分级和对错误的恢复方法来有效地表示任何数据类型，如音频、视频的播放等，即多媒体内容表示可完成对 MPEG-21 基本对象的表示。

③数字项标识和描述。数字项的标识与描述是对不同自然属性、类型和精度的数字项进行统一标记和描述的结构。它能使已标识和描述的数据项具有很好的管理特性，其通用框架则可以在商业中得到有效的应用。MPEG-21 要建立一种全球性的标识机制，其中数字项标识与描述将提供的功能如下：①具有精确、可靠和独有的标识；②不考虑自然属性、类型和尺寸的情况，即能实现实体的无缝标识；③具有相关数据项的稳固和有效的标识方法；④在任何操作和修改下，数字项的 ID 和描述都能保证其安全性和完整性；⑤能自动处理授权交易、内容定位、内容检索和内容采集。

④内容管理与使用。内容管理与使用是一种通过内容分配和消费价值链来

保证顺利地进行内容创建、制作、存储、传送和重复利用的接口和协议。由于MPEG-21 的目的是通过网络和设备来透明地使用多媒体内容，所以 MPEG-21对于内容的检索、定位、缓存、存档、跟踪、发布以及使用显得尤为重要，并且随着时间的推移，网络的内容及对内容的存取需求还将呈指数级增长。

⑤知识产权管理和保护。知识产权的管理和保护是用于确保内容在网络和设备上得到持久、稳固、可靠的管理和保护的方法。目前大多数电子内容都是通过基本的知识产权管理/保护系统 IPMP(Intellectual Property Management and Protection)来管理的，但没有实现这些系统互操作的框架，而且大多数现存的 IPMP 系统不能很好地处理知识产权法律方面的问题。为此，MPEG-21多媒体框架将提供对数字权利的管理与保护，即通过大范围的网络和设备来对用户的权利、兴趣和各类与 MPEG-21 数字项相关的认定事项实现可靠的管理和保护。同时，由于 MPEG-21 多媒体框架在某种程度上能够获取、编辑和传播相关的政策、法规、协约以及文化准则，因此可建立针对 MPEG-21 数字权利的商业社会平台。此外，MPEG-21 还有可能提供一种统一的领域管理组织和技术，用以管理与 MPEG-21 交互的设备、系统和应用等，同时提供各种商业交易的服务。

⑥终端和网络。MPEG-21 通过屏蔽网络和终端的安装、管理和实现，可以为用户提供一种贯穿于终端和网络、能交互并透明地存取或发布多媒体内容的能力。它支持与任意用户的连接，还可根据用户的需求提供网络和终端资源。这种网络和终端能够根据内容的要求来提供内容的可分级性功能，并能根据用户和网络的服务质量进行内容传输，这意味着高级用户的要求可以透明地映射到网络和终端上，用户可以根据 QoS 获得一个明确的主题感知服务，而不需了解内容在网络的终端上是如何传输的，即使得用户能屏蔽于网络和终端的安装、管理和应用等相关问题。随着多种类型网络的出现，如有线、无线、通用分组无线业务 GPRS(General Packet Radio Service)、通用移动通信系统UMTS(Universal Mobile Telecommunication System)、本地多信道分配系统LMDS(Local Multi-channel Distribution System)、点多信道分配系统 MMDS(Multipoint Multi-channel Distribution System)的出现，这种方便的使用显得越来越重要。

⑦事件报告。事件报告是多媒体框架和用户之间的一种法则和接口，其主要工作是接口和计量的标准化以及提供事件报告的计量方法，它可以使用户准确了解在框架中发生的所有事件的可表征性能。事件报告将为用户提供特定交互的执行方法，同样允许大量超范围的处理，还允许其他框架和模型与

MPEG-21 框架和模型实现互操作。它可为组织提供相关的、及时的策略信息，而且对用户与用户、用户与数字项、数字项与数字项的事件计算结果进行分析，将有利于用户分析事件。

（2）MPEG-21 的关键任务

MPEG-21 标准目前尚处于前期开发阶段，它所面临的问题仍有很多。从以上 7 项要素可以总结出 MPEG-21 将要规范的内容，毛伊岛会议确定了这一多媒体框架理论上必须解决的、用户进行交互作用时可能面临的 12 项"关键事务"（key issues）：在网络传送方面，将面临网络的传送带宽和速度问题、网络的一致性和可靠性、数据流控制、延迟、差错率、存取时间、移动性、性能价格比以及连通性选项等问题；在服务质量和灵活性方面，将涉及服务的可靠性、质量检测、信息集成、评价、易用性、对用户需求的动态响应、点播、有效平滑的绘制、可预测性和连续性以及服务的可接入性等问题；在内容再现的质量方面，将涉及权限和完整性、保真性和用户感知质量及智能质量检测、价格的一致性、真实性、持续性和时效性等问题；在内容艺术性的质量方面，要涉及品牌、来源、丰富性、推荐和一致性等问题；在服务和设备的易用性（在线和离线）方面，则涉及智能化、综合连接、设备兼容、健壮性、不同平台之间的互操作性、兼容性、设备设计上对民族文化的冲击、设备之间的分布式智能化等问题；在付费与订购模型（在线和离线）方面，则涉及免费服务、以收听广告或给出个人数据为代价的免费服务、收费的奖赏模型、租借、分类付费、奖赏的复制件、点播、每项服务的签署、简单的收费模型、支付验证等问题；在消费者隐私保护方面，应提供一种在消费者、服务提供商或第三方之间保护个人交易隐私的协商能力。此外，还面临物理媒体格式的互操作性、多平台的解码再现、内容的过滤、定位、检索和存储、消费者信息发布、使用权限等问题。这些问题都亟待得到解决，且关系到 MPEG-21 的发展和未来。

思考题

　　1. 说明数字视频压缩的原因。

　　2. 什么是量化？什么是采样？

　　3. 目前视频压缩编码的国际标准有哪些？

　　4. MPEG-1 为了提高压缩比，采用的视频压缩编码技术主要有哪些？

　　5. MPEG-4 中的视频压缩编码技术主要有哪些？

　　6. 比较 H.265 标准比 H.264 的先进优势。

第8章　多媒体网络和通信技术

内容结构

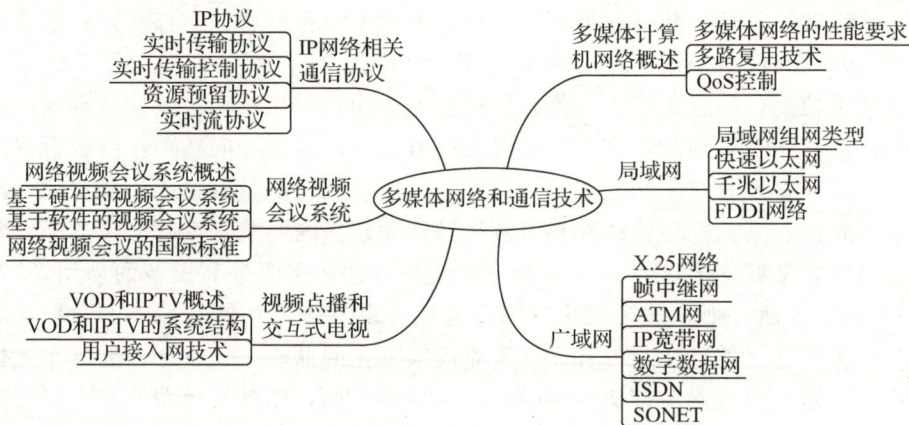

学习目标

1. 理解多媒体计算机网络的概念及性能要求。
2. 知道多路复用技术的分类及其特点。
3. 理解各种网络类型的概念及特点。
4. 了解 IP 网络相关通信协议的概念及特点。
5. 知道网络视频会议的概念及分类。
6. 了解网络视频会议的国际标准。
7. 了解 VOD 和 IPTV 系统的构成。

　　随着网络、通信技术和多媒体技术的不断发展，人们已经采取了各种各样的新的方式进行沟通。如现在我们经常使用的 IP 电话、视频对话、语音对话、数字图书馆以及一些大规模的网络服务，如数字化校园、远程教育等都是伴随着多媒体技术的发展而逐渐发展起来的。这些基于多媒体的网络服务为正式学习和非正式学习提供了更加丰富多彩的信息交流手段，可以说网络、通信技术的发展离不开多媒体技术的进步，但同时，多媒体技术的实现以及它的有效利用也离不开网络技术和通信技术的支持。

8.1　多媒体计算机网络概述

"多媒体计算机网络"至今还没有看到统一的严格的定义，但可以理解为将地理位置不同的独立功能的多台多媒体计算机，通过通信线路连接起来，在多媒体网络操作系统中，多媒体网络管理软件及多媒体网络通信协议的管理和协助下，实现多媒体资源共享和多媒体信息传递的计算机系统。

计算机网络本身就是一相当复杂的系统，而多媒体计算机网络由于需要传输图片、声音、视频等多媒体信息，因此与传统的计算机网络相比要求更高。

8.1.1　多媒体网络的性能要求

（1）吞吐量。吞吐量（Throughout）是指一组特定的数据在特定的时间段经过特定的路线所传输的信息量的实际测量值。吞吐量受网络的带宽或网络的额定速率的限制，常常远小于所用介质本身可以提供的最大数字带宽。对100Mb/s 的以太网，其典型的吞吐量可能只有 70Mb/s。决定吞吐量的因素主要由网络互连设备、所传输的数据类型、网络的拓扑结构、网络上的并发用户数量、用户的计算机、服务器和拥塞等。

（2）传输延迟。网络的传输延迟（Transmission Delay）定义为从信源发出一组数据到达信宿被接收之间的时间差，它包含信号在物理介质中的传播延迟、数据在信源或信宿中的处理延迟以及数据在网中的转发延迟，也称为用户端到用户端的延迟。

对于实时的音频、视频信息传输，网络的单程传输延迟应在 100ms～500ms，一般为 150ms 在交互式的多媒体应用中，系统对用户指令的响应时间一般应小于 1s～2s。

（3）延时抖动。如果网络传送数据时，传输延迟变化不定，就可能引起信号失真，也做延迟抖动。对于音频通信来说，延时抖动特别具有破坏性，因为它可能导致一些引起用户注意的奇怪的声响。很多多媒体应用程序在设计时都有意识地将信号失真现象最小化。

产生延时抖动的因素主要包括：传输系统引起的抖动，噪声相互干扰、共享传输介质的局域网介质访问时间的变化；广域网中的流量控制节点拥塞而产生的排队延迟变化等。

一般来讲，人耳对声音抖动比较敏感，人眼对视频抖动并不很敏感。CD质量声音，延迟抖动应小于 100 ms；电话质量声音，延迟抖动应小于 400 ms；一些有严格要求的应用（如虚拟现实），延迟抖动应小于 20～30 ms；HDTV 图像，延迟抖动一般小于 50ms；广播质量电视，延迟抖动应小于 100ms；视频会议，延迟抖动应小于 400ms。

(4)传输错误率。误码率为从信源到信宿的传输过程中出错的信号数占传送的所有信号数的比例。例如，光缆传输系统，误码率一般在 $10^{-10}\sim10^{-9}$ 的范围。

包出错率指传输过程中一个数据包的重复接收、丢失或次序颠倒而引起的包错误。一般来说，对于未压缩的 CD 质量音乐，误码率小于 10^{-3}，而电话质量声音误码率小于 10^{-2} 即可。对压缩的视频图像，误码率要求小于 10^{-9}。

8.1.2　多路复用技术

一般情况下，在远程数据通信或计算机网络系统中，传输信道的传输容量往往大于一路信号所要传输的单一信号，所以为了高效利用通信线路，提高信道利用率，就要采用多路复用技术。多路复用技术即多个数据通信合用一条传输线路。

多路复用可分为频分多路复用、时分多路复用、波分多路复用和码分多路复用四种。

1. 频分多路复用

频分多路复用 FDM（Frequency Division Multiplexing）把信道的可用频带分割成若干个互不重叠的频段，每个信号自始至终占用其中一个频段，这样一个信道中就可以同时传送多个不同频率的信号，分别供不同的用户使用。其中，多路复用器将多个调制后的信号汇集在一条信道上传送，分用器将从高速信道传来的信号进行分用，分别交到相应的用户。

2. 时分多路复用

时分多路复用 TDM（Time Division Multiplexing）将一条物理线路按时间分割成一段段等长的时分复用帧，每帧长 $125\mu s$，每一个时隙由一个信号占用，每个时分复用的用户在一个 TDM 帧中有固定的排序，依次循环占用，也就是说在该信号占用的时隙内，该信号使用通信线路的全部带宽，而不像 FDM 一样，同时发送多路信号。因此，时分多路复用更适合于数字信号的传输。

　　时分多路复用技术共有两种，一种是同步时分多路复用，另一种是统计时分多路复用。同步时分多路复用指的是每个时间片与用户是一一对应的，不管该用户有无数据发送，对应的时间片都只能由该用户占用。若使用时分复用系统传输数据时，某用户在一段时间内暂时没有数据要传输，那就只能让分配到的信道处于空闲状态，而其他用户也无法使用，这就会使得信道的利用率不高。统计时分多路复用 STDM(Statistic TDM)能明显地提高信道利用率。

　　统计时分多路复用指的是各时间片与用户之间不存在一一对应关系，系统可以动态地为各用户分配时间片。因此在时间线上某一用户所占用的时隙不是周期性地出现的，因此，统计时分多路复用也称为异步时分多路复用。

　　值得注意的是，由于时间片与用户没有一一对应的关系，为使数据传输能够顺利地进行，所传送的数据中需要携带用户的地址信息。最后要强调一下，TDM 帧和 STDM 帧都是在物理层传送的比特流中所划分的帧。这种"帧"和我们数据链路层的"帧"是完全不同的概念，不可弄混。

　　3. 波分多路复用

　　波分多路复用 WDM(Wave Division Multiplexing)就是光的频分复用，主要用于全光纤网组成的通信系统。但是，人们借用传统的载波电话的频分复用的概念，就能做到使用一根光纤同时传输多个不同波长的光载波信号，这样就使得光纤的传输能力成倍地提高。由于光载波的频率很高，因此习惯上用波长而不用频率来表示所使用的光载波。这样就得出了波分复用这一名词。光波分多路复用的原理：在发送端用一个棱镜将不同波长的信号组合起来，两束不同波长的光信号通过棱镜合成到一根共享光纤上，在接收端又将组合起来的光信号用同样的方法解复用后分别送入不同的终端。

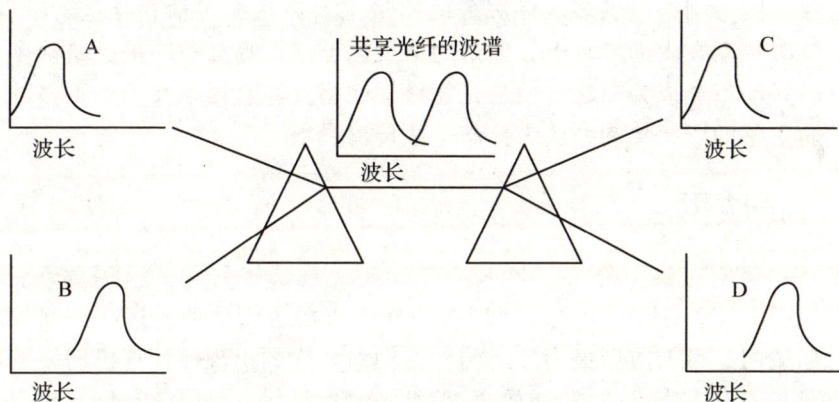

图 8-1　光波分多路复用的原理

最初，人们只能在一根光纤上复用两路光载波信号。这种复用方式称为波分复用。随着技术的发展，在一根光纤上复用的光载波信号路数越来越多，现在已能做到在一根光纤上复用 80 路或更多路数的光载波信号，于是就使用了密集波分复用 DWDM（Dense Wavelength Division Multiplexing）这一名词。

4. 码分多路复用

前面介绍的频分多路复用 FDM 和波分多路复用 WMD 是以频道的不同来划分的，用户可以独占信道共享时间。时分多路复用 TDM 则是以时间不同来划分的，用户共享信道而独占时间。码分多路复用 CDM（Coding Division Multiplexing）是另一种共享信道的方式，实际上人们更常称它为码分多址 CD-MA（Code Division Multiple Access）。码分多址是一种用于移动通信系统的新技术。采用 CDMA 可提高通信的话音质量和数据传输的可靠性，减少干扰对通信的影响，增大通信系统的容量，降低手机的平均发射功率等。笔记本电脑或个人数字助理以及手机等移动计算机的连网通信都用到了码分多址技术。

在码分多址复用系统中，各用户使用经过特殊挑选的不同码型，因此各用户之间不会造成干扰，每个用户可以在同样的时间使用同样的频带进行通信。

8.1.3　QoS 控制

服务质量 QoS 是多媒体网络中的一个重要概念，它指的是用户对多媒体网络提供的某种服务的满意程度。同时服务质量是网络的一种安全机制，是用来解决网络延迟和阻塞等问题的一种技术。

在正常情况下，如果网络只用于特定的无时间限制的应用系统，并不需要 QoS，比如 Web 应用，或电子邮件设置等。但是对关键应用和多媒体应用就十分必要。因为网络提供多媒体服务的质量主要体现在包括吞吐量、错误率、延时、延时抖动在内的参数上。如果网络资源够多，那么吞吐量、错误率、延时、延时抖动不会成为问题，但是光靠增加网络资源和压缩技术是不够的，还需要一套完整的资源控制办法来控制这些传输参数。

8.2　局域网

局域网 LAN 是将较小地理区域内的各种数据通信设备连接在一起的通信网络。局域网是目前应用最为广泛的一类网络，它的出现使计算机网络的功能得到充分发挥。局域网的发展始于 20 世纪 70 年代，到了 20 世纪 90 年代，LAN 更是在速度、带宽等指标方面有了更大进展，如以太网技术从传输速率为 10 Mb/s 发展到 100 Mb/s，继而发展到千兆位(1000 Mb/s)以太网、万兆位以太网。

8.2.1　局域网组网类型

1. 局域网的特点

局域网是当前计算机网络研究与应用的一个热点问题，其最主要的特点是网络为一个单位所拥有，且地理范围和站点数目均有限。局域网具有如下一些主要特点：

(1)局域网覆盖的地理范围较小，通常不超过十几千米，甚至只在一个园区、一幢建筑或一个房间内；

(2)数据传输速率高，近年已达到 1000 Mb/s、10000 Mb/s；

(3)传输时延小和较低的误码率，其时延一般在几毫秒到十几毫秒之间，误码率一般为 $10^{-11} \sim 10^{-8}$；

(4)局域网络的经营权和管理权属于某个单位所有；

(5)便于安装、维护和扩充，建网成本低、周期短。

2. 局域网拓扑结构

把计算机网络中的计算机和通信设备抽象为一个点，把传输介质抽象为一条线，由点和线组成的几何图形就是计算机网络的拓扑结构。网络的拓扑结构反映出网中各实体的结构关系，是建设计算机网络的第一步，是实现各种网络协议的基础，它对网络的性能、系统的可靠性与通信费用都有重大影响。

(1)总线型拓扑(Bus Topology)。总线型拓扑采用单根传输线作为传输介质，所有的站点都通过相应的硬件接口直接连接到传输介质或总线上，如图 8-2。任何一个站点发送的信息都可以沿着介质传播，而且能够被所有其他的站点接收。

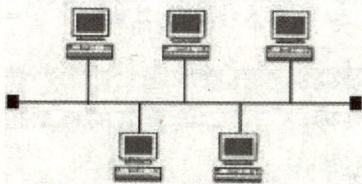

图 8-2　总线型拓扑结构

在总线型拓扑中，所有站点共享一条公用传输链路，所以一次只能有一个设备传输数据。通常采用分布式控制策略来决定下一次由哪一个站点发送消息。

总线型拓扑的特点：结构简单灵活，非常便于扩充；可靠性高，网络响应速度快；设备量少、价格低、安装使用方便；共享资源能力强，非常便于广播式工作，即一个结点发送，所有结点都可接收。

对于站点不多(10 个以下)的网络或多个站点相距较近的网络，采用总线型拓扑比较合适。但随着在局域网上传输多媒体信息的增多，这种网络正在被淘汰。

(2)环型拓扑(Ring Topology)。环型拓扑中，各结点通过环路接口连在一条首尾相连的闭合环形通信线路中，就是把每台 PC 连接起来，数据沿着环依次通过每台 PC 直接到达目的地，环路上任何结点均可以请求发送信息。请求一旦被批准，便可以向环路发送信息。环形网中的数据可以是单向也可是双向传输。信息在每台设备上的延时时间是固定的。由于环线公用，一个结点发出的信息必须穿越环中所有的环路接口，信息流中目的地址与环上某结点地址相符时，信息被该结点的环路接口所接收，而后信息继续流向下一环路接口，一直流回到发送该信息的环路接口结点为止。

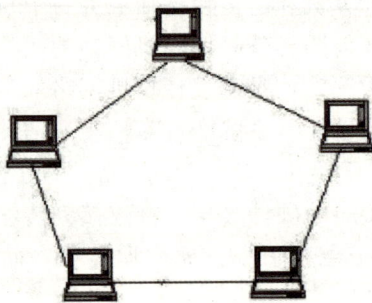

图 8-3　环型拓扑结构

环型拓扑结构的优点是能够较有效地避免冲突，缺点是环型结构中的网卡等通信部件比较昂贵，且管理较复杂。最著名的环型拓扑结构网络是令牌环网(Token Ring)。

(3)树型结构(Tree Topology)。树型拓扑是从总线拓扑演变而来，形状像一棵倒置的树，顶端是树根，树根以下带分支，每个分支还可再带子分支，如图 8-4。

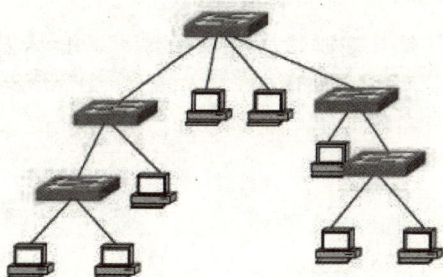

图 8-4　树型拓扑结构

树型拓扑结构是一种分层网，其结构可以对称，联系固定，具有一定容错能力，一般一个分支和结点的故障不影响另一分支结点的工作，任何一个结点送出的信息都可以传遍整个传输介质，也是广播式网络。

树型拓扑的优点是易于扩展和故障隔离，缺点是对根的依赖性太大，如果根发生故障，则全网都不能正常工作。

（4）星型拓扑结构（Star Topology）。星型拓扑是由中央节点和通过点对点链路到中央节点的各站点（网络工作站等）组成，如图 8-5 所示。以星型拓扑结构组网，其中任何两个站点要进行通信都要经过中央结点控制。中央结点主要功能有：①为需要通信的设备建立物理连接；②为两台设备通信过程中维持这一通路；③在完成通信或不成功时，拆除通道。

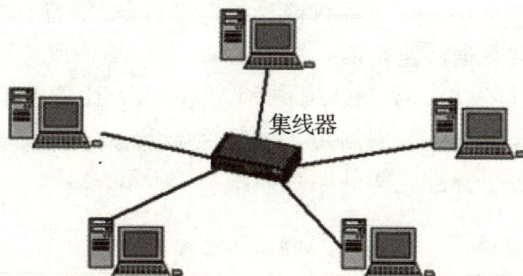

图 8-5　星型拓扑结构

星型拓扑的优点是结构简单，管理方便，可扩充性强，组网容易。利用中央节点可方便地提供网络连接和重新配置；且单个连接点的故障只影响一个设备，不会影响全网，容易检测和隔离故障。

其缺点是，每个站点直接与中央节点相连，需要大量电缆，因此费用较高；如果中央节点产生故障，则全网都不能工作。

3. IEEE 802 局域网络标准及协议

从 1980 年起，IEEE 开始制定局域网络标准。它从局域网络的实际出发，规定了局域网的低三层标准，即 IEEE 802 标准。IEEE 802 体系结构与 OSI 体系结构中的数据链路层和物理层相对应，如图 8-6 所示。

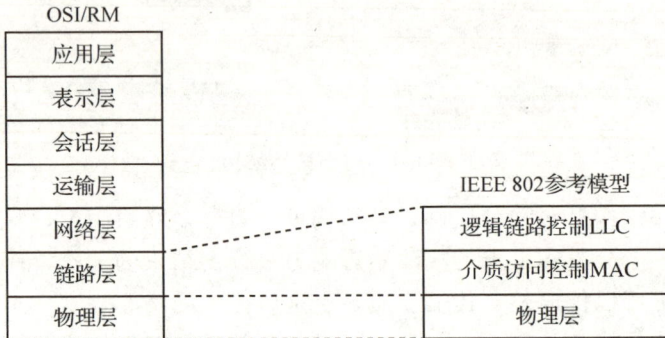

OSI/RM

| 应用层 |
| 表示层 |
| 会话层 |
| 运输层 |

IEEE 802参考模型

网络层		逻辑链路控制LLC
链路层		介质访问控制MAC
物理层		物理层

图 8-6   IEEE 802 体系结构与 OSI 体系结构的对应关系

数据链路层被划分为两个子层：逻辑链路控制 LLC(Logical Link Control) 子层和介质访问控制 MAC(Madium Access Control)。

LLC 子层负责识别网络层协议，然后对它们进行封装。LLC 报头告诉数据链路层当帧被接收到时，应当对数据包做何处理。它的工作原理是这样的：主机接收到帧并查看其 LLC 报头，以找到数据包的目的地，比如说，在网络层的 IP 协议。LLC 子层也可以提供流量控制并控制比特流的排序。

MAC 子层支持数据链路功能，并为 LLC 子层提供服务。它将上层交下来的数据封装成帧进行发送、实现和维护 MAC 协议、比特差错检验和寻址等。

IEEE 802 委员会为局域网制定了一系列标准，它们统称为 IEEE 802 标准，如表 8-1，其各个标准之间的关系如图 8-7 所示。

表 8-1   IEEE 802 标准

标准编号	标准名称
IEEE 802.1	解释 802 协议与高层协议的关系
IEEE 802.2	关于逻辑链路的规定
IEEE 802.3	关于 CMSA/CD 的规定
IEEE 802.4	关于令牌总线的规定
IEEE 802.5	关于令牌环的规定

续表

标准编号	标准名称
IEEE 802.6	关于大城市区域网络的规定
IEEE 802.7	宽带技术
IEEE 802.8	FDDI 光纤分布数据接口协议
IEEE 802.9	同步局域网
IEEE 802.10	局域网网络安全与加密
IEEE 802.11	无线局域网
IEEE 802.12	需求优先级
IEEE 802.13	未使用
IEEE 802.14	电缆调制解调器
IEEE 802.15	无线个人网
IEEE 802.16	宽带无线接入
IEEE 802.17	可靠个人接入技术
IEEE 802.18	无线管理技术顾问组

图 8-7　IEEE 802 部分标准之间的关系

8.2.2　快速以太网

20 世纪 90 年代局域网技术的一大突破是使用非屏蔽双绞线 UTP 的

243

10Base-T 标准的出现。10Base-T 标准的广泛应用导致了结构化布线技术的出现，使得使用非屏蔽双绞线、速率为 10Mb/s 的以太网遍布世界各地。随着局域网应用的深入，用户对局域网带宽提出了更高的要求。对于已大量存在的以太网来说，要保护用户已有的投资，又要增加网络带宽，快速以太网（Fast Ethernet）应运而生。

1995 年 9 月，IEEE 802 委员会正式批准了快速以太网的标准 IEEE 802.3u，其在 LLC 子层使用 IEEE 802.2 标准，在 MAC 子层使用 CSMA/CD 方法，只是在物理层作了一些调整，定义了新的物理层标准 100Base-T。100Base-T 可以支持多种传输介质，目前制定了 3 种有关传输介质的标准。

• 100Base-TX 支持一个全双工系统，每个节点可以同时以 100Mb/s 的速率发送与接收数据。

• 100Base-T4 支持 4 对三类非屏蔽双绞线 UTP，其中 3 对用于数据传输，1 对用于冲突检测。

• 100Base-FX 支持 2 芯的多模或单模光纤，主要用于高速主干网，从节点到集线器（HUB）的距离可以达到 450m。

快速以太网具有以下特点。

• 数据传输速率为 100Mb/s；

• 与传统的 10Mb/s 以太网有相同的帧格式；

• 与传统的 10Mb/s 以太网有相同的介质访问控制方法 CSMA/CD；

• 与传统的 10Mb/s 以太网有相同的组网方法。

8.2.3　千兆以太网

千兆以太网（Gigabit Ethernet）是建立在以太网标准基础之上的技术。千兆以太网和大量使用的以太网与快速以太网完全兼容，并利用了原以太网标准所规定的全部技术规范，其中包括 CSMA/CD 协议、以太网帧、全双工、流量控制以及 IEEE 802.3 标准中所定义的管理对象。

1000Base-T 可以支持多种传输介质，目前制定了四种有关传输介质的标准。

• 1000Base-SX：波长为 850ns 的多模光纤，光纤长度可以达到 300m～550m。

• 1000Base-LX：波长为 1300ns 的单模光纤，光纤长度可以达到 3000m。

• 1000Base-CX：屏蔽双绞线，双绞线长度可以达到 25m。

• 1000Base-T：五类非屏蔽双绞线，双绞线长度可以达到 100m。

千兆以太网的特点如下。

· 数据传输速率为 1000Mb/s；

· 与传统的 10Mb/s 以太网有相同的帧格式；

· 与传统的 10Mb/s 以太网有相同的介质访问控制方法 CSMA/CD；

· 与传统的 10Mb/s 以太网有相同的组网方法。

千兆以太网的主要优点如下。

· 简易性：千兆以太网保持了经典以太网的技术原理、安装实施和管理维护的简易性；

· 技术过渡的平滑性：千兆以太网保持了经典以太网的主要技术特征，采用 CSMA/CD 介质管理协议，采用相同的帧格式及帧的大小，支持全双工、半双工工作方式，以确保平滑过渡；

· 网络可靠性：保持经典以太网的安装、维护方法，采用中央集线器和交换机的星形结构和结构化布线方法，以确保千兆以太网的可靠性；

· 可管理性和可维护性：采用简单网络管理协议（SNMP）即经典以太网的故障查找和排除工具，以确保千兆以太网的可管理性和可维护性；

· 网络成本降低：由于继承了经典以太网的技术，使千兆以太网的整体成本下降；

· 支持新应用与新数据类型：计算机技术和应用的发展，出现了许多新的应用模式，对网络提出了更高的要求。

千兆以太网已经发展成为主流网络技术。大到成千上万人的大型企业，小到几十人的中小型企业，在建设企业局域网时都会把千兆以太网技术作为首选的高速网络技术。千兆以太网技术甚至正在取代 ATM 技术，成为城域网建设的主力军。

8.2.4　FDDI 网络

光纤分布式数据接口 FDDI(Fiber Distributed Data Interface)是一种以光纤作为传输介质的高速主干网，它可以用来互连局域网和计算机，如图 8-8 所示。

FDDI 的访问方法与令牌环网的访问方法类似，在网络通信中均采用"令牌"传递。它与标准的令牌环又有所不同，主要在于 FDDI 使用定时的令牌访问方法。FDDI 令牌沿网络环路从一个结点向另一个结点移动，如果某结点不需要传输数据，FDDI 将获取令牌并将其发送到下一个结点中。如果处理令牌的结点需要传输，那么在指定的称为"目标令牌循环时间"（Target Token Rotation Time，TTRT)的时间内，它可以按照用户的需求来发送尽可能多的

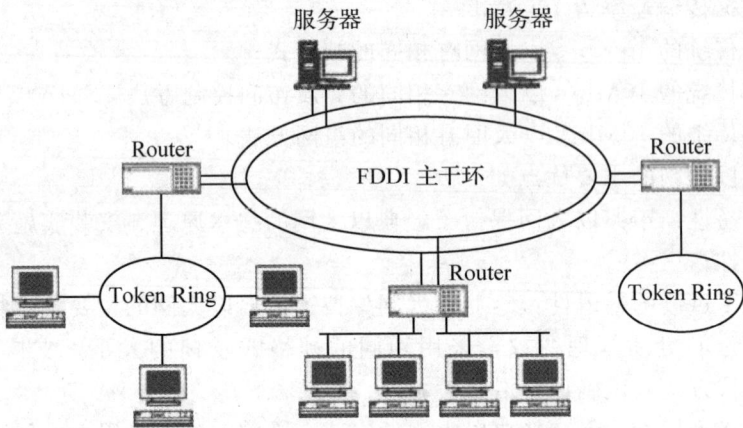

图 8-8　FDDI 网络

帧。因为 FDDI 采用的是定时的令牌方法，所以在给定时间中，来自多个结点的多个帧可能都在网络上，以为用户提供高容量的通信。

FDDI 主要有五个技术特点。

①使用基于 IEEE 802.5 的令牌环网介质访问控制方法；

②使用 IEEE 802.2 协议，与符合 IEEE 802 标准的局域网兼容；

③数据传输速率为 100Mb/s，联网的节点数小于或等于 1000；

④可以使用双环结构，提高容错能力；

⑤可以使用多模或单模光纤。

FDDI 主要用于以下 4 种应用环境。

①计算机机房网，称为后端网络，用于计算机机房中大中型计算机与高速外设之间的连接，以及对可靠性、传输速度与系统容错要求较高的环境。

②办公室或建筑物群的主干网，称为前端网络，用于连接大量的小型机、工作站、服务器、个人计算机与各种外设。

③校园网的主干网，用于连接分布在校园各个建筑物中的小型机、服务器、工作站和个人计算机，以及多个局域网。

④多校园网或企业网的主干网，用于连接地理位置相距几公里的多个校园网或企业网，成为一个区域性的互连多个校园网或企业网的主干网。

8.3　广　域　网

广域网 WAN(Wide Area Network)是应用远程通信设施，为用户提供远程用户之间快速信息交换的系统。广域网的主要特性有：

①作用范围广。广域网运行在超出局域网地理范围的区域内；

②使用各种类型的串行连接接入广泛地理领域内的带宽；

③连接分布在广泛地理领域内的设备；

④使用电信运营商的服务。

根据广域网的建网方法，广域网可分为 3 类。

(1)线路交换网，面向连接的网络，在数据需要发送时，发送设备必须建立并保持一个连接，直到数据被发送。典型的线路交换网有电话拨号网和 ISDN 网。

(2)专用线路网，由一个组织或团体自己建立、使用、控制和维护，是两个点之间的一个安全永久的信道，不需要经过任何建立或拨号进行连接。典型的专用线路网采用专用模拟线路、T1 线路、T2 线路，其中，T1、T2 线路是调制数字电话的线路。

(3)分组交换网，是一种以分组为基本数据单元进行数据交换的通信网络，如 X.25 网、帧中继网等。

8.3.1　X.25 网络

X.25 是国际电报电话咨询委员会 CCITT 的一个建议，符合 X.25 建议的接口称为 X.25 接口，以 X.25 接口接入的数据通信网络称为 X.25 网。

X.25 协议定义终端和计算机到分组交换网络的连接。分组交换网络在一个网络上为数据分组选择到达目的地的路由。X.25 是一种很好实现的分组交换服务，传统上它是用于将远程终端连接到主机系统的。这种服务为同时使用的用户提供任意点对任意点的连接。来自一个网络的多个用户的信号，可以通过多路选择通过 X.25 接口而进入分组交换网络，并且被分发到不同的远程地点。X.25 网如图 8-9 所示。

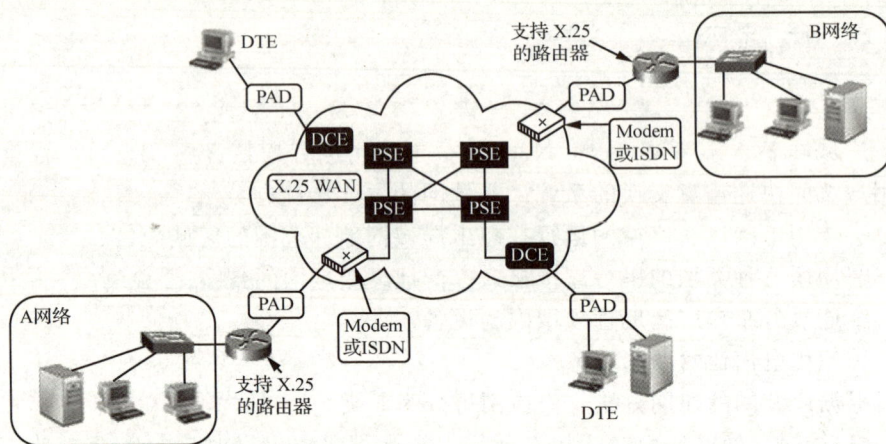

图 8-9　X.25 网络与 OSI 模型

X.25 由 3 层组成，对应于 OSI 互连参考模型的低 3 层，如图 8-10 所示。

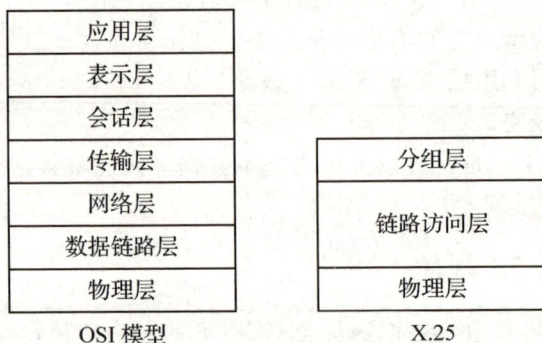

应用层
表示层
会话层
传输层
网络层
数据链路层
物理层

分组层
链路访问层
物理层

OSI 模型　　　　　　　　X.25

图 8-10　X.25 与 OSI 模型

X.25 模型各层作用如下。

(1)物理层定义数据终端设备 DTE(如计算机、智能终端、前端通信处理机等)与数据电路终端设备 DCE(如网络节点、分组交换机等)之间建立物理连接和维持物理连接所需的机械、电气、功能和规程。

(2)链路访问层定义数据链路控制过程，即控制链路的操作过程和纠正通信线路的差错。

(3)分组层定义 DTE 与 DCE 之间数据交换的分组格式和控制过程，包括多条逻辑信道到一条物理连接的复用、分组流量控制和差错控制等。

8.3.2　帧中继网

帧中继(Frame Relay)是由 X.25 发展起来的快速分组交换技术。利用帧中继技术建立起来的网络系统，帧中继的性能高于 X.25，是远距离多节点数据传输用户的最佳选择。

帧中继在传送数据时，只检查包的包头(Header)中的目的位地址，就立即传送出此数据包，甚至于在数据包还未接收完整之前即转送出去，大大地提高了传输速度。

帧中继可以支持很高的传输速率，传输速率通常在 64Kb/s～2.048Mb/s 之间，现在已经实现了 45Mb/s(DS-3)传输速率。

1. 局域网互连

由于需要互连的局域网用户会经常产生大量的突发数据，用户之间争用带宽资源。帧中继网具有对带宽进行动态分配、平衡通信、保证数据可靠传输，并具有既节省费用又可以充分利用网络资源等功能。

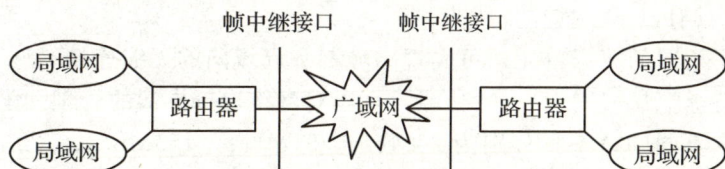

图 8-11　局域网互连

2. 图像文件传送

帧中继网由于其具有足够的带宽、高速率、低延时、带宽动态分配等特点，所以它非常适于图像、图表等数据传送业务。

3. 虚拟专用网

帧中继网可以将系统中的节点根据需要划分为若干个区，每个区设置相对独立的网络管理机构，各相对独立的网管机构只对其管辖范围内的资源进行管理，每个区内的各节点共享区内资源，它们之间的数据处理和数据传送相对独立，从而构成虚拟专用网络。

4. 帧中继网与其他网络的互联

帧中继通过一些必要的措施，能够使不同的网络之间兼容，实现不同网络之间的互联。

5. 帧中继网之间的互联

通过把各帧中继网互联，能够实现把不同国家的帧中继网络、各个国家内部的帧中继网络都互联起来。

8.3.3　ATM 网

异步传输模式 ATM(Asynchronous Transfer Mode)的开发始于 20 世纪 70 年代后期。ATM 是一种较新型的单元交换技术，同以太网、令牌环网、FDDI 网络等使用可变长度包技术不同，ATM 使用 53 字节固定长度的单元进行交换。ATM 是一种交换技术，它没有共享介质或包传递带来的延时，非常适合音频和视频数据的传输。

ATM 是采用"信元交换"来替代"包交换"进行实验，其速度是非常快的。信元交换将一个简短的指示器称为虚拟通道标识符，并将其放在 TDM 时间片的开始。这使得设备能够将它的比特流异步地放在一个 ATM 通信通道上，使得通信变得能够预知且持续的，这样就为时间敏感的通信提供了一个预 QoS，这种方式主要用在视频和音频上。通信可以预知的另一个原因是 ATM 采用的是固定的信元尺寸。

ATM 具有以下一些主要优点：

①使用相同的数据单元，可实现广域网和局域网的无缝连接；

②支持虚拟局域网 VLAN 功能，可以对网络进行灵活的管理和配置；

③具有不同的速率，分别为 25Mb/s、51Mb/s、155Mb/s、622Mb/s，从而为不同的应用提供不同的速率；

交换设备是 ATM 的重要组成部分，它能用作组织内的 Hub，快速将数据分组从一个节点传送到另一个节点，或者用作广域通信设备，在远程局域网之间快速传送 ATM 信元。以太网、光纤分布式数据接口 FDD1、令牌环网等传统局域网采用共享介质，任一时刻只有一个节点能够进行传送，而 ATM 提供任意节点间的连接，节点能够同时进行传送。来自不同节点的信息经多路复用成为一条信元流。

8.3.4　IP 宽带网

IP 是英文 Internet Protocol 的缩写，意思是"网络之间互连的协议"，也就是为计算机网络相互连接进行通信而设计的协议。在互联网中，它是能使连接到网上的所有计算机网络实现相互通信的一套规则，规定了计算机在互联网上进行通信时应当遵守的规则。任何厂家生产的计算机系统，只要遵守 IP 协议就可以与互联网互连互通。正是因为有了 IP 协议，互联网才得以迅速发展成为世界上最大的、开放的计算机通信网络。因此，IP 协议也可以叫做"互联网协议"。

IP 协议中还有一个非常重要的内容，那就是给互联网上的每台计算机和其他设备都规定了一个唯一的地址，叫做 IP 地址。由于有这种唯一的地址，才保证了用户在联网的计算机上操作时，能够高效而且方便地从千千万万台计算机中选出自己所需的对象来。

在当今世界向知识经济时代迈进过程中，计算机互联网技术的应用成为重要的促进因素，它的不断发展形成推动世界经济高速发展的新的源动力。随着国民经济信息化进程的深入发展，整个社会对现代化通信需求进一步增加，新一代宽带通信网络将成为新一代电信的明显特征，宽带 IP 网络技术应运而生。

IP 网络的特点：

①可以连接不同地域的数据通信终端设备；

②能够较大地实现资源的共享；

③信息处理的集中化。

IP 网络的优势：

①具有端到端的透明性；

②具有较大的开放性和灵活性；

③采用客户端/服务器的模式，网络运用集中在中心，流量呈放射状分布。

8.3.5　数字数据网

数字数据网 DDN(Digital Data Network)是利用数字通道提供半永久性、半固定连接电路，以传输数据信号为主的数字传输网络。DDN 包含了数据通信、数字通信、计算机、光纤通信、数字交叉等技术。经过多年的发展，DDN 已经成为能提供和支持多种业务，具有很大吸引力和发展潜力的传输网络资源。我国公用数字数据网 CHINADDN 是邮电部门管理的中国公用数据网，于 1994 年开通，网络已覆盖全国所有省会城市、所有地市和部分县城，从 CHINADDN 也可以进入 CHINAPAC。

DDN 的特点主要包括：

①DDN 是同步传输数据网且不具备交换功能；

②DDN 向用户提供的是半永久性的数字连接，数据传输过程中不进行复杂的软件处理，因此，延时较短，避免了分组网中传输延时大且不固定的缺点；

③DDN 采用交叉连接装置，根据用户需要，在约定时间内接通所需宽带的线路，信道容量的分配具有极大的灵活性，使用户可以开通种类繁多的信息

业务，传输任何合适的信息；

④DDN 为全透明网。DDN 是任何规程都可以支持的、不受约束的全透明网，可传输数据、图像、声音等多种信息。

DDN 由数字通道、DDN 节点、网管控制和用户环路组成。在新的"中国 DDN 技术体制"中将 DDN 节点分为 2 兆节点、接入节点和用户节点 3 种类型。其中 2 兆节点是 DDN 网络的骨干节点，执行网络业务的转换功能；接入节点主要为 DDN 各类业务提供接入功能；用户节点主要为 DDN 用户入网提供接口并进行必要的协议转换。

8.3.6　ISDN

传统的主要通信基础设施一直是电话系统，而电话系统对话音的传输采用的是模拟传输，对数据传输、传真、电视传输等现代通信不能提供合适的服务，因此需要使用先进的数字系统来取而代之。ISDN（Integrated Services Digital Network）就是代替模拟电话系统，提供适合于声音和非声音的新的综合通信系统称为综合业务数字网 ISDN，俗称"一线通"。它除了可以用来打电话，还可以提供诸如可视电话、数据通信、会议电视等多种业务，从而将电话、传真、数据、图像等多种业务综合在一个统一的数字网络中进行传输和处理，这也就是"综合业务数字网"名字的来历。

由于 ISDN 的开通范围比 ADSL 和 LAN 接入都要广泛得多，所以对于那些没有宽带接入的用户，ISDN 似乎成了唯一可以选择的高速上网的解决办法，毕竟 128Kb/s 的速度比拨号快多了。ISDN 和电话一样按时间收费，所以对于某些上网时间比较少的用户（比如每月 20 小时以下的用户）还是要比使用 ADSL 便宜很多的。另外，由于 ISDN 线路属于数字线路，所以用它来打电话（包括网络电话）效果都比普通电话要好得多。

ISDN 的特点主要有以下几个方面：

①综合的通信业务：利用一条用户线路，就可以在上网的同时拨打电话、收发传真，就像两条电话线一样；

②传输质量高：由于采用端到端的数字传输，传输质量明显提高；

③使用灵活方便：只需一个入网接口，使用一个统一的号码，就能从网络得到所需要使用的各种业务。用户在这个接口上可以连接多个不同种类的终端，而且有多个终端可以同时通信。

8.3.7　SONET

同步光纤网 SONET（Synchronous Optical Network）是 Bellcore 于 20 世纪

80 年代中期首先提出的用光导纤维传输的物理层标准。它被 ANSI 标准化并被 CCITT 推荐在全世界推广。它是连接光纤传输系统的标准，是美国国家标准化组织在 20 世纪 80 年代中期开发的。它是一个全球的物理网络，非常像局域网中的以太网双绞线电缆。SONET 可以使用 1Gb/s 以上的速度发送数据，而且能够发送数据、语音和图像。

SONET 是定义了同步传输的线路速率等级结构的光纤传输系统，其传输速率以 51.84Mb/s 为基础，大约对应于 T3/E3 的传输速率，此速率对电信号称为第 1 级同步传送信号，即 STS-1；对光信号则成为第一级光载波 OC(Optical Carrier)，即 OC-1。现已定义了从 OC-1 一直到 OC-3072 的标准。通常表示为 OC-n。

8.4　IP 网络相关通信协议

8.4.1　IP 协议

1. IP 协议的概述

IP 协议是 TCP/IP 协议簇中的核心协议，也是互联网标准协议之一。与 IP 协议配套使用的还有四个协议：地址解析协议 ARP、逆地址解析协议 RARP、网际控制报文协议 ICMP、网际组管理协议 IGMP。

IP 协议向上一层只提供不可靠的、无连接的数据传送服务。不可靠是指它不能保证 IP 数据报能成功到达目的地。IP 协议仅仅提供最好的传输服务。当发生某种错误时，如某个路由器暂时用完了缓冲区，IP 协议有一个简单的错误处理算法：丢弃该数据报，然后发送 ICMP 消息给信源。任何可靠性必须由上层来提供。无连接指的是 IP 协议并不维护任何关于后续数据报的状态信息。每个数据报的处理是相互独立的。IP 数据报可以不按发送顺序接收。如果同一信源向相同的信宿发送两个连续的数据报(先是 A，然后是 B)每个数据报都是独立地进行路由选择，可能选择不同的路线，因此 B 可能在 A 到达之前先到达。

2. IP 数据包格式

TCP/IP 的互联网和物理网络类似，在物理网络上，传送的单元是一个包含帧头部分和数据部分的数据帧，帧头部分包括了物理源站点和目的站点的地址。在互联网上将基本传输单元叫做 IP 数据报。

一个 IP 数据报由首部和数据两部分组成。首部的前一部分是固定长度，

共 20 字节，是所有 IP 数据报必须具有的。在首部的固定部分的后面是一些可
选字段，其长度是可变的。

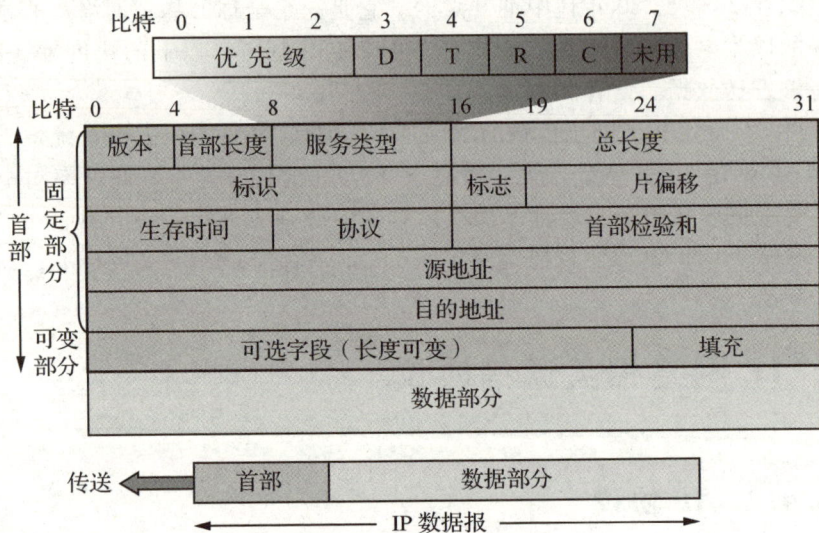

图 8-12　IP 数据报格式

①版本号。版本号共占 4 位，用来标识数据报的 IP 版本号。通信双方使
用的版本号必须一致。这个 4 位字段的值设置为二进制的 0100 表示 IPv4，设
置为 0110 表示 IPv6。目前使用的 IP 协议版本号是 4。

②首部长度。首部长度共占 4 位，可表示的最大的十进制数是 15。标识
包括选项在内的 IP 头部字段的长度。

③区分服务。区分服务占 8 位，用来获得更好的服务。这个字段在旧标准
中叫做服务类型，但实际上一直没有被使用过。1998 年 IETF 把这个字段改名
为区分服务 DS（Differentiated Services）。只有在使用区分服务时，这个字段
才起作用。在一般的情况下都不使用这个字段[RFC 2474]。

④总长度字段。总长度字段共占 16 位，接收者用 IP 数据报总长度减 IP
报头长度就可以确定数据包数据的大小。IP 数据报最长可达 $65535 = 2^{16} - 1$ 个
字节。

⑤标识字段。标识字段共 16 位。唯一的标识主机发送的每一份数据报。
由于数据报长度超过网络的 MTU（网络所允许的最大传送单元）必须分片时，
接收方根据分片中的标识字段是否相同来判断这些分片是否是同一个数据报的
分片，从而进行分片的重组。通常每发送一份报文，它的值就会加 1。

⑥标志字段。标志字段共占 3 位，但目前只有后两位有意义。第 2 位是不分段(DF)位，当 DF 位被设置为 1 时，表示路由器不能对数据包进行分片。如果数据包由于不能分片而未能被转发，那么路由器将丢弃该数据包并向信源发送 ICMP 不可达。第 3 位是分段(MF)位。当路由器对数据包进行分片时，MF置为 1 表示后面还有分片，MF 置为 0 表示这已经是若干数据片中的最后一个了，因此只有最后一个数据片的 MF 才能置为 0。

⑦位偏移。位偏移共占 13 个位。当数据包的长度超过它所要去的那个数据链路的 MTU 时，路由器要将它分片。数据包中的数据将被分成小片，每一片被封装在独立的数据包中。而位偏移则是在接收方进行数据报重组时用来标识分片的顺序。用于指明分段起始点相对于报头起始点的偏移量。由于分段到达时可能错序，所以位偏移字段可以使接收者按照正确的顺序重组数据包。接收端使用标识符，分段偏移以及标记域的 MF 位来进行重组。

⑧生存时间。生存时间共占 8 位。生存时间字段常用的英文缩写是 TTL(Time To Live)，表明数据报在网络中的寿命。TTL 值设置了数据报可以经过的最多的路由器数。TTL 的初始值由源主机设置(通常为 32 或 64)，每经过一个处理它的路由器，TTL 值减 1。如果一台路由器将 TTL 减至 0，它将丢弃该数据包并发送一个 ICMP 超时消息给数据包的源地址。

⑨协议字段。共占 8 个位。协议字段是用来指出此数据报携带的数据是使用何种协议。ICMP 为 1，IGMP 为 2，TCP 为 6，UDP 为 17，GRE 为 47，ESP 为 50。

⑩首部校验和。共占 16 位。根据 IP 首部计算的校验和码。为了可减少计算的工作量，这个字段只检验数据报的首部，但不包括数据部分。

⑪选项(Option)。此字段的长度可变，从 1 个字节到 40 个字节不等，取决于所选择的项目。

3. IP 路由选择

如果目的主机与源主机直接相连(点对点)或都在一个共享网络上(以太网)，那么 IP 数据报就直接送达到目的主机上。否则，主机把数据报发到网关(路由器)，由路由器来转发该数据报。

IP 协议可以发送两类数据报：一类是从 TCP、UDP、ICMP、IGMP 接收数据报；另一类是从一个接口接收数据报并进行发送。IP 层在内存中有一个路由表，当收到一份数据报并进行发送时，都要对该表进行搜索。当数据报来自某个接口时，IP 首先检查目的 IP 地址是否为本机的 IP 地址或广播地址。如果是，数据报就被送到由 IP 首部协议字段所指定的协议模块进行处理。如果数据报的目的地址不是这些地址，那么：如果 IP 层被设置成路由器的功能，那么就对数据报进行转发，否则丢弃数据报。

路由表中一般包含如下信息。

目的 IP 地址：可以是一个完整的主机地址，也可以是一个网络地址。

下一跳地址：一个直接连到网络上的路由器。下一跳路由器不一定是最终目的地，但它可以把传送给它的数据报转发到目的地。

标志：其中一个标志指明目的 IP 地址是网络地址还是主机地址，另一个标志指明下一站路由器是否为真正的下一跳路由器还是一个直连接口。

从上述路由表信息可以看出，IP 协议并不知道到达任何目的地的完整路径(除非路由器与目的地直接相连)。所有的 IP 路由只为数据报传输提供下一跳路由器的 IP 地址。它认为下一跳路由器比数据报的发送者更接近目的地，而且下一跳路由器与该主机直接相连，即 IP 路由选择是逐跳(Hop-by-hop)进行的。

8.4.2　实时传输协议

1. 实时传输协议概述

在网络上传输音频、视频等多媒体信息目前主要有下载和流式传输两种方案。由于网络带宽的限制，下载常常要花数分钟甚至数小时，这种处理方法延迟也很大。流式传输时，声音、影像或动画等时基媒体由音频、视频服务器向用户计算机连续、实时地传送，用户不必等到整个文件全部下载完毕，而只需等待短暂的启动延迟即可观看。

流媒体指在网络中使用流式传输技术传送的连续且与时间相关的媒体，例如，音频、视频或多媒体文件。流式媒体在播放前并不需要下载整个文件，只需要将开始部分的内容存入本地计算机的缓冲存储器中就可以播放，流式媒体的数据流随时传送随时播放，只是在开始时有一些延迟。流媒体实现的关键技术就是流式传输。

流式传输定义很广泛，现在主要指通过网络传送媒体(如音频、视频)的技术总称。其特定含义为通过因特网将影视节目传送到 PC。实现流式传输有两种方法：顺序流式传输(Progressive Streaming)和实时流式传输(RealTime Streaming)。实时流式传输指保证媒体信号带宽与网络连接匹配，使媒体可被实时观看到。实时流与 HTTP 流式传输不同，它需要专用的流媒体服务器与传输协议，这样实时传输协议和实时传输控制协议就产生了。

实时传输协议 RTP(Realtime Transport Protocol)是由 IETF 制定的针对

互联网上的一种实时传输协议，作为 RFC 1889 发布，现在最新的为 RFC 3550。

RTP 协议提供端到端的实时声音和视像数据的传输，并且对声音和视像数据的压缩和编码格式没有限制，可以支持多种不同格式的声音和视像。

值得注意的是，RTP 并不是实时地传输的，应该理解为"实时数据"的传输协议。RTP 本身只保证实时数据的传输，并不能为按顺序传送数据包提供可靠的传送机制，也不提供流量控制或拥塞控制，但提供了减少或消除抖动、视听数据同步和视听数据流复合的方法，因此它依靠 RTCP 来提高服务质量。

2. 实时传输协议原理

实时传输协议 RTP 是用来提供实时传输的，因而可以看成是传输层的一个子层，它建立在 UDP 上，同 UDP 协议一样，为了实现其实时传输功能，RTP 也有固定的封装形式。

在多媒体应用程序上生成的声音和视像等多媒体数据块被封装在 RTP 数据包中，每个 RTP 数据包被封装到 UDP 数据包中，然后再封装到 IP 数据包中。

从应用开发者的角度来说的，也可以把 RTP 归为应用层的一部分。操作系统中的 TCP/IP 等协议栈所提供的是我们最常用的服务，而 RTP 的实现还是要靠开发者自己。因此从开发的角度来说，RTP 的实现和应用层协议的实现没有不同。

3. 实时传输协议数据包头结构

协议的封装是为了实现协议的功能，因此 RTP 包头应该包括 4 个域：有效载荷类型、序列号、时间戳和同步源标识符，结构如图 8-13 所示。

V＝2	P	X	CC	M	（有效载荷类型）	序列号
时间戳						
同步源标识（SSRC）						
贡献源标识（CSRC）						
……						

图 8-13　实时传输协议数据包头结构

（1）版本号 V。2 位，用来标志使用的 RTP 版本。

（2）填充位 P。1 位，如果该位置位的话，则该 RTP 包的尾部就包含附加的填充字节。

（3）扩展位 X。1 位，如果该位置位的话，RTP 固定头部后面就跟有一个扩展头部。

(4)CSRC 计数器 CC。4 位，含有固定头部后面跟着的 CSRC 的数目。

(5)标记位 M。1 位，该位的解释由配置文档(Profile)来承担。

(6)有效载荷类型 PT。7 位，标识了 RTP 载荷的类型，可支持 128 种不同的有效载荷类型。

对于声音数据，这个域用来标识声音使用的编码类型，如 PCM、G.721 等。如果发送端在会话或者广播的中途决定改变编码方法，发送端可通过改变这个域的内容来通知接收端。

对于视像数据，这个域用来指示视像编码类型，如 MPEG-1、H.261 等。发送端也可以在会话或者广播的中途改变编码方法。

(7)序列号 SN。16 位，发送方在每发送完一个 RTP 包序列号后加 1，接收方可以由该域检测包的丢失及恢复包序列。序列号的初始值是随机的。

(8)时间戳。32 位，记录了该包中数据的第一个字节的采样时刻。在一次会话开始时，时间戳初始化成一个初始值。即使在没有信号发送时，时间戳的数值也要随时间而不断地增加。时间戳是去除抖动和实现同步不可缺少的。

(9)同步源标识符 SSRC。32 位，同步源就是指 RTP 包流的来源。在同一个 RTP 会话中不能有两个相同的 SSRC 值。该标识符是随机选取的，RFC1889 推荐了 MD5 随机算法。

(10)贡献源标识符 CSRC。贡献源的数目最多为 15 个，每项 32 位，其数目由 CC 域中的数字决定，用来标志对一个 RTP 混合器产生的新包有贡献的所有 RTP 包的源。由混合器将这些有贡献的 SSRC 标识符插入表中。SSRC 标识符都被列出来，以便接收端能正确指出交谈双方的身份。

8.4.3 实时传输控制协议

1. 实时传输控制协议概述

实时传输控制协议 RTCP 的主要功能是为收发两端的应用程序提供有关会话传送质量的数据包。在 RTP 会话期间，各参与者周期性地传送 RTCP 包，包中含有的是已发送的数据包的数量、丢失的数据包的数量等统计资料，而不是封装声音数据或视像数据。因此，服务器可以利用这些信息动态地改变传输速率，甚至改变有效载荷类型。RTP 和 RTCP 配合使用，能以有效的反馈和最小的开销使传输效率最佳化，因此特别适合传送网上的实时数据。

2. 实时传输控制数据包类型

在实时传输控制 RTCP 通信控制中，RTCP 协议的功能是通过不同的

RTCP 数据报来实现的，主要有如下几种类型。

①发送端报告 SR(Sender Report)。所谓发送端是指发出 RTP 数据报的应用程序或者终端，发送端同时也可以是接收端。RTP 数据报包括 RTP 流的同步源标识符、当前的时间、发送的数据包和发送的字节数。

②接收端报告 RR(Receiver Report)。所谓接收端是指仅接收但不发送 RTP 数据报的应用程序或者终端，接收的统计信息包括丢失的数据包、最后接收到的序列号和平均的抖动间隔。

③源描述 SDES。主要功能是作为会话成员有关标识信息的载体，如用户名、邮件地址、电话号码等，此外还具有向会话成员传达会话控制信息的功能。

④通知离开 BYE。主要功能是指示某一个或者某几个源不再有效，即关闭一个数据流。

⑤特定应用功能 APP。由应用程序自己定义，解决了 RTCP 的扩展性问题，并且为协议的实现者提供了很大的灵活性。

8.4.4　资源预留协议

1. 资源预留协议概述

资源预留协议 RSVP(Resource Reservation Protocol)是网上主机和路由器用来为多媒体应用保留网络资源的一套通信规则。它在无连接协议上提供端到端的实时传输服务，为特定的多媒体流提供端到端的 QoS 协商和控制功能，以减小网络传输延迟。

RSVP 对资源的申请是单向的，所以 RSVP 在申请资源的过程中发送端和接收端是逻辑上完全不同的两个部分。RSVP 是传输层协议，但是它并不处理传输层的数据，而是用来控制视听数据流在互联网上的传送，从本质上看，RSVP 更像是网际控制协议 ICMP(Internet Control Message Protocol)和因特网机组成员协议 IGMP(Internet Group Management Protocol)。

RSVP 本身并不是路由协议，路由协议的职责是负责选择转发数据包路径。RSVP 则是通过本地的路由数据库来获取路由信息。路由协议决定报文的走向，而 RSVP 仅关心这些报文在它将走的路径上能否获得满意的服务质量。

为了适应可能出现的大规模组群、动态组群、异类接收端的可能，RSVP 是由接收端启动服务质量 QoS 申请的协议。QoS 请求从接收端发出交给本地的 RSVP 驻留进程，再由该 RSVP 驻留进程将该请求递交给沿数据传送的反向传送给沿途的所有路由器直到发送端。所以，RSVP 协议可将大量相同的

QoS 请求进行合并。

2. 资源预留协议原理

RSVP 将独立的会话定义为在特定的目标地址和传送协议上的数据流。一个会话包括三个元素：DestAddress、ProtocolId 、[DstPort]，其中 DestAddress 表示所传送数据的目的地址；ProtocolId 表示 IP 协议标识；可选参数 DstPort 表示通用的目的端口号，如被 UDP/TCP 目的端口域定义。

一个典型的 RSVP 会话过程应该包括如下步骤。

①当发送端数据流需要在某条特定的网络路径上预约网络资源，它周期性地向 SESSION(会话地址)发送一条 PATH 消息，描述发送源的数据格式、源地址、端口号和流量特性，由于该消息运行的路径与发送数据流的路径一样，因此，数据流接收者可以利用 PATH 建立逆向路径。

②接收端周期性地发送包含资源预留参数的 RESV 报文给上游路由器，目的是建立和定期更新预留的状态，RESV 报文由流规范和过滤规范组成，流规范决定路由器的包调度算法，过滤规范则指示包过滤器应当利用数据流中的哪些包。

③在建立传输路径过程中，根据接收端接收来的 RESERVE 消息，路由器将不断修改资源保留状态和视听数据的传送路径，对相同的 RESERVE 消息进行合并，生成用于传输数据流的 RSVP 消息，传送到发送端。

④当发送端收到 RSVP 消息后就开始发送视听数据了。

8.4.5 实时流协议

1. 实时流协议概述

实时流协议 RTSP(Real-time Streaming Protocol)是由 RealNetworks 公司和 Netscape 公司共同提出的，该协议定义了一对多应用程序如何有效地通过 IP 网络传送多媒体数据，可为客户端的媒体播放器提供远程控制功能，如：暂停、快播和从头开始播放。RTSP 在体系结构上位于 RTP 和 RTCP 之上，是在应用层用来控制 RTP 会话的协议，它使用 TCP 或 RTP 完成数据传输。

RSTP 提供的操作主要有三种：

①客户端可以要求服务器建立会话并传送被请求的数据，进而从媒体服务器上检索多媒体数据。

②要求媒体服务器加入会议，并回放或记录其中的一部分媒体数据。

③向现成的讲座中加入媒体，任何附加的媒体变成可用时，客户端和服务器之间要相互通报。

　　RTSP 控制通过单独协议发送的媒体流，与控制通道无关，因此，即使媒体服务器没有收到请求，数据也会继续发送。在连接生命期，单个媒体流可通过不同 TCP 连接顺序发出请求来控制。所以，服务器需要维持能联系流与 RTSP 请求的连接状态。RTSP 中很多方法与状态无关，但下列方法在定义服务器流资源的分配与应用上起着重要的作用。

　　SETUP(设置)：让服务器给媒体流配置资源并启动 RTSP 连接。

　　PLAY(播放)：根据 SETUP 设置的资源启动数据传输，播放一个或多个多媒体流。

　　PAUSE(暂停)：临时停止流，而不释放服务器资源。

　　TEARDOWN(终止)：用于终止会话，释放媒体流的资源，RTSP 连接停止。

　　RECORD(录制)：启动流媒体录制功能。

　　标识状态的 RTSP 方法使用连接头段识别 RTSP 连接，为响应 SETUP 请求，服务器连接产生连接标识。

　　2. 实时流协议原理

　　RTSP 提供视音频数据的传输与 HTTP 提供文本和图像的传输类似，因此二者在语法和操作上基本类似，但二者还是有区别的，HTTP 是不对称协议，用户发出请求，服务器作出回应。RTSP 中，媒体用户和服务器都可发出请求，且其请求都是无状态的；在请求确认后很长时间内，仍可设置参数，控制媒体流。

　　执行 RTSP 协议的程序实际上就是维护客户机和服务机的状态。客户机和服务机都有三种状态：(1)INTI(初态)，即在客户机和服务机之间没有 RTSP 会话；(2)READY(准备状态)，即创建 RTSP 会话，准备传输数据；(3)PLAYING(播放状态)，即传输流媒体数据。

8.5　网络视频会议系统

8.5.1　网络视频会议系统概述

　　当今信息社会的发展对通信提出了更高的要求，人们已不满足简单的话音和文字通信，希望是集语音、文字和图像于一体的多媒体通信。这是继电报、电话、传真之后，又一新的通信手段。视频会议系统就是这种新型的通信手段之一，它可以点对点通信，也可以多点对多点的通信。它在同一传输线路上承载了多种媒体信息：视频、音频和数据等，实现多点实时交互通信，同时也可以将不同地点的与会人员的活动情况、会议内容及各种文件以可视新闻的形式展现在各个分会场，是一种快速高效、日益增长、广泛应用的新通信业务。

1. 视频会议系统主要特性

视频会议系统，又称会议电视系统，是指两个或两个以上不同地方的个人或群体，通过传输线路及多媒体设备，将声音、影像及文件资料互传，实现即时且互动的沟通，以实现会议目的的系统设备（如图 8-14 所示）。视频会议的使用有点像电话，除了能看到与你通话的人并进行语言交流外，还能看到他们的表情和动作，使处于不同地方的人就像在同一房间内沟通。

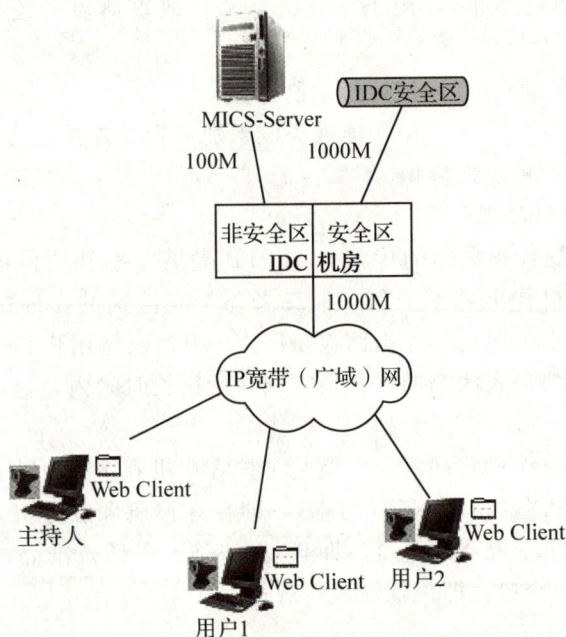

图 8-14 会议视频系统结构图

系统的主要特性如下。

（1）文字特性。基于 Web 浏览器（ActiveX 控件）的文字交流功能，包括支持主持人与与会者分屏显示；支持贴图、语态、文字演示选择；支持邀请私聊、禁止私聊等功能。

（2）语音特性。基于 Web 浏览器（ActiveX 控件）的语音聊天功能，包括支持发言人实时语音广播；支持全双工的语音交流；采用 G723、G711、GSM语音编码；语音优化处理技术使声音清晰连续，没有回音；提供实时语音网络信号指示；可支持多人同时语音发言（先进的多点混音技术）；支持语音全程数字录音与回放。

（3）视频特性。基于 ActiveX 控件的视频图像交互，包括提供发言人实时视频广播；提供数字多画面技术（多点视频传输）；视频支持多画面显示和单个画面全屏显示；视频与音频的同步传输；视频压缩格式 MPEG-4；视频传输最高达每秒 30 帧；视频色彩达到 16 位真彩。

另外，发言人可以根据自己的网络状况主动调节视频占用的网络带宽，可调范围为 8～999K。

（4）QoS 自适应特性。实时跟踪网络带宽状况，可根据实际带宽情况自动调整视频带宽，保证音频质量，将视频质量调整到最佳状态，并且可以使不同带宽用户相互之间的交互达到最好状态。

（5）页面推送特性。基于 Web 浏览器（ActiveX 控件）的页面推送技术，如发言人实时页面资料广播推送；用户之间点对点页面交互推送；支持直接网址 URL 输入推送；支持链接点击推送；支持 WORD、PDF、EXCEL 等常用文件嵌入式页面推送。

（6）电子白板特性。基于 Web 浏览器（ActiveX 控件）的电子白板功能，如白板权限控制，可以设置只读、读写权限；提供强大的作图工具：画笔、直线、矩形、填充矩形、椭圆、填充椭圆等；提供文字输入与字体选择工具；提供框选、点选等选择工具；提供框选删除、点选删除等删除工具以及白板清除工具；提供屏幕区域抓取工具、窗口抓取工具（桌面共享）；提供指示器工具（电子教鞭）；提供白板加锁功能，可以锁定白板内容；提供白板同步功能，用户端的白板内容随时可以与主持人的白板内容强行同步。

（7）对代理的支持。直接支持 Sygate、Wingate 等常用代理软件，在代理后可以有多人使用（人数取决于代理支持的带宽）。

提供 ITtouch MICS Proxy Server 代理服务软件，支持大量用户参与系统而只占一路带宽的功能。较适合于网吧、分支机构等应用。

（8）多播特性。在广播模式下，发言人只传输一个信号包给在同一局域网/房间内所有用户，以减少对宽带占用率，确保了传播速度以及语音、视频质量。

（9）安全特性。用户端控件采用数字签名，并需服务器认证授权。如可设置会议用户权限认证，用户需有口令才能登录获得相关服务；对用户登录时间、登录的 IP 地址、发言时间、用户退出时间、用户退出原因等关键操作全程监控并记录，以提供事后查核依据；对关键数据，甚至语音数据可定制 IP

包加密模块等。

(10)其他重要特性。包括：系统自动检测用户是否具有音频与视频设备；实时监控显示用户的状态；提供用户自检功能，用户可以自己将声卡、视频设备、网络等调节到最佳状态；实时显示目前系统内的会场数(基于 ActiveX)；实时显示目前系统内的会场列表(基于 ActiveX)。

2. 视频会议系统的分类

视频会议系统有多种分类方法。

(1)按使用的网络环境分类。从会议电视所应用的网络来分，大体上可分为基于局域网的视频会议系统和基于广域网的视频会议系统。

基于局域网的视频会议系统：基于 H.323 网络视频会议标准实现多点会议，每秒 30 帧的画面传输质量。

基于广域网的视频会议系统：基于 H.320 视频会议标准实现多点会议，每秒 15～30 帧的画面传输质量，支持会议室和桌面系统协同工作，支持 T.120 数据会议标准。

(2)根据通信节点的数量分类。根据通信节点的数量分类，视频会议系统可以分为点对点视频会议系统和多点视频会议系统。

点对点视频会议系统：系统中的任意 2 个用户可以通过拨打对方的 IP 地址来进行点对点的连接。在 384Kb/s 以上的图像即可达到完全实时。此种方式可实现远端摄像头控制，可以方便地控制对方和本地的摄像头，还可以实现数据共享包括共享白板、文字传输等功能。

多点视频会议系统：允许 3 个或 3 个以上不同地点的参加者同时参与会议。多点视频会议系统一个关键技术是多点控制问题，多点控制单元 MCU 在通信网络上控制各个点的视频、音频、通用数据和控制信号的流向，使与会者可以接收到相应的视频、音频等信息，维持会议正常进行。

(3)按视频会议终端分类。按视频会议终端分类，可分为基于可视电话的视频会议系统、基于 PC 的视频会议系统、基于电视终端的视频会议系统。

基于可视电话的视频会议系统：可视电话是现有公用电话网上使用的工具，有双视频传送功能的电话设备。可视电话系统用于点到点通信，它满足了在电话上进行视频会议传输的需求。系统组成包括一个小屏幕、内部摄像机、视频编解码器、音频系统和键盘。由于电话网带宽的限制，可视电话只能使用较小的屏幕和较低的视频帧率。例如使用 3.3 英寸的液晶屏幕，每秒可传送 2～3 帧画面。

基于 PC 的视频会议系统：基于 PC 的视频会议系统又叫桌面视频会议系

统，这种视频会议系统利用用户现有的台式机(如 PC)平台以及网络通信设备，和远地的另一台装备了同样或兼容设备的台式机通过网络进行通信，这种系统仅限于 2 个用户或 2 个小组用户使用，是一种点对点的个人视频会议系统。桌面视频会议系统日益受到青睐，因为它可充分利用通用桌面平台上丰富的应用资源，较好地支持电子白板和应用过程共享等协作应用，会议文档的管理也易实现。桌面系统按照它所使用的网络环境可分为局域网、ISDN、因特网等网络环境下的产品，不少厂商推出了局域网和 ISDN 网络环境下的产品，例如 SUN 的 ShowMe、IBM 的 Person-Person 等，它们的高层应用大致相同，只是采用不同的网络通信适配卡就成为了不同网络环境下的产品。

基于电视终端的视频会议系统：基于电视终端的视频会议系统又叫会议室型视频会议系统，它适用于规模较大的会议，对图像质量、音响效果要求较高。目前，国内的各级公众会议电视系统都属于这一类。在会议室型视频会议系统的支持下，一群与会者集中在一间有特殊装备的会议室中，这种会议室作为视频会议的一个收发中心，能与远地的另外一套类似的会议室进行交互通信，完成两点间的视频会议功能。由于会议室与会者较多，因此对视听效果要求较高，一套典型的系统一般应包括：一台或两台大屏幕监视器、高质量摄像机、高分辨率的专用图形摄像机、复杂的音响设备、控制设备及其他可选设备，以满足不同用户的要求。

8.5.2　基于硬件的视频会议系统

目前市场上的视频会议系统一般分为软件视频会议系统及硬件视频会议系统。

基于硬件的视频会议系统基于嵌入式硬件平台、嵌入式操作系统实现视音频处理、网络通信和各项会议功能。它主要由视频会议终端设备、多点控制单元、传输网络等组成。

(1)视频会议终端设备。视频会议终端设备的主要功能是将视频、音频、数据、信号等各种数字信息进行采集并输入，将模拟的视音频信号转换成数字信号，将数字信号压缩编码，将符合国际标准的压缩码进行多路复用，经线路接口送到信道，送到会议终端中。或者是从传输网络上接收到的远端会场的图片和声音的数字信号解复用和解码。终端还要形成交互的各种控制信息：同步控制，远端摄像机控制信号、定义帧结构、传送管理密钥、呼叫规程。

(2)多点控制单元 MCU(Multipoint Control Unit)。它是整个视频会议系统的关键设备，它能实现各通信会场之间的信息传输与切换以完成多个地点视频会议终端设备之间的通信。MCU是一个数字处理单元，也具有交换的功能，它的端口一般可以接8个或12个会场的终端设备。MCU的数字域中实现音频、视频、数据、信令等数字信号的混合与切换，并确定将某一会场的终端的视频、音频信号分配到其他会场。

基于电路交换网络的多点会议系统必须通过MCU，而基于IP网络的多点会议系统则是采用多点会议服务器实现。

MCU的价格较高，客户在购买设备时，若会议点较少，可以考虑采用与终端一体的设备。若超过四个，则需购买专用MCU设备以保证会议质量。

(3)传输网络。传输网络为图像和声音等信号提供传输带宽。目前，会议系统常用的传输介质有光缆、电缆、微波、卫星等数字信道或者其他的传输信道。在传输方式上，它可以在多种网络上展开，如数字数据网DDN、帧中继网FM、ATM网、卫星通信网、局域网、宽带城域网等。不同的传输网络提供不同的带宽，并提供各种不同的用户接口。

8.5.3　基于软件的视频会议系统

传统的基于硬件的视频会议都是基于固定的会议室的"视频会议系统"，与会人员必须在固定的会议室才能进行视频会议。但是这种视频会议的方式已无法满足人们对实时异地会议交流的要求，因此，视频会议系统的设计已经由硬件转向了应用灵活、成本低廉的软件视频会议系统了。据国际著名的通信研究机构Wainhouse Research近期预测，未来全球硬件视频会议设备销售的增长约为18%，而软件视频会议系统的增长则将达到144%，后者将是发展的大趋势。

软件视频是基于PC架构的视频通信方式，主要依靠CPU处理视、音频编解码工作，其最大的特点是廉价，且开放性好，软件集成方便。但软件视频在稳定性、可靠性方面还有待提高，视频质量普遍无法超越硬件视频系统，当前的市场主要集中在个人和企业。

软件视频会议系统是软件视频的一个重要应用，主要采用服务器＋PC的架构。在中心点部署MCU服务器、多画面处理服务器和流媒体服务器；在普通桌面PC上配置USB摄像头、耳麦和会议终端软件；在会议室配置高性能PC、视频采集卡、会议摄像头和会议终端软件。在召开视频会议时，采用基于Windows的操作界面进行会议的各项设置和管理。

软件的视频会议系统产品大部分是按自己的体系结构基于IP网络开发的。这种软件系统按C/S或B/S模式，基本上由Client/Browser端、Server端和网络传输三部分组成。

8.5.4　网络视频会议的国际标准

为了消除不同国家产品制造商之间的技术、制式等的差异，实现互连互通，国际标准化组织制定了一系列网络视频会议的标准，主要包括国际电信联盟 ITU 制定的一系列标准，IETF 制定的适用于互联网的标准 RFC、Draft、SIP 协议等以及由英特尔、AT&T 等 90 多家软硬件公司、计算机和通信公司联合制定的一个个人会议标准 PCS（Personal Conferencing Specification）。

IETF 针对下一代互联网 NGN 制定的基于 IP 网络的多媒体通信协议 SIP 对于未来的网络视频会议将会有很大的影响。

PCS 标准是由英特尔、AT&T、惠普等多家软硬件公司、计算机和通信公司于 1994 年联合成立的个人会议工作组 PCWG 制定的专门用于个人计算机的会议标准。PCS 标准适合于任何网络，与个人计算机标准兼容。

基于 ITU 标准的网络视频会议目前在市场上占据主导地位，在建立的一系列的建议和标准中，影响较大的是 T.120 系列和 H.32x 系列。T 系列是针对其他媒体的管理制定的，而 H 系列的建议和标准是专门针对交互式电视会议制定的，将二者结合起来可以使网络视频会议更完整。

1. T.120 系列标准

T.120 系列标准与网络设施无关，它为多点视频会议系统中发送数据制定了一系列标准。T.120 既可以包含在 H.320 协议框架下，也可以单独支持声像会议 AGG，为电子白板、文件传输和应用共享提供标准。

自 1993 年以来，ITU－T 陆续提出了一系列的标准，这些标准最终构成了 T.120 模型。T.120 模型规定了一个通信的基础结构和在此基础上的应用规程。该模型遵循 ISO 开放系统互连七层模型，每一层向上一层提供服务并向上一层发送由低层提供服务而使用的数据。

T.120 模型共包括三个部分。

（1）网络传输规程。T.123 传输规程框架规定了不同的网络之间的连接，网络类型包括：公共交换网、分组交换数据网、ISDN 和电路交换数据网等。T.123 标准实现了各网络间的灵活组合。

（2）多点通信业务 MCS。多点通信业务包括 T.122 业务定义和 T.125 规程规范，T.125 标准是 T.122 的补充。MCS 位于 OSI 模型的会话层，提供面向连接的业务。MCS 通过规定适当的优先级和为不同类型的数据确定选路的级别，保证从多个源节点传输过来的数据在所有的节点按相同的顺序来接收。

MCS 支持的种类包括一对一、一对多和多对一路径，它也可以在多种类型的网络和连接上操作。

(3)通用会议控制 GCC。T.120 系列中的 T.124 是用于声像和视听终端、多点控制设备的通用会议控制。GCC 可以制定某种业务和管理多点会议来提供会议控制能力，包括建立、保持和退出会议，多种应用中的协商能力等。

ITU-T 在 T.120 规定了两个高层应用规程，一个是 T.127，它为用户提供同时初始化多点文件传输能力，另一个是 T.126，它允许用户在多点文件会议中查询图像和对它作注释、共享应用程序和交换传真图像。共享可以发生在运行不同操作系统的应用中。

2. H.320 标准

H.320 系列标准是 ITU-T 提出的关于窄带视频会议系统和视频会议终端及可视电话系统的框架性建议，是视频会议系统中最重要的标准，也是视频会议系统中应用最早、最为成熟的协议，目前市场上的视频会议产品大多遵循 H.320 标准。

H.320 标准包括 H.200 系列标准和 T.120 系列标准，H.200 系列指的是视听业务，具体来说是以传送活动图像为主的通信业务，T.120 系列主要针对声像业务，即传送静止图像的通信业务。大致可分为五个部分：通用体系、音频、多点会议、加密、数据传输等。标准如下所示：

H.221 定义了视听服务中 64～1920K 信道的帧结构，后又增加了多点会议及加密的内容。

H.230 定义了系统中使用的控制和指示 C&I 信号，负责处理基于 H.320 的 CODEC 设备之间传送的控制信息。

H.242 描述了会议电视终端之间建立通信和设置呼叫的规程，定义了基于 H.320 设备之间传送压缩视频和音频信号的协议。

H.261 又称为 P×64，是 1990 年 ITU-T 制定的一个视频编码标准，属于视频编解码器。其设计的目的是能够在带宽为 64kb/s 的倍数的综合业务数字网 ISDN 上传输质量可接受的视频信号。H.261 使用帧间预测来消除空域冗余，并使用了运动矢量来进行运动补偿。变换编码部分使用了一个 8×8 的离散余弦变换来消除空域的冗余，然后对变换后的系数进行阶梯量化，之后对量化后的变换系数进行 Zig-zag 扫描，并进行熵编码（使用 Run-Level 变长编码）来消除统计冗余。

G.711（PCM 编码，64Kbit/s）和 G.728（码激励线性预测 CELP，16 Kbit/s）规定了 3.4kHz 电话质量的语音压缩标准。

G. 722 是 7kHz 调频广播质量的语音编码，速率在 64Kbit/s 以内。

H. 231 定义了多点控制单元及如何连接 3 个或更多的基于 H. 320 CODEC 设备。

H. 243 主要处理多个终端之间建立通信的过程，它定义了 H. 320 CODEC 与 MCU 之间控制过程。H. 231 和 H. 243 两个建议主要针对视听业务，对数据仅提供初步的支持。这两个建议的控制功能比较简单，有些专家认为这是多点通信控制的暂时解决方案。按照 H. 231、H. 243，要实现对多个视听业务终端的多点控制，需通过设计 MCU，桥接各个视听业务终端，MCU 将向各终端发送选定通信模式 SCM 信号，并能实现对图像图画和声音等选择、切换功能，MCU 中有分接器与按控制要求的复接器。

H. 244 是使用 H. 221 LSD/HSD/MCP 信道的远端摄像机控制协议。

H. 281 与 H. 224 相同也是远端摄像机控制协议，只是采用数据链路协议。

H. 233 为会议系统提供了信息加密的方法。

H. 234 确定了在不同点之间传送密钥以及其他与管理有关的问题。

3. H. 323 标准

H. 323 是 ITU－T 多媒体通信系列标准 H. 32x 的一部分，它描述的是无 QoS 保证的 LAN 多媒体通信终端、设备和服务，H. 323 终端、设备可携带实时语音、数据、视频或它们的任意组合。H. 323 主要应用在基于 TCP/IP、IPX 分组交换的以太网、快速以太网、令牌以太网、FDDI、城域网、Intranet、互联网等网络中。

H. 323 标准针对无 QoS 的分组网络定义了四个主要的组件：H. 323 终端、网关、网闸和多点控制服务器 MCU。

(1)H. 323 终端。H. 323 终端设备可携带实时语音、数据、视频或它们的任意组合，视频编解码器是 H. 323 终端的可选部件，在互联网电话和音频会议终端上不包括此部件。它使用 H. 261 或 H. 263 作为视频编解码标准。H. 323 终端能够同时接受多个视频信道，主要应用于多点会议中显示多个终端的图像。H. 323 终端能够实现不对称的图像发送和接受能力。音频编解码器是 H. 323 终端必有的单元。终端采用 G. 711、G. 722、G. 728 等标准进行编码。H. 323 终端支持音频不对称的接收和发送。以哪种音频压缩标准的组合工作，是由 H. 245 协议在能力交换时确定的。H. 245 是 H. 323 多媒体通信体系中的控制信令协议，其主要用于处于通信中的 H. 323 终点或终端间的端到端 H. 245 信息交换。

(2)网关(Getaway)。网关单元是 H. 323 系统中的可选部件，它提供局域网 H.323 终端与其他 ITU 终端或其他 H.323 网关的通信。

（3）网闸（Gatekeeper）。网闸是 H.323 系统中的可选部件，其功能是向 H.323 节点提供呼叫控制服务。当系统中存在 H.323 关闸时，其必须提供四种服务地址，即地址翻译、带宽控制、许可控制和区域管理功能。

虽然在逻辑上，关闸和 H.323 节点设备是分离的，但是生产商可以将关闸融入 H.323 终端、网关和多点控制单元等物理设备中。

（4）多点控制单元 MCU。MCU 是多点视频会议的关键设备，它的作用相当于一台交换机，它将来自各会议场的信息流同步分离，抽取出音频、视频、数据等信息和信令，再将各会议场的信息和信令送入同一处理模块，完成相应的音频、视频的混合和切换，数据广播和路由选择，定时和会议控制等过程，最后将各会议场点所需的各种信息重新组合起来，送往相应的终端。

8.6　视频点播和交互式电视

8.6.1　VOD 和 IPTV 概述

1. VOD 概述

VOD（Video On Demand）是视频点播的简称，VOD 系统是用来按用户需求将视频信息通过宽带发布的一种方式。VOD 服务器环境复杂，它的设计采用 C/S 模型，并且适应分布式计算环境。VOD 是随着计算机技术、网络通信技术和多媒体技术的发展而出现的一种新的应用，这种新的多媒体信息服务形式被广泛应用于有线电视系统、远程教育系统以及各种信息咨询和服务系统等。

VOD 的分类方式有很多，根据 VOD 业务的实现方式，可分为真点播 TVOD（True VOD）和准点播 NVOD（Near VOD）两类。

TVOD 具有双向对称的传输容量，能够完全实现独立收视，实时地控制节目的播放，并在收视过程中提供较完备的交互功能，如对视频的快进、快退和慢放等。TVOD 允许随机的、以任意间隔对正在播放的视频节目帧进行访问，这就使得它对前端设备、网络带宽以及终端设备都有严格的要求。因此，在现有的技术条件下，TVOD 系统只能支持有限的客户数且造价昂贵。

NVOD 是一种非对称的双工传输系统，对系统响应时间要求不高，只要能被用户接受即可。NVOD 将视频节目分成若干时间段而不是帧进行播放，因此，快进、快退以及慢放等操作也是按时间段来进行的而不是按帧进行处理的。NVOD 系统的造价较低且支持的客户较多，因此目前很多 VOD 系统产品都采用 NVOD 系统。

2. IPTV 概述

IPTV 交互式网络电视是一种利用宽带网络，集互联网、多媒体、通讯等多种技术于一体为用户提供交互式多媒体服务的业务。它能够很好地适应当今网络飞速发展的趋势，充分有效地利用网络资源。IPTV 既不同于传统的模拟式有线电视，也不同于经典的数字电视。IPTV 的主要特点在于交互性和实时性，通过 IPTV 业务，用户可以得到高质量的数字媒体服务，可以自由地选择宽带 IP 网的视频节目，还可以非常容易地将电视服务和互联网浏览、电子邮件收发，以及多种在线信息咨询、娱乐、教育及商务功能结合在一起。

IPTV 是互联网技术和电视技术结合的产物，通过互联网络协议来提供包括电视节目在内的多种数字媒体服务。特点表现在：

(1)用户可以得到高质量数字媒体服务。

(2)用户可以拥有较大的选择余地去选择宽带 IP 网上各网站提供的视频节目；

(3)实现媒体提供者和媒体消费者的实质性互动，IPTV 采用的播放平台将是新一代家庭数字媒体终端的典型代表，它能根据用户的选择配置多种多媒体服务功能，包括数字电视节目、可视 IP 电话、DVD/VCD 播放、互联网游览、电子邮件，以及多种在线信息咨询、娱乐、教育及商务功能；

(4)为网络发展商和节目提供商提供了广阔的新兴市场。目前我国通信事业正在迅猛地发展，用户对信息服务的要求越来越高，特别是宽带视频信息。可以说中国已基本具备了大力发展 IPTV 的技术条件和市场条件。

8.6.2　VOD 和 IPTV 的系统结构

1. VOD 的系统组成

VOD 系统采用 C/S 方式提供视频点播服务，整个系统可分为三大部分，即前端系统、传输网络和客户端系统。

(1)前端系统。前端系统是 VOD 系统的核心部分，存储有大量的多媒体信息，并提供系统维护、用户管理、媒体制作与存储等功能。前端系统主要包括视频点播服务器、系统管理服务器、计费系统、媒体制作和媒体库等。视频点播服务器主要是完成对用户请求的处理和响应、媒体的调度和形成媒体流，是前端系统的核心，视频点播服务器的性能直接决定了 VOD 系统的总体性能。视频点播服务器的性能要求主要表现有：信息存储组织、信息获取机制和群集服务器结构。系统管理服务器主要完成用户管理、用户分级注册等。计费系统主要负责记录用户使用情况和计费，能够方便地按照记次、计时、包月等方式计算费用。媒体制作系统负责将各种媒体转换成适合 VOD 系统播放的数字信息流。媒体库顾名思义就是存储大量的媒体信息。

（2）传输网络。为前端系统和客户端提供高带宽、低延迟、时延抖动小、传输误码率低的媒体传输服务。传输网络主要包括主干网络和本地网络两部分。主干网络采用 SDH、ATM、IP 等传输交换技术和光纤作为传输介质。本地网主要有光纤网络 FTTx、HFC 光纤同轴混合网、双绞线等。传输网络是影响连续媒体网络服务系统性能的关键部分。

（3）客户端系统。用户访问前端系统的工具，用户通过交互界面将点播请求发送给视频服务器、接收和显示来自前端系统的多媒体信息。在计算机系统中，它是由带有显示设备的 PC 终端完成的；在电视机系统中，它是由电视机加机顶盒完成的。

2. IPTV 的系统组成

IPTV 采用的是基于 IP 宽带网络的分布式架构，IPTV 以流媒体内容管理为核心，主要分为前端系统、承载系统与传输网络和用户接收终端等部分。

IPTV 的业务前端主要包括信号源系统、运营支撑系统、流媒体系统、存储系统等。

（1）IPTV 信号源系统。前端系统中的信号系统接收、编码来自信号源的信息，完成各种信号源的接收，并按照规定的编码格式和码率对接收的信号进行压缩编码并转化成适合互联网传输的数字化数据流。

（2）IPTV 运营支撑系统。运营支撑系统是 IPTV 平台的一个重要组成部分。运营支撑系统为 IPTV 提供包括用户管理、服务提供商 SP 管理、服务管理、认证授权、计费支付、对账结算、机顶盒管理等功能。

（3）IPTV 流媒体系统。IPTV 技术平台采用流媒体技术通过 IP 网络传送音视频数据流文件。流媒体系统包括提供多播和单播服务的流媒体服务器。流媒体服务器负责将音视频数据流文件推送到宽带网络中。IPTV 业务（尤其是点播业务）要求流媒体服务器具有很高的性能和很高的安全性，同时能满足支持多个并发流和直播流的应用需求。流媒体服务器集群技术有效地满足了这个要求。

（4）IPTV 存储系统。IPTV 存储系统主要用于存储数字化后的视频内容和各类管理信息。由于存储的数字化的文件是相当大的并且各类管理信息是很重要的，因此，要求存储系统不仅要有大容量而且还要兼顾到安全可靠性。

IPTV 的承载系统与传输网络采用支持互联网协议 IP 的 IP 宽带传输网络，包括三个层次，即骨干网、城域网、宽带接入网，负责把视音频数据流文件交互地传送到用户端。

对各层次的功能要求如下。

（1）骨干网。骨干网负责将流媒体业务在全国范围内分布和管理，基于 CDN、运营支撑网、业务网等实现具体业务的相关控制和承载。

（2）城域网。城域网包括业务接入控制点设备至骨干网边缘节点间的相关网络和设备，主要实现从骨干网到接入网之间的网络承载，负责流媒体业务在省市范围内容的发布。

（3）宽带接入网。宽带接入网指从用户机顶盒或其他终端到业务接入控制点之间的相关网络和设备，主要实现 IPTV 业务的接入。

IPTV 用户接收端负责接收、处理、存储、播放、转发视音频数据流文件等信息。主要功能包括支持 FTTH、FTTB+LAN、WLAN 等宽带接入方式；接收并处理音视频数据流文件；支持 MPEG-4、H.264、AC-1/WMV9、Real、QuikTime 等解码功能；支持网页浏览、电子邮件、IP 视频电话、网络游戏等；支持数字版权管理，实现用户身份识别、计费和结算；支持由前端网管系统实现远程监管和自动升级。

目前终端的形式主要有以下三种：一种是个人计算机，包括各种台式计算机和各种便携式计算机，如平板电脑 PAD 等；一种是机顶盒＋电视机，电视机一般仅具备显示各类模拟和数字视频信号的能力，还不具备交互能力，因此目前机顶盒加电视机是 IPTV 的用户最常见的消费；还有一种是手机，用户可以通过手机显示并进行交互。

8.6.3　用户接入网技术

IPTV 接入可以充分利用现有的宽带接入技术，主要有 xDSL 技术、FTTx技术、HFC 技术等三种。

1. xDSL 技术

数字用户线 DSL(Digital Subscriber Line)的前缀 x 表示在数字用户线上实现的不同宽带方案。xDSL 技术就是用数字技术对现有的模拟电话用户线进行改造，使它能够承载宽带业务。虽然标准模拟电话信号的频带被限制在 300～3400 kHz 的范围内，但用户线本身实际可通过的信号频率仍然超过 1 MHz。目前，xDSL 技术中最常用的技术有 ADSL(Asymmetric Digital Subscriber Line)和 VDSL(Very high speed DSL)。ADSL 是非对称数字用户线，由于用户在上网时主要是从因特网下载各种文档，而向因特网发送的信息一般都不大，因此 ADSL 把上行和下行带宽做成不对称的，它在一对双绞线上提供的下行速率是 1.5～8Mb/s，上行速度是 16～640Kb/s。目前，ADSL 是我国主要的宽带接入方式，普通家庭用户的 ADSL 速率通常在下行 1Mb/s 左右，而 IPTV 所需下行带宽约为 3Mb/s，因此普通用户的 ADSL 需通过提速来支持 IPTV 业务。VDSL 是甚高速数字用户线，同时它也是非对称的，VDSL 在一对双绞线上提供的下行速率为 3～52Mb/s，上行速率为 1.5～2.3Mb/s，因此 VDSL 可以更好地支持 IPTV 业务。

2. FTTx 技术

FTTx(即光纤到……)也是一种实现宽带居民接入网的方案。这里字母 x 可代表不同的意思，它可以是 FTTH 光纤到户、FTTE 光纤到局和 FTTB 光纤到大楼等。光纤到户 FTTH 即将光纤一直铺设到用户家庭，这可能是居民接入网最后的解决方法，但目前将光纤铺设到每个家庭还无法普及。这里有两个问题，第一，光纤到户的费用还不是很便宜；第二，现在很多用户还不需要使用这样大的带宽，但是光纤具有很宽的带宽，非常有利于开展 IPTV 业务。

3. HFC 技术

光纤同轴混合网 HFC(Hybrid Fiber Coax)在 1988 年被提出。HFC 网是在目前覆盖面很广的有线电视网 CATV 的基础上开发的一种居民宽带接入网。HFC 网除可传送 CATV 外，还提供电话、数据和其他宽带交互型业务。

电缆调制解调器(cable modem)是为 HFC 网使用的调制解调器。电缆调制解调器最大的特点就是传输速率高。其下行速率一般在 3～10 Mb/s 之间，最高可达 30 Mb/s，而上行速率一般为 0.2～2 Mb/s，最高可达 10 Mb/s。然而电缆调制解调器比在普通电话线上使用的调制解调器要复杂得多，并且不是成对使用，而是只安装在用户端。

思考题

1. 多媒体计算机网络性能要求有哪些？
2. 多路复用技术有哪些？分别有什么特点？
3. 网络类型有哪些？分别是什么特点？
4. 基于硬件的视频会议系统与基于软件的视频会议系统的异同？
5. VOD 和 IPTV 的系统结构分别是什么？

第 9 章　虚拟现实技术

内容结构

学习目标

1. 理解虚拟现实的定义和特征。
2. 了解虚拟现实系统的构成与分类。
3. 了解虚拟现实的关键技术与设备。
4. 了解虚拟现实建模语言 VRML。
5. 了解虚拟现实在教育中的应用。

　　虚拟现实技术是多种学科领域交叉、集成的高新产物，它汇集了三维计算机图形学、人机交互技术、广角（宽视野）立体显示技术、人工智能、传感技术、高度并行的实时计算技术和人的行为学研究等多项技术，它是继多媒体之后，教学技术领域出现的又一个新型教学媒体。具体来说，就是通过多种技术的分工合作，在虚拟现实系统中生成三维逼真的虚拟环境，使用者可以戴上特殊的头盔、数据手套和数据衣等传感设备，或利用空间球、三维鼠标等输入设备，便可以进入虚拟空间，成为虚拟环境的一员，进行实时交互，感知和操作

275

虚拟世界中的各种对象，从而获得身临其境的感受和体会。在互联网网络中，我们可以应用虚拟现实建模语言、Java 语言、VC＋＋6.0 语言、全景环视技术等技术与设备来实现虚拟现实，而它在网络教育中有着广泛的应用价值。本章主要介绍虚拟现实的定义和特征、虚拟现实系统的构成与分类、虚拟现实的关键技术与设备、虚拟现实的建模语言、虚拟现实的教育应用以及虚拟现实系统的应用举例。

9.1　虚拟现实的定义和特征

9.1.1　虚拟现实的定义

虚拟现实(Virtual Reality)技术是作为一种实用技术，于 20 世纪 80 年代末 90 年代初崛起，但其对现实模拟再现的核心思想源远流长，从我国古代的有声风筝到现代的飞行模拟器，都是人类对虚拟现实的追求成果。在现代，虚拟现实的定义包容性很强，主要指由计算机硬件、软件以及各种传感器等构成的三维信息的人工环境——虚拟环境，可以真实地模拟现实世界可以实现的(甚至是不可实现的)物理上的、功能上的事物和环境。用户投入到这种环境中，立即有"亲临其境"的感觉，并可亲自操作、实践，与虚拟的环境交互作用。

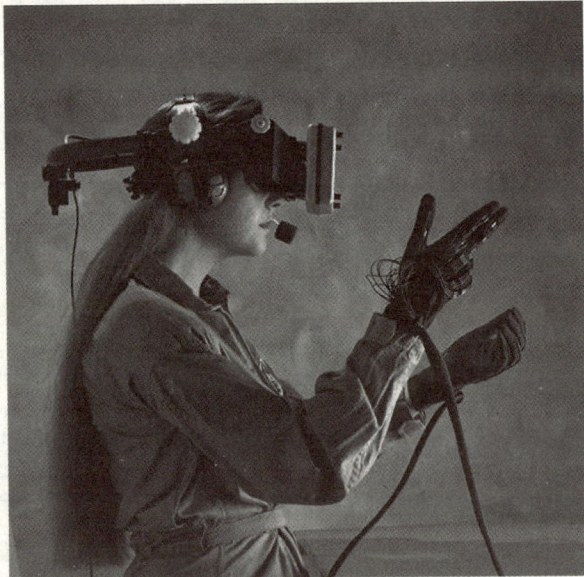

图 9-1　虚拟感应头盔、耳机、数据手套

　　这里所谓虚拟环境就是用计算机生成的具有表面色彩的立体图形，它可以是某一特定现实世界的满足使用要求的真实体现，也可以是纯粹构想的世界。传感设备包括立体头盔，立体眼镜等在用户身上的装置和设置于现实环境中的传感装置。自然交互是指用日常使用的方式对环境内的物体进行操作（如用手拿东西，行走等）并得到实时立体反馈。

9.1.2　虚拟现实的特征

　　虚拟现实是一种可以创建和体验虚拟世界的计算机系统，由计算机生成的虚拟环境，通过视觉、听觉、触觉等作用于用户，使之产生身临其境的感觉。它通过给用户提供诸如视、听、触等各种直观而又自然的实时感知交互手段，最大限度地方便用户操作，提高整个系统的工作效率。

　　虚拟现实技术一般具有以下四个重要特征。

　　1. 多感知性（Multi-Sensory）

　　所谓多感知就是除了一般计算机技术所具有的视觉感知之外、还有听觉感知、力觉感知、触觉感知、运动感知，甚至应该包括味觉感知、嗅觉感知等。理想的虚拟现实技术应该具有一切人所具有的感知功能。由于相关技术，特别是传感技术的限制，目前虚拟现实技术所具有的感知功能仅限于视觉、听觉、力觉、触觉，运动等几种，而且无论从感知范围还是从感知的精确程度都还无法与人相比拟。

　　2. 沉浸感（Immersion）

　　又称为临场感（Presence），它是指用户感到作为主角存在于模拟环境中的真实程度。理想的模拟环境应该达到使用户难以分辨真假的程度（例如，可视场景应随着视点的变化而变化），甚至比真的还"真"，如实现比现实更逼真的照明和音响效果等。

　　3. 交互性（Interaction）

　　交互性是指用户对模拟环境内物体的可操作程度和从环境得到反馈的自然程度（包括实时性）。例如，用户可以用手去直接抓取模拟环境中的物体，这时手有握着东西的感觉。并可以感觉物体和重量（其实这时手里并没有实物），视觉中被抓的物体也立刻随着手的移动而移动。

　　4. 自主性（Autonomy）

　　自主性是指虚拟环境中物体反映现实规律的程度。例如，当受到力的推动时，物体会向力的方向移动或翻倒，或从桌面落到地面等。

9.1.3　虚拟现实的运用

虚拟现实的本质是人与计算机的通信技术，它几乎可以支持任何人类活动，适用于任何领域。

虚拟现实技术的前身最早可以追溯到中国作为试验飞行器模型的风筝，到1929年，Edwin A. Lin发明了飞行模拟器，这些是人类发挥自身的想象力，对现有事物进行仿真模拟，从而促进了虚拟现实的发展。图形学之父Ivan Sutherland教授于1968年开发出头盔式立体显示器。1984年，美国国家航空和宇宙航行局(NASA)在对火星表面构造三维虚拟环境中，孕育了虚拟现实的理论，以此开拓了从研究到应用的新时代。1992年世界上第一个虚拟现实开发工具——"WTK"开发包问世，1993年众多虚拟现实应用系统相继出现，VR建模语言也大量涌出，1996年NPS公司使用惯性传感器和全方位踏车将人的运动姿态集成到虚拟环境中。到1999年，虚拟现实技术应用更为广泛，涉足航天、军事、通信、医疗、教育、娱乐、图形、建筑和商业等各个领域。人们在鼠标和键盘的基础上发明了数据手套、立体眼镜、头盔式显示器、语音识别器等，直至现在的虚拟窗口立体显示器、多屏立体显示器等。且多通道同步立体投影虚拟现实系统和多管道图形加速卡的问世为VR技术的应用提供了更好的硬件技术和低的成本。专家预测，随着计算机软、硬件技术的发展和价格的下降，虚拟现实技术很快会进入普通家庭。

VR技术在医疗领域大有作为。该技术不仅可用于解剖教学、复杂手术过程的规划，在手术过程中提供操作和信息上的辅助，预测手术结果，而且还能缓解病人痛苦，甚至能有效治疗恐高症等常见心理疾病。另外，在远程医疗中，虚拟现实技术也很有潜力。对于危急病人，还可以实施远程手术。"达芬奇"外科手术系统中，医生对病人模型进行手术，他的动作通过卫星传送到远处的手术机器人。手术的实际图像通过机器人上的摄像机传回医生的头盔立体显示器，并将其和虚拟病人模型进行叠加，为医生提供有用的信息。如图9-2。

在航天领域，VR技术也非常重要。例如，失重是航天飞行中必须克服的困难，因为在失重情况下对物体的运动难以预测。为了在太空中进行精确的操作，需要对宇航员进行长时间的失重仿真心理训练，使其建立失重环境下的空间方位感。为了逼真地模拟太空中的情景。在训练中，宇航员坐在一个模拟的具有"载人操纵飞行器"功能并带有传感装置的椅子上。椅子上有用于在虚拟空间中作直线运动的位移控制器和用于调节宇航员朝向的旋转控制器。宇航员头戴立体头盔显示器，用于显示望远镜、航天飞机和太空的模型，并用数据手套

图 9-2　"达芬奇"外科手术系统

作为和系统进行交互的手段。训练时宇航员在望远镜周围就可以进行操作，并且通过虚拟手接触操纵杆来抓住需要更换的"模块更换仪"。抓住模块更换仪后，宇航员就可以利用座椅的控制器在太空中飞行。美国航天局 NASA 在"哈勃太空望远镜的修复和维护"计划中采用了 VR 仿真训练技术。

"神舟"九号与"天宫"一号顺利完成了我国首次手控交会对接，这也得益于手控交会对接训练模拟器、固定基全任务飞行训练模拟器、目标飞行器组合体训练模拟器对宇航员的模拟训练。手控交会对接训练模拟器是专门为航天员进行手控交会对接及撤离训练而建，能够模拟手控交会对接实施的全过程。从外形上看，手控交会对接训练模拟器像一个孤立的"神舟号"返回舱。航天员在手控交会对接模拟器里分两种工况训练，第一种是航天员对自动交会对接模式进行实时监测，并协助地面完成相关工作；第二种是航天员手控交会对接训练，这时要操纵跟"神舟"九号工况一致的手控交会对接系统来驾驶飞船，模拟与"天宫"一号对接。

在对象可视化领域中，VR 技术应用的例子是模拟风洞。模拟风洞可以让用户看到模拟的空气流场，使他感到就像真的站在风洞里一样。虚拟风洞的目的是让工程师分析多旋涡的复杂三维性和效果、空气循环区域、旋涡被破坏的乱流等。例如，可以将一个航天飞机的 CAD 模型数据调入模拟风洞进行性能分析。为了分析气流的模式，可以在空气流中注入轨迹追踪物，该追踪物将随气流飘移，并把运动轨迹显示给用户。追踪物可以通过数据手套投降到任意指定的位置，用户可以从任意视角观察其运动轨迹。

在军事领域中，我国分布式虚拟环境 DVENET(Distributed Virtual Environment Network)和美国陆军的自动虚拟实验室 CAVE 等 VR 应用系统都是典型例子。该种系统一般包括合成环境、地理、虚拟士兵以及武器等要素，军队被布置在与实际车辆和指挥中心相同的位置，他们可以看到一个有山、树、云彩、硝烟、道路、建筑物以及由其他部队操纵的车辆的模拟战场。这些由实际人员操作的车辆可以相互射击，系统利用无线电通信和声音来加强真实感。系统的每个用户可以通过环境视点来观察别人的行动。炮火的显示极为真实，用户可以看到被攻击部队炸毁的情况。从直升机上看到的场景也非常逼真。这个模拟系统可用来训练坦克、直升机和进行军事演习，以及训练部队之间的协同作战能力。再配合虚拟军事地图，更是为军队实地战斗如虎添翼。

当然，虚拟现实技术的应用还在国防、娱乐、设计、教育、远程交往与远程游历领域中大展拳脚，主要罗列如下，如表 9-1 所示。

表 9-1　虚拟现实的应用领域及其主要用途

领　域	用　　　途
医疗	虚拟人体，虚拟手术，虚拟手术台，远程医疗，身体复健，虚拟超音波影像，药物合成，心理疾病治疗
教育	虚拟天文馆，远距教学，虚拟实验室，虚拟实训基地
艺术	虚拟博物馆，音乐厅
城市建设	虚拟故宫，盖蒂博物馆的古罗马建筑—图拉真广场，城市改造与评估
景观模拟	建筑设计 Walk Through，工人培训，桥梁建设，室内设计，工业设计，地形地图，考古现场
科学视觉化	数学、物理、化学、生物、古生物、考古、行星表面重建，虚拟风洞试验，分子结构分析
军事	飞行模拟器，武器操控，单兵模拟训练，近身战术训练，联合指挥训练
航空航天	太空训练，太空载具驾驶模拟，航天仿真系统
机械人	机械人辅助设计，机械人操作模拟，远程操控
工业	电脑辅助设计，虚拟样机，汽车设计
娱乐休闲	3D 电脑游戏《孤岛危机：弹头》，全向跑步机 Virtuix Omni
农业	研制农业机械，采集生物信息重构生命过程，模拟生长环境和过程，食品安全

9.2 虚拟现实系统的构成与分类

9.2.1 虚拟现实系统的构成

虚拟现实技术的实现，主要分三大块：建模技术、显示技术、三维场景中的交互技术。具体来说虚拟现实系统主要由以下五个模块构成。

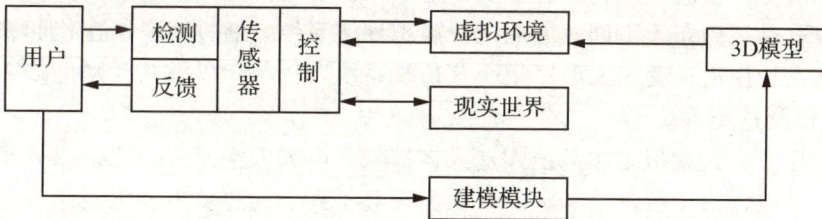

图 9-3 虚拟现实系统的构成

①检测模块：检测用户的操作命令，并通过传感器模块作用于虚拟环境。

②反馈模块：接受来自传感器模块信息，为用户提供实时反馈。

③传感器模块：一方面接受来自用户的操作命令，并将其作用于虚拟环境；另一方面将操作后产生的结果以各种反馈的形式提供给用户。

④控制模块：对传感器进行控制，使其对用户、虚拟环境和现实世界产生作用。

⑤建模模块：获取现实世界组成部分的三维表示，并由此构成对应的虚拟环境。

9.2.2 虚拟现实系统的分类

依照虚拟现实交互性和沉浸感的程度差异，虚拟现实系统大体可分为四类。

(1)桌面虚拟现实系统。桌面虚拟现实系统也称窗口中的 VR。它可以通过个人计算机和低级工作站实现，将计算机屏幕当作窗口，用户使用鼠标、追踪球等输入设备与虚拟情境交互，所以沉浸感较差，成本较低，功能也最简单，应用广泛主要用于计算机辅助设计 CAD、计算机辅助制造 CAM、建筑设计、桌面游戏等领域。常见桌面虚拟现实系统有基于静态图像的虚拟现实 QuickTime VR、桌面三维虚拟现实。

（2）沉浸虚拟现实系统。利用头盔式显示器等设备封闭用户感官，制造虚拟感官空间，再通过利用数据手套、位置跟踪器为用户提供完全沉浸的体验。基于头盔式显示器系统、投影式虚拟现实系统以及远程存在系统在各种培训、演示以及高级游戏中均应用这种系统。

（3）分布式虚拟现实系统。英文简称为 DVR，是指一个支持多人实时通过网络进行交互的软件系统，每个用户在一个虚拟现实环境中，通过计算机与其他用户进行交互，并共享信息。它在多用户的因特网环境下，充分利用分布于各地的资源，协同开发各种虚拟现实的利用。它通常是沉浸虚拟现实系统的发展，也就是把分布于不同地方的沉浸虚拟现实系统，通过互联网连接起来，共同实现某种用途。美国大型军用交互仿真系统 NPSNet 以及互联网上多人游戏 MUD 便是这类系统。

利用分布式虚拟现实系统建造人体模型、电脑太空旅游、化合物分子结构显示等领域，由于数据更加逼真，大大提高了人们的想象力和沉浸感、激发了受教育者的学习兴趣，学习效果十分显著。同时，随着计算机技术、心理学、教育学等多种学科的相互结合、促进和发展，系统因此能够提供更加协调的人机对话方式。

（4）增强现实性的虚拟现实系统。该系统又称混合现实系统。一方面它利用虚拟现实技术模拟现实世界；另一方面又增强用户对环境的感受，即增强现实中无法感知或不方便的感觉刺激。它是把真实环境和虚拟环境结合起来的一种系统，既可减少构成复杂真实环境的开销（因为部分真实环境由虚拟环境取代），又可对实际物体进行操作（因为部分系统即系真实环境）。如飞行员的平视显示器，它将仪表读数和相关数据投射到飞行员面前的穿透式屏幕上，避免飞行员因低头读表而分散精力。总的来说，混合现实系统真正达到了亦真亦幻的境界，是今后发展的方向。

9.3　虚拟现实实现的关键技术与设备

9.3.1　实时立体视觉与广角立体显示

相比较而言，利用计算机模型产生图形图像并不是太难的事情。如果有足够准确的模型，又有足够的时间，我们就可以生成不同光照条件下各种物体的精确图像，但是这里的关键是实时。例如在飞行模拟系统中，图像的刷新相当重要，同时对图像质量的要求也很高，再加上非常复杂的虚拟环境，问题就变得相当困难。

　　人看周围的世界时，由于两只眼睛的位置不同，得到的图像略有不同，这些图像在脑子里融合起来，就形成了一个关于周围世界的整体景象，这个景象中包括了距离远近的信息。当然，距离信息也可以通过其他方法获得，例如眼睛焦距的远近、物体大小的比较等。

　　在 VR 系统中，双目立体视觉是沉浸的重要体现和途径。用户的两只眼睛看到的不同图像是分别产生的，显示在不同的显示器上。有的系统采用单个显示器，但用户佩戴特殊的眼镜或者头盔后，一只眼睛只能看到奇数帧图像，另一只眼睛只能看到偶数帧图像，奇、偶帧之间的不同也就是视差就产生了立体感。目前常见的立体视觉感知设备主要有固定式立体显示设备、头盔式显示器和手持式立体显示设备。

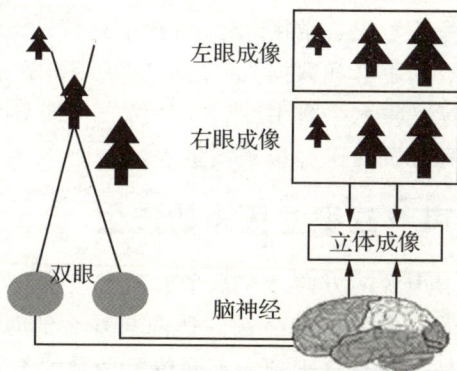

图 9-4　双眼立体成像图示

图 9-5　洞穴式立体显示

9.3.2　头部及体位追踪

在人造环境中，每个物体相对于系统的坐标系都有一个位置与姿态，而用户也是如此。用户看到的景象是由用户的位置和头（眼）的方向来确定的。

头（眼）部运动跟踪技术的基本工作原理是利用图像处理技术，通过能够锁定瞳孔视线的特殊摄像机，摄入从人的眼角膜和瞳孔反射的红外线记录视线的变化，从而完成头部转向、眼睛视线追踪过程的记录与分析。目前常见的头（眼）追踪方法有眼电图、虹膜－巩膜边缘、角膜反射、接触镜等。

手势识别技术和人脸面部表情识别技术、运动捕捉也是体位追踪的重要组成部分。前二者涉及对人类手势和表情的深入研究和优化命令，因此手势语言和表情语言的测定检验、分类集合尚在细化中。

在头部及体位追踪技术中，常用 3Space 数字化仪和 SpaceBall 空间球、操纵杆以及性能优异的数据手套和数据衣（如图 9-1 所示）等来代替不易达到虚拟交互效果的键盘与鼠标，将六个自由度属性映射成三维空间的任意运动，方便用户集中注意力，全身心沉浸于虚拟现实世界。

9.3.3　立体声与三维立体声的产生

人能够很好地判定声源的方向。在水平方向上，我们靠声音的相位差及强度的差别来确定声音的方向，因为声音到达两只耳朵的时间或距离有所不同。常见的立体声效果就是靠左右耳听到在不同位置录制的不同声音来实现的，所以会产生与现实相近的方向感、距离感。三维立体声并不等同于立体声，它是由计算机生成的、能由人工设定声源在空间任意三维位置的一种合成声音。这种声音技术不仅考虑到人的头部、身体对声音反射所产生的影响，还对人的头部进行实时跟踪，使虚拟声音能随着人的头部运动相应的变化，从而能够得到逼真的三维听觉效果，当头部转动或俯仰时，听到的声音的方向甚至强弱都会改变。

在虚拟环境中的语音合成和识别系统为达到一定的仿真逼真度，应该达到以下一些目标：

①语音合成和识别系统应能够在听力范围内体现较高的频率分辨度，声音的生成和显示系统应能反映目标实体的方位、距离等信息及音调变化；

②能表达多个静止或运动的声源，支持多个听点和听点切换；

③与其他通道的良好融合、匹配和同步。

虚拟环境的很多应用中，采取把虚拟环境所需的声音素材根据实体的工作状态分别录制下来，制成声音文件，放在内存对其动态调度的方法实现声音的显示，并根据实体的运动速度来调制声调，从而仿真实体的工作状态变化。声音文件动态调度的方法比数字建模合成方法更能保证较高的音质，而计算建模更适合大批量需求，且相对来说，造价低廉。

如图 9-6 所示的一对扬声器，分别输出声音信号，通过控制信号的增益、相位可以让听者产生听觉上的虚幻声像，人耳可以自然地根据不同位置的扬声器发出的声音来识别虚拟环境中动态目标的方位。

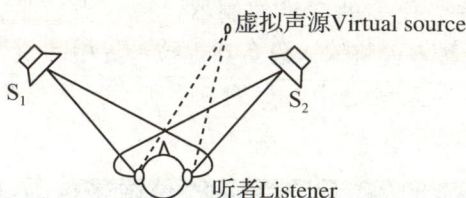

虚拟声源Virtual source

S_1 S_2

听者Listener

图 9-6　扬声器生成虚幻声像

9.3.4　触(力)觉的技术

从物理学仿真角度看，包括接触觉(Tactile or Touch Sensing)和力觉(Force Sensing)的触觉感知(Haptic Sensing)，在基于虚拟现实操作系统中是不可或缺的重要感觉。当前，虚拟环境中大多数数据信息是采用视觉传感器以及非接触型传感器(如超声测距传感器等)采集的。然而，实际工作中很多操作任务的信息要求具备敏捷的控制和接触感觉，例如遥操作系统的操作者需要具有交互作用的远处场景的感觉，即要求对物体轮廓表面及抓握力进行探测与感知，基于虚拟现实的外科手术训练中，手术刀端部对虚拟生理组织剖切力的测量，可以给受训人员提供触觉感知反馈等。在虚拟环境中，如果缺乏触觉感知反馈(Haptic Feedback)技术，信号源难以反馈和显示给异地的用户，从而无法实现更加全面的人－机交互作用。显而易见，没有基于虚拟现实的触(力)觉感知反馈作用，工程实际应用中的许多操作都将不能达成。

触(力)觉是人类认识事物的重要途径，包括触摸感、压感、刺痛感等。触摸反馈作用于肌肤，产生对质地、纹理、湿度方面的感觉；作用于关节、肌腱上，则产生力觉。正是由于触(力)觉的复杂与精微，它对虚拟现实系统提出了很高的要求。目前多数虚拟现实系统多为骨架形式，侧重力觉反馈和运动感知。也就是说，当前的技术手段尚未能完成真正的触觉绘制，而温湿度、嗅觉等由于设备需求各异、造价昂贵，也处于起步阶段。

9.3.5　虚拟现实中使用的输出/输入技术

语音、面部表情、手势、视线跟踪及头部跟踪等各种形式的输入技术正在研究中，沉浸式的头盔显示器已经开始普及，更为便捷小巧的立体显示设备也开始进入大众视线。技术的进步需要相应设备的支持与发展。

虚拟现实中输入设备有两种类型，一是对虚拟世界信息输入的基于自然的交互设备，包括数据手套、数据衣运动捕捉系统、三维扫描仪以及以三维鼠标、SpaceBall空间球为代表的三维控制器；另一类就是三维定位跟踪设备，即非接触式传感跟踪器，可将输入设备在虚拟世界中的位置进行分析判断、并把结果输入到虚拟现实系统之中，如图9-7所示，从物理角度出发，常用电磁、声学、光学等跟踪系统。

图9-7　Head tracker 头部运动捕捉跟踪器

身处虚拟世界，要实现沉浸感与真实感，虚拟世界就必须要为用户提供与真实世界无差别的感觉与反馈信息，目前技术上较为成熟的则是视觉、听觉和触（力）觉三种。

视觉感知设备研究较早，应用广泛，普遍使用的设备包括台式、洞穴式、相应台式立体显示设备、头盔显示器以及尚处于优化中的手持式设备。听觉感知设备种类较少，分别是扬声器和耳机，前者适于多用户同时使用但效果不佳，后者只能应用于单人且可提供较好的沉浸感。此外，虚拟现实系统中的耳机产生的是头部参照系的音场，因此在虚拟世界中可以通过声音的变化表现出耳部的位置变动。而触（力）觉反馈设备则由充气式、振动式接触反馈手套、力觉反馈手柄、桌面式多自由度游戏棒等构成。

9.4　虚拟现实建模语言 VRML

9.4.1　VRML 概述

虚拟现实建模语言 VRML(Virtual Reality Modeling Language)是一种用于建立真实世界的场景模型或人们虚构的三维世界的场景建模语言。作为一种解释型语言，它可用来描述三维物体及其行为，诸如层次变换、动画及纹理映射等，从而构建动态虚拟境界(Virtural World)。VRML 的基本目标是建立因特网上的交互式三维多媒体，基本特征包括分布式、三维、交互性、多媒体集成、境界逼真性等。作为目前因特网上基于 WWW 的三维互动网站制作的主流语言，2010 年 VRML 已经可以使用延迟着色技术，加之种种功能各异的组件，现在的特效包括 SSAO 和 CSM 阴影、实时环境反射和折射、基于实时环境和天光的光照、HDR、运动模糊、景深。VRML 精彩的动态三维空间表现使得它在虚拟地球、科学计算可视化、电子商务、教育培训、交互式娱乐休闲与文物保护等广泛领域产生了巨大影响，然而目前 VRML 标准还需要进一步地统一，以提高其兼容性，从而与其他 3D 技术更好地为人类需求服务。

9.4.2　VRML 的基本内容

1. VRML 文档

VRML 文档是用 VRML 语言组织起来的一个扩展名为 .wrl 的文本文件或扩展名为 .wrz 的二进制文件(压缩格式)，它可以通过 WWW 浏览器向用户展示虚拟现实情景。它通常由四个部分组成：文件头、节点、域值、注释。

例如，下面是一个显示无顶面的杯状体的 VRML 文档，与该文档相应的屏幕显示情况如图 9-8 所示。

```
# VRML V2.0 utf8
Shape {
appearance Appearance {
material Material { } #使用默认材质和颜色
}
geometry Cylinder {
```

```
radius 3
height 6
side TRUE
top FALSE
bottom TRUE
}
}
```

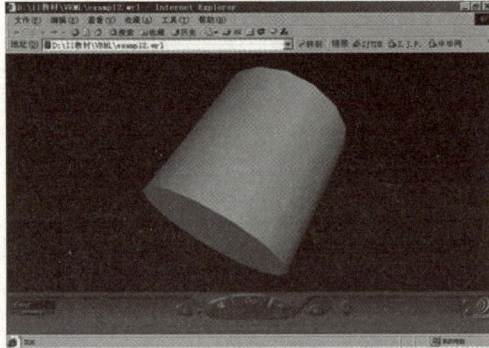

图 9-8　用 VRML 描述的一个虚拟圆柱体

2. VRML 文档的编辑

由于 VRML 文档是一个普通的文本文件即纯文本文件，因此它对编辑工具没有特殊的要求。事实上，微软 Word、写字板等都可以用来编辑 VRML 文档。为了方便进行 VRML 文档的编辑，可以通常具有"所见即所得"功能的可视化 VRML 文档编辑软件，例如 Internet Space Builder、Canoma 等，它们会自动将所编辑成的结果保存为 VRML 格式的文本文件。

3. VRML 文档的演示

VRML 文档可以在互联网上传输，并通过 WWW 浏览器进行演示。例如，在常用的浏览器 IE 或 Netscape Navigator 中都可以演示 VRML 文档，其中 IE 5.0 或 Netscape Navigator 4.0 以上版本浏览器中都已经预装了 VRML 插件。如果在安装浏览器时未选择预装，也可以单独下载和安装 VRML 浏览插件，例如 Cosmo Player。我们可以下载 Cosmo Player 软件的最新版本，它支持 IE 和 Netscape，是应用最广泛的一种浏览虚拟现实的插件。

9.4.3　VRML 的发展

VRML 的前身是 SGI 公司 OpenInventer 系统使用的一种文档格式，后经

Mark Pesce、Tony Parisi 和 Gavin Bell 等人的改进和努力，最终发展成第二代 WWW 的标准语言。到目前为止，VRML 标准的发展已经历了三代。

1. VRML1.0

1994 年 10 月公布。VRML 1.0 非常简单，允许单个用户使用非交互功能，且只允许建立一个可以探索的环境，功能十分有限。它只定义了 36 种节点类型，涉及的对象也只有静态对象，而没有声音、动画等动态对象。实际上，由于 VRML 1.0 近似 HTML 的"3D 版本"，因此，当时称 VRML 为虚拟现实标记语言(Virsual Reality Markup Language)。现在，VRML 1.0 已基本被淘汰。

VRML 1.0 的标志：文档的第一行是"♯VRMLV 1.0 ascii"。

2. VRML2.0

1996 年 8 月公布。VRML 2.0 名义上是 VRML 1.0 的修订版，但两者从内容到文档结构上都很不相同。在 VRML 2.0 中，节点类型扩展为 54 种，支持的对象包括动态和静态两类。这时的 VRML 语言已经完全脱离 HTML 的影响，被正式命名为虚拟现实建模语言。

3. VRML97

VRML1.0 和 VRML2.0 并不是真正的国际标准。直到 1997 年 12 月，VRML 才被国际标准化组织 ISO 和国际电子工业协会 IEC 正式接纳为国际标准，国际标准 ISO/IEC 14772－1：1997，习惯上称为 VRML 97。

VRML 97 是在 VRML 2.0 的基础上，进行了少量功能性调整而形成的，对用户而言，两者完全一样。可以认为，VRML 97 是 VRML 2.0 的国际正式名称。时至今日，VRML 97 功能也得到了长足进步。

VRML 97 的标志与 VRML 2.0 一样：文档的第一行是"♯VRMLV 2.0 utf8"。

9.5　虚拟现实的教育应用

虚拟现实的基本特性决定了虚拟现实在教育培训等领域中具有广泛的应用前景。

9.5.1　虚拟现实的教育意义

虚拟现实在教育中的意义主要表现在以下两个方面。

1. 扩大经验

建构主义的学习理论告诉我们，人们的知识是在一定的环境中建构的。学习环境在知识的建构中占有重要的位置。虚拟现实技术为学习环境的设置，为人们获取知识提供了条件。虚拟现实在人们的学习中具有重要的意义。

在虚拟现实的环境中，人们通过与虚拟的环境相互作用，获取信息，取得经验。在此基础上，可实现发现问题、解决问题方面的学习。

为了培养学生的实践能力、分析问题、解决问题的能力，应让学生在虚拟现实的环境中进行体验学习，去发现问题，解决实际的问题，实现能力的培养。

2. 提高训练效率

利用虚拟现实可进行许多复杂的训练，飞行模拟训练、中央控制室训练等各种训练系统是这种应用的具体实例。利用虚拟现实进行训练，不仅可极大地降低训练成本，提高训练效率，还可以保障训练的安全，甚至许多在一般情况下难以出现的情况，也可以在虚拟现实系统中进行设置，予以反复训练。而且"鹰眼"的应用，可以及时发现人类所不能发现的问题，并给出提示，使训练的针对性更强。

在理、工科教学中，实验占有重要的位置，学生能够在实验的具体操作过程中培养实验能力。为此，不少学校开辟有开放实验室，让学生自由地进入实验室，进行有关的实验操作和训练。但在教学实际条件下，某些实验或需要的实验场地过大，或实验设备过于昂贵，或实验的费用过高，或实验的危险性过大，它给学生正常地完成实验、掌握实验的操作带来了许多困难。此时，可利用虚拟实验室来培养学生的实验能力，使学生具有一定的实验技能。目前，已研制出某些专业的虚拟实验室用于教学。

9.5.2　虚拟现实的教育应用

虚拟现实可广泛地用于教育的各个方面，它主要应用于：

1. 教学训练

它包括各种专业实验室的实验操作、实验技能的训练以及实验事故的识别、应急处置的训练。

2. 设计与研究

它包括用于设计与研究的各种实验，如风洞实验、思考实验以及系统设计与设计结果的比较和研究。

日本松下电器多媒体系统研究所开发了一种用于房间配置的虚拟现实系统，它可用于房间布局的设计，并能得到有关布局的效果图，用以比较、研究各种设计的特点。

3. 过程的评价

利用虚拟现实系统可对各种操作过程进行评价和研讨结果进行研讨，由此实现有效的决策。

4. 能力与技能的评价

利用虚拟现实系统可提出面临诸如地震、洪水等有关灾害应采取怎样的防治和救助的方法，并对所得到的效果进行评价。该种方法可对预期的结果进行评价。

5. 特定的教育应用

它包括各种用于具体学科教学的教学设施。例如，行星仪、风洞实验室等各种虚拟实验设施。

6. 娱乐

主要是基于虚拟现实的答题教学游戏。

以上是虚拟现实在教育应用中的若干个分支，随着虚拟现实技术的不断完善，其应用面还将得到不断地扩展。

9.5.3　存在的问题

虚拟现实是近十几年发展起来的一种新兴技术，虚拟现实在教育中的应用虽然具有十分乐观的前景，但目前仍然存在一定的问题。

1. 虚拟现实的理论不够成熟、技术不够完善

目前，虚拟现实的各种理论研究以及应用的系统、设施还处于研制阶段，绝大部分研究还只限于计算机接口功能的扩展，并未深入涉及人类感知、肌肉系统与计算机结合作用，甚至感觉信息，所以其功能、稳定性、操作性还有待完善、提高。许多虚拟现实系统及其接口多针对成年人的特点设计，若将它用于学校，特别是中、小学，还应根据学校的教学及学生的特点进行专门设计。

2. 经济问题

虚拟现实系统中的硬件设备及软件价格较为昂贵，一般学校难以接受。此外，设备的安全性、稳定性也是一项亟待解决的问题。由于国内虚拟现实系统并未成熟普遍，许多技术不甚成熟，有待研究和完善，系统的使用受到一定的限制。

从当前的实际情况来看，虚拟现实适用于计算机仿真、典型案例、模型演示、事件重构、情境模拟等教学中，因此多用于那些实际操作、技能训练较多的课程，如理工科的有关工程和艺术类的有关课程，学生可以通过虚拟现实的情景进行模拟体验，达到一定的学习效果。

9.6 虚拟现实系统的应用举例

9.6.1 三维互动全景环视技术及其应用

所谓全景环视技术，也称 360°全景环视技术，或称基于图像处理的 Pano-rama（全景摄影）技术，就是把相机环绕 360°拍摄的一组照片拼接成一个全景图像，用一个专用的播放软件在 Web 浏览器上显示。观看者可以通过鼠标控制环视的方向，好像在一个窗口前浏览一个现实的场景。三维互动全景环视技术，则是运用基于摄影艺术的虚拟现实技术制作的。作品为实景拍摄的全景照片，使用 IE 浏览器进行三维互动浏览，它也广泛被称为"虚拟实境"。用户通过网络看到的不再是由生硬的几何模型、过分鲜艳的材质贴图、夸张的光影效果等组合成的三维动画，而是由实地拍摄的全景照片形成的球型环视场景，使人在三维互动浏览过程中体验身临其境的感觉。观赏时，使用电脑鼠标或键盘上下左右任意转动画面，自由选择观赏视角。读者在观赏中可以享受到互动操作的趣味性和身临其境的探索性。

值得一提的是，我国申奥成功也与三维互动全景环视摄影密切相关，此外，它的应用领域还主要涉及远程教学、商品广告、旅游与娱乐业、新闻业、建筑业等。例如，图 9-9 是中国国家博物馆馆藏现代经典美术作品展中一个景点的全景环视展示，它可以用于珍贵物品的网络展示，使网络用户身临其境。

图 9-9　全景环视作品

目前有不少工具软件可以制作全景环视图像，例如 PixMaker 就是一个常用的软件。用 PixMaker 制作全景虚拟作品包括 Snap（抓取）、Stitch（拼接）和

Publish(发表)3 个步骤。图 9-10 显示了用 PixMaker 制作全景虚拟现实作品的过程。该例子是来展示一个电脑工作室的全景虚拟现实环境。我们事先用数码相机每隔约 30°拍一张照片，将这些照片复制到计算机中，通过 Snap 功能将图片读入图片栏中，再用 Stitch 功能将这组图片拼成一个全景图片。为了增加虚拟现实的效果，还可以根据需要在场景内增加热点链接。最后一个步骤是 Publish 作品，此时有 3 种存盘格式可供选择：JPG 图片、网页或者明信片 (EXE 格式)。其他较为常用的制作软件还有造景师 9.00 企业版、全景漫游者等。

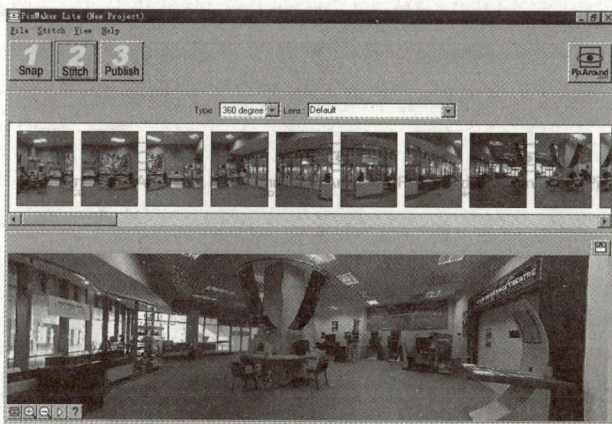

图 9-10　全景环视制作工具实例

从严格意义上看，全景环视只是广义上的虚拟现实技术，但它制作简单、有照片级的真实感，具有一定的交互性且程序简单小巧，不需专用浏览器，因而近年来逐渐受到人们关注并获得了较快的发展。

9.6.2　VRML 技术及其应用

虚拟现实建模语言(VRML)是一种虚拟现实建模语言，也是在互联网上建立 3D 多媒体和共享虚拟世界的一个开放标准。VRML 常用于描述三维物体及三维场景，它能够在 WWW 上构建动态的、具有丰富的传感效应的虚拟环境。在描述三维物体及由它们构成的场景时，VRML 能使物体在三维空间中运动(动画)，还能够在场景中播放声音和电影，并使观察者能与场景进行交互，从而加强观察者在虚拟场景中的感受。

1. VRML 文档及其显示

VRML 文档通常是用 VRML 语言组织起来的一个扩展名为 .wrl 的文本

文件，它通过 Web 浏览器向用户展示虚拟现实情景。

为了方便进行 VRML 文档的编辑，一般采用可视化的 VRML 文档编辑软件，例如 Internet Space Builder、Canoma 等。编辑过的 VRML 文档可以在互联网上传输并由 Web 浏览器进行显示。在 Web 浏览器中显示 VRML 文档时需要预装一个简单的 VRML 插件。

2. VRML 应用实例：网上虚拟美术馆

爱尔兰美术馆(EireNET)是一个采用 VRML 技术建立的具有代表性的网上虚拟美术馆，它是互联网上一个著名的虚拟站点。该美术馆包括大厅和多个展厅，由一条浏览通道贯通，在展厅的墙上挂着美术作品。观众进入该网页后，在美术馆讲解员小姐的头像图标下方单击播放键，就可以听到英语解说词。当单击墙上的美术作品时，屏幕右侧就显示出该作品的相关信息，包括原件的尺寸、作者、创作时间等。当在美术馆中参观时，不时地有虚拟的工作人员或其他游客从身边走过，可以单击他们的图标来了解他(她)们的情况，让用户备感亲切，从而体验到较高的沉浸度。在虚拟美术馆中，观众既可以跟随讲解员小姐逐个地参观展厅，也可以通过 VRML 浏览器自行用鼠标控制参观路线，十分方便、有趣。图 9-11 就是该美术馆的一个网页，其中，左边是 VRML 浏览器窗口，右边则是相应的文字、图片说明。同种类似的还有拥有惊人高分辨率艺术品的 Google 文化学院的艺术计划。

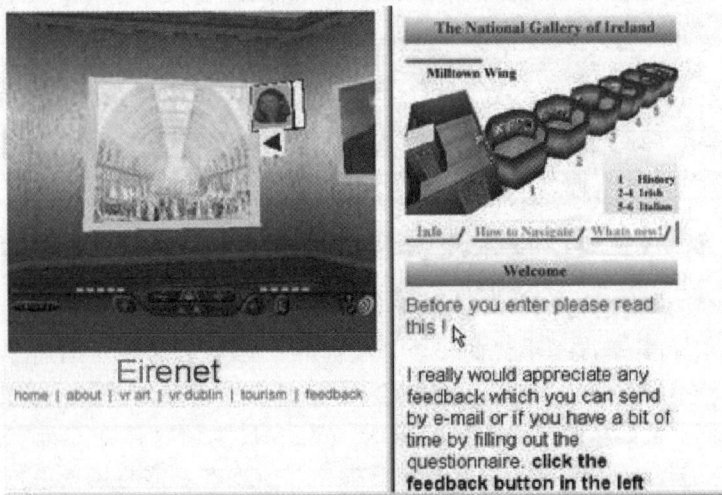

图 9-11　网上虚拟美术馆

9.6.3　遥控机器人

虚拟现实的萌生与发展得益于机器人领域的传感技术，虚拟现实技术的应用也为机器人的进步提供支持。在智能机器人研究领域中，虚拟现实技术的研究主要集中在遥操作、仿真和视觉重建三个方面。遥控机器人是指在人的操纵下，能在人难以接近、无法进入或对人体有害的环境，完成比较复杂操作的一种远距离操作系统。临场感技术是将机器人与环境交互作用信息（视觉、力觉、触觉等）实时反馈到本地操作者处，使操作者产生身临其境的感受，从而实现对机械手臂的控制。它是遥控机器人完成接触性任务的保证，如图 9-12 所示。

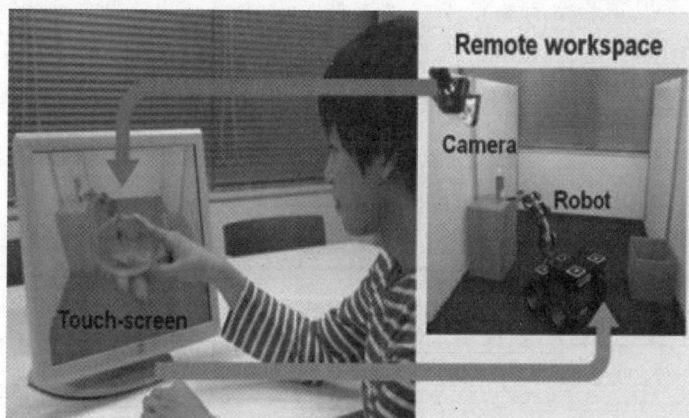

图 9-12　增强现实技术遥控机器人

遥控机器人作为一种辅助医疗器械近年来已成功地应用于一般外科手术。微创外科手术 MIS 技术兴起于 80 年代，它是外科医生在病人身体上开两三个小孔（1cm 左右），一个用于插入内窥镜，另一个或两个用于插入细长的手术工具。医生通过监视器观察插于病人体内的工具端部运动来进行相对简单的外科手术。MIS 能减少病人的痛苦，减小伤口感染的风险，缩短术后恢复时间，减小疤痕，节省开支。将遥控机器人技术与 MIS 技术结合而成的遥控机器人微创外科手术 TMIS 系统可克服传统 MIS 技术的主要缺点，且还可用作训练工具。这使得用于微创外科的遥控机器人技术成为大有前途的机器人应用技术之一。

哈尔滨工业大学机器人研究所成功研制出纳米级精密定位系统，在这个系统支持下的纳米级高精密微驱动机器人，能对细胞和染色体进行"显微手术"。纳米级机器人可在人体微观世界行走，随时清除人体中的一切有害物质，修复损坏的基因，激活细胞能量，使人不仅能保持健康，而且延长寿命。目前遥控机器人在医疗和生物工程等非传统领域中，已显示出良好的应用前景。

9.6.4　虚拟实验室

虚拟实验室可以说是教育领域应用信息技术的一种创新：允许人们访问和使用自己没有的设备资源，使得处于不同地理位置的学习者可以同时对一个实验项目进行实验工作，可以接触最新的仪器。虚拟实验室的组件一般有实验虚拟原型、应用程序特定信息的数据库、连接到网络上的科学设备、互相合作的工具、基于模拟、数据的分析、发现和简化以及数据可视化等软件和对网络带宽的需求。虚拟实验室有验证型、测试型、设计型、纠错型、创新型等多种类型。例如卡耐基·梅隆大学的虚拟实验室 CMU（Carnegie Meilon University）为传统的实验室平台与未来的实验之间提供了一种独特的链接。基本结构如图9-13 所示。

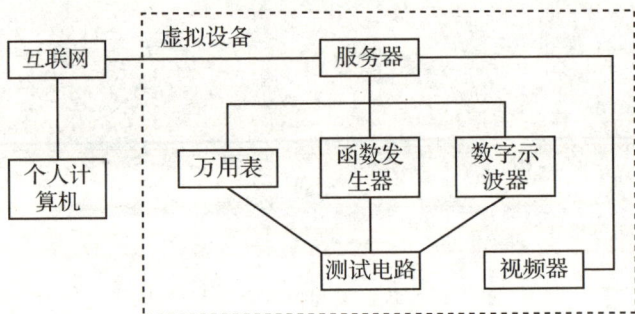

图 9-13　CMU 的虚拟实验室

在虚拟实验室中，链接到工程测试设备上的计算机类似于示波器和函数发生器。无论在宿舍里还是在世界的其他地方，当学生通过互联网链接到这些设备时，他们能控制计算机和设备。另外，使用视频器可以看到物质世界中所发生的一切。相似的虚拟实验室还有麻省理工学院同微软公司合作推出的 I-Lab项目、新加坡国立大学的远程实验以及中国科学技术大学的大学物理虚拟实验室等。

虚拟实验室的发展方向有以下几种。

（1）通用式虚拟实验室。某一门学科或者知识如果可以通用同一个虚拟实验室系统，只需要根据各自特色和需要增减相关组件，那么开发效率将会大大提高，同时也会促进资源共享。

（2）协作式虚拟实验室。与同伴合作是实验过程中一个至关重要的环节，因为科学实验常常是种协作性的活动，一切科学均取决于思想理念，最终为人们所共有的以及人们对思想理念的论辩。

（3）自适应虚拟实验室。在日常语言中，"自适应"是指生物变更自己的习性以适应新的环境的一种特征。直观地说，"自适应实验"即指能修正自己的特征以响应规则原理的变化，并根据学习者的学习过程生成一个反馈回路，自动改善自身性能，为学习者提供一个自适应的获取知识和技能的实验学习环境。

9.6.5　虚拟演播室

伴随虚拟现实技术的进步与普及，从二维到二维半直到现在的真三维，虚拟演播室系统以其录制效果好、技术含量高而得到电视工作者青睐。虚拟演播室是一种全新的电视节目制作工具，虚拟演播室技术包括色键技术、计算机虚拟场景设计和蓝背景技术、灯光技术和虚拟摄像机跟踪技术等。虚拟演播室技术是在传统色键抠像技术的基础上，充分利用了计算机三维图形技术和视频合成技术，根据摄像机的位置与参数，使三维虚拟场景的透视关系与前景保持一致，经过色键合成后，使得前景中的主持人和物体看起来完全沉浸于计算机所产生的三维虚拟场景中，而且能在其中运动，并能始终保持相应的透视角度，从而创造出逼真的、立体感很强的电视演播室效果。

虚拟演播室系统是由摄像设备、摄像机位置参数分析和控制、图形计算机、背景材料库和图像合成、机器人摄像系统等设备组成，同时要特别注意灯光布局、虚拟场景模型建设、虚拟场景与真实元素配合的调试定位以及具有节目针对性的包装。

虚拟演播室节省了传统的基于搭设真实布景的电视节目制作中设计、材料、施工、场地等昂贵费用，克服了传统布景不宜随便搬动、灵活性差、场地不能重复利用的缺点，满足了电视节目制作与播出的高时效性要求。

虚拟演播室技术是传统演播室技术与现代计算机图形技术相结合的产物，是传统演播室抠像技术的革命性发展。虚拟演播室不仅承袭了抠像技术布景更换速度快、制作成本低的特点，还吸收了真实布景立体感强、机位可切换的优点。目前国内外有许多厂家生产虚拟演播室系统。有代表性的国外公司产品主要有以色列 ORAD 公司的 Cyberset 系统、美国 ACCOM 公司的 Elset 系统等，国内的大洋、新奥特、索贝也都有虚拟演播室系统产品，上海广播电视台的大型多机位机器人虚拟演播室已于 2012 年底顺利建成，为国内大型虚拟演播室的应用增色不少。国内产品目前技术已日趋成熟，不但可以实现下雪、下雨等

图 9-14   虚拟演播室

虚拟场景，还可以实现主持人乘坐虚拟电梯来回于不同的场景中等非常复杂的
"特技式"虚拟场景。虚拟演播室系统在全国各大中小型电视台的应用非常广
泛，如中央电视台的电影频道、北上广电视台等都在使用虚拟演播室系统。值
得一提的是，近几年虚拟现实技术也开始走出演播厅，在大型综艺节目中崭露
头角，创造出如梦如幻的场景，为电视观众带来美的享受，如图 9-15。

图 9-15   大型晚会中的虚拟现实技术

思考题

1. 什么是虚拟现实？虚拟现实的特征有哪些？

2. 简述虚拟现实系统的构成与分类。

3. 虚拟现实实现的关键技术有哪些？

4. 什么是 VRML？

5. 虚拟现实的教育意义何在？

6. 虚拟现实的教育应用主要表现在哪几个方面？目前所存在的问题是什么？

7. 虚拟现实系统的应用主要表现在哪些方面？

参考文献

[1] 崔筹. 多媒体实用技术[M]. 北京：人民邮电出版社，1997.

[2] 孙家广等. 计算机图形学[M]. 北京：清华大学出版社，1998.

[3] 林福宗. 多媒体技术基础[M]. 北京：清华大学出版社，2000.

[4] 刘富强等. 多媒体图像技术及应用[M]. 北京：人民邮电出版社，2000.

[5] 钟玉琢，冼伟铨等. 多媒体技术基础及应用[M]. 北京：清华大学出版社，2000.

[6] 林福宗，陆达. 多媒体与 CD-ROM[M]. 北京：清华大学出版社，2000.

[7] 王春森. 系统设计师（高级程序员）教程[M]. 北京：清华大学出版社，2001.

[8] 胡晓峰. 多媒体技术[M]. 北京：人民邮电出版社，2001.

[9] 郑志航. 数字电视原理与应用[M]. 北京：中国广播电视出版社，2001.

[10] 余雪丽等. 多媒体技术与应用[M]. 北京：科学出版社，2002.

[11] 马华东. 多媒体技术原理及应用[M]. 北京：清华大学出版社，2002.

[12] 夏定元. 多媒体技术[M]. 重庆：重庆大学出版社，2002.

[13] 余兆明，李晓飞，陈来春. MPEG 标准及其应用[M]. 北京：北京邮电大学出版社，2002.

[14] 何东健. 数字图像处理[M]. 西安：西安电子科技大学出版社，2003.

[15] 鄂大伟. 多媒体技术基础与应用[M]. 北京：高等教育出版社，2003.

[16] 郎锐. 数字图像处理学 Visual C++实现[M]. 北京：北京希望电子出版社，2003.

[17] 郑成增等. 多媒体技术原理与实践[M]. 北京：中国电力出版社，2004.

[18] 段新显. 虚拟现实基础与 VRML 编程[M] 北京：高等教育出版社，2004.

[19] 李东博. Windows7 从入门到精通[M]. 北京：中国铁道出版社，2010.

[20] 陈怀友，张天驰，张菁. 虚拟现实技术[M]. 北京：清华大学出版社，2012.

[21] 马永峰，薛亚婷，南宏师. 虚拟现实技术及其应用[M]. 北京：中国铁道

出版社，2011.

[22] 李斌，郑伟. Windows7 高手宝典[M]. 北京：中国铁道出版社，2011.

[23] 于长虹. 虚拟现实[M]. 天津：天津人民出版社，2012.

[24] 王学屯. 图解计算机组装与维护[M]. 北京：电子工业出版社，2013.

[25] 龙马工作室. Windows7 实战—从入门到精通[M]. 北京：人民邮电出版社，2013.

[26] Robetr D Turney. MPEG-4 内涵解析[J]. 电子产品世界，2003(19).

[27] 苏东，曾孝平. 发展中的 MPEG-21 标准及其应用[J]. 电视技术，2003(10).

[28] 张敏. GSM 系统的语音编码技术浅析[J]. 长沙通信职业技术学院学报，2004(3).

[29] 赵沁平等. 分布式虚拟环境 DVENET 研究进展[J]. 系统仿真学报，2000(15).

[30] 杨磊，何克忠，郭木河，张钹. 虚拟现实技术在机器人技术中的应用与展望[J]. 机器人，1998(1).

[31] 夏洪文等. 基于 Web3.0 的个性化信息服务及其系统设计[J]. 现代教育技术，2012(11).

[32] 芦娟. 虚拟现实系统的分类[J]. 企业导报，2011(4).

[33] 刘畅. 虚拟现实技术的关键技术研究[J]. 数字技术与应用，2011(1).

[34] 荣旻，沈佳茹. 虚拟的力量—电视节目制作中的真三维虚拟演播室技术应用及效果分析[J]. 电视工程，2009(1).

[35] 曾嘉霖，黄昉菀. 探讨基于虚拟现实技术的仿真医疗情境的应用[J]. 中国校外教育，2011(22).

[36] 杨美霞. 基于虚拟现实技术的网络虚拟实验室设计与实现[J]. 现代计算机（专业版），2011(21).

[37] 黄海，黄勤军，王锋，顾礼华. "虚拟"技术助力"真实"传媒—大型机器人虚拟演播室的实施和运用[J]. 现代电视技术，2013(7).

[38] 夏洪文，侯凤芝. 基于知识网格的教育知识管理体系架构[J]. 电化教育研究，2010(8).

[39] 夏洪文，郑哲，李巧丹. 国家精品课程的可用性研究[J]. 高等工程教育研究，2008(3).

[40] 管悦. 情感计算及其在人机交互设计中的应用[J]. 中国电化教育，2008(1).

[41] 夏洪文，周晶晶. 基于 W3C 标准语言的动态语音 Virtual Agent[J]. 浙江师范大学学报，2008(2).

[42] 夏洪文. 我国中等职业教育硕士生培养现状的调查与对策研究[J]. 学位与研究生教育，2008(2).

[43] 夏炜，夏洪文，周晶晶. 基于情感计算的情感 Agent 模型构建与应用[J]. 中国电化教育，2008(10).

[44] 侯凤芝，夏洪文，潘瑞雪. 基于情感计算的适应性网络学习系统模型设计 [J]. 现代教育技术，2008(12).

[45] 蒿景兰，夏洪文，郑慧会. 基于软件代理支持的学习系统模型构建[J]. 现代教育技术，2009(4).